市政基础设施投资效率研究
——以河北省为例

米 玲 徐树林 魏 强 著

本书受河北省教育厅人文社科重大课题攻关项目"京津冀协同发展背景下河北省市政基础设施投资效率研究"（ZD201716）、河北大学中国史学科"双一流"建设经费资助。

科学出版社

北 京

内 容 简 介

市政基础设施是社会生产的物质基础，是城市运行的基本保障。本书通过对国内外市政基础设施行业的市场规模、发展现状和投资前景进行系统分析，构建市政基础设施投资效率研究指标体系，并针对河北省市政基础设施投资的现状与趋势、经验与问题进行归纳和梳理，提出促进河北省市政基础设施投资效率提高的对策建议。

本书适用于区域经济、城乡规划、环境管理等专业方向和领域的相关学者阅读，可作为市政管理、城市管理、市场监督等政府部门相关工作的科学指导用书，也可为中国的乡村振兴、智慧城市建设等提供决策依据。

图书在版编目（CIP）数据

市政基础设施投资效率研究：以河北省为例/米玲，徐树林，魏强著. ——北京：科学出版社，2022.7
ISBN 978-7-03-069870-4

Ⅰ. ①市… Ⅱ. ①米… ②徐… ③魏… Ⅲ. ①市政工程-基础设施建设-投资效率-研究-河北 Ⅳ. ①F299.24

中国版本图书馆 CIP 数据核字（2021）第 192836 号

责任编辑：陶 璇／责任校对：何艳萍
责任印制：张 伟／封面设计：无极书装

科 学 出 版 社 出版
北京东黄城根北街 16 号
邮政编码：100717
http://www.sciencep.com
北京建宏印刷有限公司 印刷
科学出版社发行 各地新华书店经销

*

2022 年 7 月第 一 版 开本：720×1000 B5
2022 年 7 月第一次印刷 印张：16
字数：318 000
定价：168.00 元
（如有印装质量问题，我社负责调换）

目　　录

第1章 绪 论

1.1 研究背景与意义

1.1.1 研究背景

21世纪是全球城市化的时代，目前全球城市人口正以3倍于农村人口的速度增长。预计到2030年，每5个人中就有3个居住在城市地区，98%的新增城市人口将来自发展中国家。对大多数发展中国家而言，城市化仍然是21世纪宏观经济管理面临的最严峻的挑战之一。城市化作为人类现代文明的标志之一，其战略地位正得到前所未有的重视。目前中国正处于城市化的加速发展时期，在进入以城市化为标志的现代化进程中，出现了大城市病，如交通和住房拥挤、环境污染、失业、公共服务滞后等，催生出市政公共产品和公共服务的高效率供给规模。中国长期以来以政府纵向部门为主导的传统城市公共产品供给模式，已跟不上这种快速的城市化乃至现代化的发展步伐，亟须采取更为广泛的多元发展措施。为此，如何保障城市经济合理有序地发展、提升城市经济的效益和城市市民的福利，在城市治理结构创新和市政管理体制改革的背景下，如何保障市政基础设施的运行和发展，二者构成了城市经济发展亟待解决的两个关键问题。

2015年5月，《关于在公共服务领域推广政府和社会资本合作模式的指导意见》中明确指出，"严禁融资平台公司通过保底承诺等方式参与政府和社会资本合作项目，进行变相融资"，地方融资平台根据其当前发展进行整改，地方政府在市政基础设施建设过程中其资金来源受到限制，因此市政基础设施建设融资改革迫在眉睫。国务院在该文件中还指出，"在能源、交通运输、水利、环境保护、农业、林业、科技、保障性安居工程、医疗、卫生、养老、教育、文化等公共服务领域，鼓励采用政府和社会资本合作模式，吸引社会资本参与"，"为广大人民群众提供优质高效的公共服务"，"政府依据公共服务绩效评价结果向社会资本支付相应对价，保证社会资本获得合理收益”。公共服务领域的公私合作模式有利于充分释放市场活力，提高社会资本利用效率，减轻政府财政压力。公私合作的发展模式能够最大限度地满足公共服务的供给，在实现公共服务利益最大化的同时拓展社会资本投资空间，提升投资运作效率，政府将主要以监督和合作的方式参与到公共服务之中。为了提升社会资本参与公共服务的积极性，中央财政作为社会资本的参与方设立合作基金项目，旨在提高融资项目的可行性，同时，地方政府与投资经验丰富的金融机构发起设立基金，以此转变融资模式，并吸引更多的社会资本参与到公共服务之中。

2015 年 4 月，《京津冀协同发展规划纲要》指出京津冀协同发展旨在整合京津冀地区的要素资源，消除行政壁垒，统筹社会事业发展，实现区域协同发展。京津冀协同发展不仅包括区域中产业、项目的协同，也包括区域行政管理方式、公共服务的协同。京津冀地区拥有一个相对完整的自然系统和人文系统，但由于行政区划的不同，京津冀之间发展差异日益增加，区域发展不平衡问题日渐凸显。为解决北京的大城市病问题，以及天津和河北的发展问题，三地统筹协调、合理配置资源已势在必行。公共服务作为区域经济发展的重要影响因素，发展水平直接影响区域内要素吸引力及区域综合竞争力。在京津冀协同发展和统筹城乡发展的背景之下，河北省“十三五”规划指出要进一步拓展现代化基础设施发展空间，建设现代化基础设施，推进基础设施向农村地区延伸已成为当前河北省基础设施建设的发展目标。

2017 年 5 月 26 日，由住房和城乡建设部、国家发展和改革委员会组织编制的《全国城市市政基础设施规划建设“十三五”规划》正式发布实施，这是首次编制国家级、综合性的市政基础设施规划。该规划提出“十三五”时期城市市政基础设施的发展目标、规划任务、重点工程和保障措施，以整体推动市政基础设施的增量提效，系统解决交通拥堵、“马路拉链”、“城市看海”、“垃圾围城”等各类城市病问题。该规划明确“十三五”时期的 12 项任务：加强道路交通系统建设，提高交通综合承载能力；推进城市轨道交通建设，促进居民出行高效便捷；有序开展综合管廊建设，解决“马路拉链”问题；构建供水安全多级屏障，全流程保障饮用水安全；全面整治城市黑臭水体，强化水污染全过程控制；建立排水防涝工程体系，破解“城市看海”难题；加快推进海绵城市建设，实现城市建设模式转型；优化供气供热系统建设，提高设施安全保障水平；完善垃圾收运处理体系，提升垃圾资源利用水平；促进园林绿地增量提质，营造城乡绿色宜居空间；全面实施城市生态修复，重塑城市生态安全格局；推进市政设施智慧建设，提高安全运行管理水平。

2019 年末全国总人口为 140 005 万人，比 2018 年末增加 467 万人，其中城镇常住人口为 84 843 万人，占总人口比重（常住人口城镇化率）为 60.60%，比 2018 年末提高 1.02 个百分点（数据来源于《中国统计年鉴 2020》）。户籍人口城镇化率为 44.38%，比 2018 年末提高 1.01 个百分点。河北省城镇化率为 57.62%，比 2018 年末提高 1.19 个百分点（数据来源于《中国统计年鉴 2020》），增速高于全国水平。实现城市和农村地区的协调发展是新型城镇化的必然要求和必由之路，而市政基础设施建设直接决定着我国新型城镇化建设的质量，只有深入分析当前市政基础设施的建设状况及投资效率，才能更好地指导市政基础设施的建设，减少资金浪费，更好地引导资金在城乡之间进行流动，更好地推进新型城镇化进程。

1.1.2　研究意义

我国的城镇化水平受制于经济发展状况，而城镇化水平的提高同样有助于经济水平的整体提升，二者具有相互促进的关系。在这种相互作用过程中，基础设施占据着极其重要的地位，完备的基础设施能够拉动其他行业的投资，给尚未就业的人口提供更多的就业岗位，从而让城镇化变得更加持续有力。

基础设施投资应该符合相称性原则。投资不足或过量都会影响经济发展，基础设施供应不足会制约经济发展，而经济发展也将成为一个瓶颈制约其他行业的发展，造成生产资源的闲置及产出的低效率。过度的基础设施投资会使资金配置不合理，造成资源浪费。研究基础设施投资效率有助于合理配置有效资源，提高生产效率，带动其他行业的发展，突破经济发展的瓶颈。

在现有文献中，"基础设施投资效率"这一论题很少出现，大多数是关于投融资、投资评价方面的分析，很多都集中在以国家为研究主题的宏观层面，或以具体项目为研究对象的微观层面上，而以省份为切入点的中观层面的基础设施投资效率研究还相对较少，所以本书对基础设施投资效率的研究具有理论及现实意义。

1. 有利于探索市政基础设施建设创新融资模式

中国市政基础设施建设创新融资模式可以借鉴英美等国家的有关研究成果，但不能简单移植，更不能全盘西化。目前中国市政基础设施建设的巨大需求和资金严重短缺的矛盾，已经制约市政基础设施的建设和发展，客观要求要尽快地探索和构建市政基础设施建设创新融资模式。

2. 有利于增强市政基础设施建设的投资优化决策能力

目前，市政基础设施建设单个项目的投融资设计以及宏观上的优化决策、绩效评价是政府考虑的现实又重要的问题，也就是说，政府既要解决微观层面的市政基础设施建设项目的投资主体、资金来源、建设运营方式、融资方式等问题，又要解决宏观层面政府资金利用最大化的问题，这就是市政基础设施建设投融资在宏观决策上的优化问题。从政府宏观管理角度出发进行深入研究，科学评价市政基础设施建设绩效具有重要的意义。

3. 有利于促进市政基础设施建设的良性发展

市政基础设施建设是城市发展的必要条件，也是城市化进程的主要瓶颈之一。必须解决好市政基础设施建设不适应城市发展的矛盾，并且避免和减少建设的盲目性以及建设不当造成资源浪费的情况。研究并建立市政基础设施建设评估体系，指导市政基础设施建设和市政设施的有效运行是非常有必要的。评价市政基础设施建设及其各个子系统的建设水平，及时有效地发现市政基础设施建设的短缺和不足，重点解决市政基础设施建设的短缺问题，防止盲目建设，优化投资决策，有利于市政基础设施建设的良性发展。

4. 有利于河北省市政基础设施建设的绿色、健康发展

市政基础设施建设是一个地区城镇化发展的支撑，一个城市的兴起必须有配套的基础设施为之提供服务。市政基础设施建设发展滞后，必将阻碍这个地区的城镇化发展。河北省是我国基础设施建设发展相对缓慢的地区，市政基础设施建设与城市发展速度不匹配。近些年没有科学、合理的规划，导致市政基础设施建设出现了盲目建设与资源浪费的现象。因此，探究市政基础设施如何更加科学合理、全面有效建设显得尤为重要。市政基础设施建设要结合自身发展特点，借鉴国内外成功经验，及时发现问题，积极采取对策，才能科学、合理地利用融资。处理好市政基础设施发展的问题，科学、合理地规划与建设，才能保障市政基础设施建设的良性发展。

1.2 国内外研究进展

1.2.1 国外研究综述

1. 基础设施建设与经济增长关系的相关研究

Salinas-Jiménez（2004）、Alvarez 和 Blázquez（2014）以西班牙为例研究了市政建设投资对经济的影响作用，结果表明，市政基础设施建设能够推动区域经济发展并促进区域经济增长，社会各部门参与市政基础设施建设会极大地带动整个经济的发展。Estache 等（2004）、Sarafoglou 等（2006）、Palei（2015）和

Owolabi-Merus（2015）利用计量模型研究基础设施对国家竞争力和国家经济发展水平的影响，研究结果表明基础设施建设发展水平及交通和电力行业是影响国家竞争力的主要因素，基础设施建设与国家经济增长之间存在显著正相关关系。

2. 基础设施投入产出效率分析方法

Estache 等（2004）、Sarafoglou 等（2006）、Galinienė 和 Dzemydaitė（2012）、Alvarez 和 Blázquez（2014）及 Güner（2015）利用非参数数据包络方法，分析基础设施对经济的引导作用以及社会部门投资对区域基础设施发展的带动作用。Gupta 和 Barman（2010）在排除技术进步可能的情况下，通过剔除公共资本的贬值和维护费用，建立资本、公共基础设施和环境污染的内生增长模型，研究结果表明生产性公共支出、收入、税收分配比例等低于投入公共卫生和基础设施的产出份额。

3. 市政基础设施投融资研究

Brothaler 等（2015）、Castells 和 Solé-Ollé（2005）认为虽然政府通过拓展其债务来支持城市建设，但是随着当前政府债务压力的增加，政府债务近乎要超过债务红线，目前政府通过地方平台举债发展的模式影响国家金融稳定。在整治地方政府融资平台的规定出台之后，地方政府用于城市建设的资金大量减少，为了保持市政基础设施的可持续发展，市政基础设施投融资模式的改革迫在眉睫。Bartosiewicz（2008）、Barrera-Osorio 等（2009）、Malgorzata（2010）及 Mishra 等（2013）均认为市政基础设施建设承担着城市发展杠杆的作用。公私合作市政基础设施投融资模式中的社会部门在投融资中发挥很大的作用，但是社会部门在参与市政基础设施建设过程中应当根据地区发展制订具体的投融资方案，注重财务制度和投融资决策的制定，这样才能使当前市政基础设施投融资与未来市政基础设施的需要相匹配。

1.2.2 国内研究综述

龚锋（2008）、张满飞（2010）、张海星（2014）、孙钰等（2015）分别采用四阶段 DEA[①]方法、DEA 交叉效率模型、超效率 DEA 方法、DEA 的 CCR 模型和 Malmquist-DEA 指标方法等方法测算基础设施经济效率，实际分析市政基础设施建设的影响因素。任强和杨顺昊（2010）通过构建产出和效果的公共服务指数和公共服务均等化指数，并运用变异系数和极差率方法测量我国和美国的公共服

---

① DEA：data envelopment analysis，数据包络分析。

务均等化程度与差异程度。杨峰（2008）认为二次相对评价法存在很大缺陷，采用网络层次分析法代替层次分析法（analytic hierarchy process，AHP）能够保证决策的科学性与准确性。王爱学（2008）运用结构方程模型研究我国政府公共产品供给绩效现状和其影响因素。

王宏伟等（2011）、郭兴平和王一鸣（2011）、苑德宇（2013）、严成樑和龚六堂（2014）认为市政基础设施建设过程中引入社会资本能显著改善市政基础设施发展水平。社会资本不但能够为市政基础设施建设提供充足的资金，从根本上降低政府融资成本，提升市政建设市场的融资效率，而且研究结果表明国内民营资本比国外资本对提高市政建设行业的绩效有更为显著的影响。冀福俊（2015）采用面板校正标准误（panel corrected standard errors，PCSE）方法和可行广义最小二乘法研究社会资本通过投资基础设施领域，得出市政基础设施对我国城镇化有积极的推进作用，社会资本投资对西部地区的正向作用高于中东部地区，主要是由于西部地区市政基础设施发展水平较低，并且社会资本投资市政基础设施的密度较小。屈哲（2012）将 VAR（value at risk，风险价值）方法运用到探讨公私合作模式进行的融资风险评估中，为该模式下市政基础设施建设融资风险控制提供方法借鉴。孙洁（2005）、赵瑾璐和赵倩倩（2011）、赵景春（2011）、康剑锋（2015）结合市政基础设施市场发展需求，分析 PPP（public-private partnership，政府和社会资本合作）、BT（build-transfer，建设−移交）、BOT（build-operate-transfer，建设−运营−移交）、PPP-BASED 等投融资模式和管理模式适用于市政基础设施建设的发展及可能存在的风险。

伍文中（2011）、李晓园（2015）以市政基础设施固定资产投资行业划分为标准，以电力、燃气及水的生产、交通、公共管理等的固定投资为投入，产出指标由市政基础设施各行业的发展水平构成，DEA 模型对指标量纲没有要求，因此指标投入有总量投入和单位投入两种。闫丽莎（2011）以公共服务领域中义务教育、医疗卫生和社会保障财政支出为投入指标，以 3 个领域不同方面的发展水平为产出指标，以此构建基本公共服务财政支出绩效评价体系。宋序彤（2005）以投资主体为标准，将其划分为财政投入和社会资本投入，以行业为标准，研究市政基础设施投资对经济的影响。苑德宇（2013）以社会资本在市政基础设施领域的参与度为投入要素，衡量促进社会资金参与市政基础设施的绩效作用。

孙慧和王媛（2008）以河北省 11 个城市为主要研究对象，以基础设施行业分类为投入指标，以各城市生产总值为产出指标，测量河北省基础设施投资效率。高鹏（2014）利用估算的方法估算河北省可挖掘的民间资本总量，并测算河北省基础设施建设的水平。谢恒等（2009）、马静（2011）探讨了适合河北省市政基础设施投融资模式的问题。

1.2.3　国内外研究综述评价

总体来看，国内外学者对于市政基础设施的研究已经较为充分，相关的理论研究体系也较为完整。从定性到定量对市政基础设施的各个方面进行评价或研究。近年来，由于 PPP 模式的引入，市政基础设施建设方面发生较大的变化。对于市政基础设施的投入方主体的研究更加丰富，所以研究市政基础设施投融资体制带来的投资效率就显得尤为必要。目前，对于投融资体制的研究主要集中于对融资方法的考量及创新融资手段等方面，而对具体到省级层面的市政基础设施投融资效率的研究比较少。

本书将在借鉴已有的研究成果之上，运用 DEA 方法来衡量河北省地级市和部分非地级市的市政基础设施的投融资效率。在总结国内外先进模式和成熟经验的基础上，提出提升河北省市政基础设施投资效率的对策建议。

1.3　研究内容及创新点

1.3.1　研究内容

第 1 章，绪论。绪论主要介绍本书的研究背景与研究意义，在此基础上对国内外市政基础设施的相关文献进行一定的梳理。最后介绍本书的研究思路和研究方法，提出研究创新点。

第 2 章，理论基础与评价体系。该章介绍市政基础设施的概念，以及对市政基础设施的范围划定，同时对市政基础设施建设背后的理论基础进行探讨，最后提出评价市政基础设施投资效率的指标体系。

第 3 章，国外主要发达国家市政基础设施投资经验。该章立足于国外主要的发达国家——美国、英国、德国、日本、韩国，通过介绍国外主要发达国家市政基础设施建设与投资的主要特点，为我国河北省建设更高效率的市政基础设施投资模式提供借鉴。

第 4 章，广州市、深圳市市政基础设施建设及发展。该章内容立足于珠江三角洲两个主要城市：广州、深圳。首先阐述广州市、深圳市市政基础设施建设的历史发展进程，其次以五年规划作为时间段介绍两个城市的重点建设项目，最后对政府的相关规划政策进行总结。

第 5 章，长江中上游市政基础设施建设及发展。基于长江中上游地区代表性城市近 10 年市政基础设施的发展状况，深度分析各城市在轨道交通、综合交通、城市道路、生态环境、韧性设施、区域统筹、亮点区片等方面的空间格局、发展现状、竞争格局、市场规模及投资前景，探究市政基础设施建设对经济社会发展的基础性、先导性作用。

第 6 章，长江三角洲市政基础设施建设及发展。聚焦民生领域需求，选取上海、杭州、南京和苏州四个城市对各城市的基础设施行业进行总体的投资发展分析，分析各地区基础设施建设在着眼于城市长远发展、产业转型升级与社会民生发展需要等方面所做的主要工作，揭示各地区在统筹整体与个别区域、存量和增量、传统和新型基础设施发展过程中为构建长江三角洲科技创新共同体和提高区域社会发展水平所提供的支撑作用。

第 7 章，京津冀市政基础设施建设及发展。该章选取北京、天津、河北三个地区，首先对北京、天津基础设施各行业近 10 年的发展状况进行分析，介绍各城市发展过程中发生的变化，其次通过基础设施投资各行业占比来选取城市主要建设方向，最后对主要方向的重点项目进行整理总结。鉴于本书第 8 章对河北省基础设施各行业进行详细的阐述，故该章只对河北省进行宏观的总结概述，以介绍其基础设施发展总体情况。

第 8 章，河北省市政基础设施投资效率研究。主要利用图表数据探讨河北省基础设施的发展现状，利用河北省 2007~2016 年的数据对其基础设施的多个方面进行描述，具体包括运输和邮电及电力、热力、燃气和水利生产供应业及软件和信息服务业及电视广播卫星技术服务业等八个方面。在分析河北省基础设施发展现状的基础上采用 DEA 方法对河北省市政基础设施的投资效率进行测算。

第 9 章，雄安新区市政基础设施建设现状与展望。该章主要对雄县、安新和容城三县的基础设施的现状及发展进行分析，对固定资产投资、主要基础设施建设行业的生产总值和部分农村基础设施建设的现状进行阐述，分析雄安新区三县之间的基础设施发展的差距，并根据相关规划对雄安新区未来基础设施建设进行定位和阐述，对今后保定市如何在交通运输等行业的发展中与雄安新区实现同城化提出对策和建议。

第 10 章，对策建议。

1.3.2　研究创新点

（1）从多元投资参与者角度构建城市市政基础设施投资效率的指标评价体系，通过借鉴前人的研究经验与成果，并结合当前市政基础设施两大参与者，构建更为全面和更能直接反映市政基础设施的投入产出的指标体系。

（2）采用 DEA 方法对河北省市政基础设施投资效率进行评价。本书采用基于产出的 DEA 方法进行分析，分别在规模报酬不变和规模报酬可变两种模型条件下探讨河北省市政基础设施投资效率。

第 2 章　理论基础与评价体系

2.1　基 本 概 念

2.1.1　市政基础设施

"基础设施"一词最早出现于《北大西洋条约》，起初主要是指一个国家的应战与备战能力，后由经济学家引用研究，词意开始是公共工程、公共事业等的统称。由于世界各国国情不同，对基础设施的概念尚没有统一的解释。1965 年经济学家 Hansen 提出广义和狭义的基础设施的分类方法。根据 Hansen 的分类解释，广义的基础设施包括经济性基础设施和社会性基础设施。经济性基础设施是指那些直接参与、支持城市物质生产过程的基础设施部门，其核心内容包括城市能源供应系统、水源与给排水系统、交通运输系统和邮电通信系统。社会性基础设施则是指那些旨在提高城市社会福利水平、间接影响城市物质生产过程的基础设施部门，包括文化、教育、卫生、福利、环保等系统。《经济学百科全书》（1982年版）中把基础设施定义为对生产效率和生产水平有着间接或直接提高作用的经济项目，其中包括交通运输系统、教育卫生设施、通信设施和水电设施等。1994年世界银行认为基础设施主要有 3 类，包括公用事业、公共工程、其他交通部门。公用事业包括电信、供水、电力、管道煤气、排污系统与环境卫生设施、固体废弃物的处理系统；公共工程包括道路、大坝、灌溉及排水用渠功能；其他交通部门包括城市交通、铁路、海港、机场和水运。从定义中可以看出，关系国民经济长远利益和整体利益的物质基础是基础设施。随后全世界各地学者开始对基础设施的外延与内涵进行理论描述和阐释。

罗丹（Rodan，1943）认为，基础设施是社会间接资本，包括运输、通信和电力等在内的所有基础产业，间接生产性是社会间接资本具有的性质。10 年后，美国著名经济学家纳克斯（Nurkse，1953）指出基础设施是社会间接资本，并拓展了罗丹关于基础设施的内涵研究。他认为基础设施不仅包括罗丹认为的所有基础产业，还应包括医院和学校等社会性公共设施。赫希曼（1911）将基础设施的内涵进行广义和狭义的区分。广义的基础设施还包括教育、通信、法律、公共卫生、秩序、动力、供水、排水及灌溉等，动力与交通被视为基础设施的核心，这成为狭义基础设施的特指。此外，赫希曼还特别强调，基础设施的广义概念是指社会间接资本的四项必要条件。首先，基础设施所提供的产品或服务是其他许多经济活动得以开展的基础；其次，提供产品或服务的主体必须是由官方控制的私人团体或公共团体，这些产品或服务都应是按照公共标准收费或是免费的；再次，国外禁止出口这些服务；最后，第 4 个狭义的基础设施条件还必须满足所需的投资应具有技术上的不可分性，并且这些服务的资本产出比较高。

刘景林（1983）在《论基础结构》一文中定义了基础设施的概念。他认为基础设施（或结构）是为保障生活和发展生产而提供公共服务的设施及部门。基础设施的基本特征包括结构系统性、服务公共性、发展平衡性和运转协调性。丛树海等（2005）认为，基础设施是一个国家国民经济的物质基础。它与国家的长远利益和整体利益密切相关，主要包含经济基础设施和社会基础设施两大类，其中，永久性工程建筑及设备被视为经济基础设施。经济基础设施具有为社会生产和公民提供服务的功能。人力开发、科研文教和医疗社会福利等被视为社会基础设施。针对基础设施的概念整合，蔡孝箴（1998）在《城市经济学》一书中给出答案，他认为基础设施是为满足一个城市居民生活与物质生产的需要，公共物质设施以及相关部门与产业要向各单位和市民提供基础服务。

基础设施作为一个广泛的范畴，至今学术界也没有形成统一的表述是因为研究者所依视角不同，出发点也不同，给出基础设施的界定就会不同。达成共识的是，基础设施不仅是居民生产生活的物质基础，也是国家经济发展的先行动力。基础设施的好坏是衡量地区经济发展和国家实力的重要标志。

市政基础设施是一个综合、复杂的系统，包含在基础设施的范畴之内，产品和服务不但具有其自身独特的工程技术特点，还在其提供、生产、使用或消费等方面表现出显著的经济和社会属性。

1. 工程技术属性

关于市政基础设施的工程技术属性，管理界一般多从建设项目的固定资产的投资规模、建设施工周期等工程技术角度出发，认为市政基础设施项目具有建设规模大、投资多、技术复杂等特点。从市政基础设施行业的角度看，市政基础设施还表现出显著的整体性、地域性、超前性、规划约束性。

（1）整体性：从工程技术的角度来看，市政基础设施是由众多系统集合而成的综合系统，并作为一个整体的系统提供其特殊的产品和服务，其建设和经营都要从整体上考虑。这种整体性具体表现在两个方面：一是市政基础设施产品的服务能力是由各个子系统综合形成的，缺一不可。在市政基础设施的开发、建设、经营和管理中需全盘考虑、统筹安排，如城市道路、供排水管网、电力与通信线路等需作为一个有机整体进行规划建设。二是从功能和效率发挥的角度来看，市政基础设施不仅要与城市社会、经济的发展保持同步，还需在其内部各个子系统之间保持合理的比例关系，如城市供水系统中的制水能力需与供水管网设施的传输能力相匹配，形成一定的供水能力，而城市运输系统中的道路规模必须与交通运输设施保持一定的比例关系，形成一定的运输载荷能力。

（2）地域性：市政基础设施工程项目一般在特定的城市区域选址建设，一旦建成，不再发生位移，其服务的受益区域存在明显的界限。市政基础设施一般为特定区域内的消费者提供专门的服务。

（3）超前性：市政基础设施项目的建设一般需要经历一定的施工周期，要实现市政基础设施综合功能的同步形成，往往要考虑市政基础设施规划建设的适度超前。同时，市政基础设施的规划建设还必须充分考虑城市社会经济发展的需要，以满足城市人口增长与工业、商业等城市经济发展对市政基础设施的需求。

（4）规划约束性：市政基础设施建设不同于一般产品的生产和服务的供给，它必须依据城市总体规划，支持城市总体规划的实施，促进城市的全面、协调、可持续发展，因此必须做到规划先行，按规划建设市政基础设施的项目。

2. 经济属性与社会属性

关于市政基础设施经济属性与社会属性的论述较多，但不同经济学派的观点侧重点有所不同。城市经济学界侧重于对基础设施社会属性的研究，主要强调其基础性，认为市政基础设施是城市经济发展和社会生活的载体和基础。公共经济学界则侧重于市政基础设施产品（服务）的提供与生产方式，以及政府、市场和消费者的市场行为特征等方面的研究，认为市政基础设施产品（服务）具有公共物品、混合物品和私人物品的综合属性。总体上，可从基础性、混合物品属性、自然垄断属性、外部性、资源共享性等方面具体分析市政基础设施的经济属性与社会属性。

（1）基础性：主要是指市政基础设施在城市经济发展和社会生活中具有载体性和决定性的基础性地位。市政基础设施的基础性体现在两个方面：一是市政基础设施所提供的产品与服务是城市经济生产部门进行生产和人们生活的基础性条件，市政基础设施不但为制造业、加工业、商业和服务业等各产业的生产活动提供必要的交通、通信、电力等基础条件，也为城市居民提供水、电、气等生活基础条件。二是市政基础设施提供的产品和服务的价格构成其他部门产品和服务的成本，其性能和价格的变化，必然对其他部门产生连锁反应。

（2）混合物品属性：经济学家布坎南指出，在私人物品和公共物品之间的准公共物品为"俱乐部产品"，即混合物品，在消费上具有有限的非竞争性和局部的排他性（张敏，2005）。大部分市政基础设施，如供水、供电、供热等都具有这种混合物品的性质。其他设施或服务（收费道路、桥梁等）则具有非竞争性和排他性，在一定条件下（不拥挤状态）消费者的边际成本增加为零，但要将某些人排除在消费之外是可行的（设立收费机制）。同时，某些市政基础设施的服务具有较为明显的外部效应，如城市污水与垃圾处理设施，具有改善生态环境的外部效应，这些设施也具有混合物品性质。需要指出的是，在实际生活中，仍有一部分市政基础设施具有纯公共物品性质，如敞开的城市道路、没有收费机制的桥梁设施、开放性的城市公园、城市消防、防洪排涝及城市排水设施等，这类设施和服务具有消费上的非竞争性和非排他性，而城市出租车服务等则主要表现为私人物品性质，在消费上竞争性和排他性为零。

（3）自然垄断属性：根据经济学的观点，自然垄断属性是指产品或服务提供者（企业）有一直下降的平均成本和边际成本曲线，它表示持续的规模收益递增。市政基础设施的自然垄断属性主要体现在三个方面：一是市政基础设施项目具有大量的沉淀资本，多数市政基础设施如供水、供电、供气、供热、通信等都建有专用网络以输送货物或资源，而网络的建设和维护费用巨大。从资本规模和工程技术的角度来看，这类市政基础设施必须一次性进行大规模投资，这种投资具有不可分性。大部分市政基础设施的资产具有耐用性、专用性和非流动性，资产不易出售或转作他用，因而投资一旦实施，就会形成大量的沉淀资本，而变动成本的比重相对较小，从而在客观上形成市场进入障碍，即使没有管制，竞争者也不容易进入该市场，由此加强某些设施服务的自然垄断性。二是服务的区域性。市政基础设施提供的全部产品或服务几乎都具有就地生产、就地消费的显著特点，其产品或服务的提供依赖于一定的地区和特定的线路，不同地区、不同线路提供的同一服务是不同质的，一般不具有显著的替代性。三是规模经济性。市政基础设施在提供产品或服务时，使用同一网络向不同的使用者提供产品或服务比对不同用户分设不同的网络更为经济节省。基础网络成本的增加大致与网络的服务半径成正比，但其服务能力的增加则与服务半径的平方成正比。这表明，在现有的需求水平上，随着服务提供量的增加，某一市政基础设施提供服务的边际成本递减，提供服务的平均成本也会随提供服务量的增加而下降。

（4）外部性：某些市政基础设施产品（服务）的提供或消费，同样会给第三者带来额外的损失或收益。例如，城市污水、垃圾的处理及向居民提供洁净的饮用水有利于消费者的健康和环境保护；地表饮用水的过量供应将减少河水流量，改变河流的原有面貌，甚至影响河流及沿岸的生态系统；交通运输造成空气污染和温室效应；等等。

（5）资源共享性：市政基础设施产业所提供的产品和服务带有公共产品或准

公共产品的性质。与其他产品不同，一般不是为特定的对象（特定的企业或个人）服务，而是为许多企业与个人服务或享用，它所服务的对象往往是不确定的，甚至是随机的，在使用和服务过程中一般不能独占，不能进行排他性消费，具有较明显的共享性、公益性，其共享程度依基础设施项目性质的不同而有所差异。

市政基础设施的概念，被认为是市政基础设施概念下的一个分支与特指。它是指国家城市建设行政主管部门分工进行行业管理，由城市政府组织实施管理的部分市政基础设施。它具体包括城市公用事业（城市供水、供热、供电等）、市政工程（城市照明、排水、道路、防洪等）、市容管理（垃圾处理、公共厕所、城市保洁等）和园林绿化（城市绿化、公园管理、景区管理等）。总之，市政基础设施是一个城市发展的基础，也是保障一个城市可持续发展的关键设施。它主要包括交通、给水、排水、燃气、环卫、供电、通信、防灾等工程系统。

市政基础设施有广义与狭义之分。广义的市政基础设施包括给水工程、排水工程、污水处理工程、内外交通、道路桥梁工程、电力工程、电信工程、燃气工程、集中供热工程、消防、防洪工程、抗震防灾、园林绿化、环境卫生及垃圾处理等。狭义的市政基础设施主要是指城市建成区及规划区范围内的给水、排水、电力、电信、燃气、供热、环卫设施等工程，是市政基础设施最主要和最基本的内容，既是工业生产的物质基础，又是人民生活必不可少的物质条件。

市政基础设施是社会生产和专业化协作的产物，它的内容不是一成不变的，而是随着社会生产力水平提高、科学技术进步及城市经济社会发展的不断变化，经历着由简单到复杂、低级到高级、粗糙到精细，基础设施种类越来越多、越来越复杂、越来越高级化的变化过程。市政基础设施是城市发展和居民生活的基础，其数量、质量及功能发挥与城市经济社会运行密切关联。然而，长期以来，人们对它的作用和地位认识不足，常常把基础设施建设当作非生产性建设对待，认为它不是创造产值的事业，少建、迟建无碍大局。有的把它看成单纯的服务性、福利性事业，不按经济规律办事，有的甚至认为它是出力不讨好的事业，一般的市政基础设施被埋在地下，不具有表面性或表征性，因而不在基础设施建设上下功夫。另外，客观上基础设施建设一般耗资巨大，主观上也有重视不够的因素。由于诸多因素共同影响，目前我国各地基础设施建设有些处于滞后当地经济社会发展的状态，欠账较多，在一定程度上影响了城市功能的发挥和区域经济的发展，市政基础设施与城市发展的矛盾越发突出。

2.1.2　市政基础设施投资效率

1. 投资的概念

由于各自研究领域和思考问题的角度不同，形成了多种不同的关于投资的概念界定和分类标准。凯恩斯在其著名的《就业、利息和货币通论》一书中指出，投资意义，包括一切资本设备之增益，不论所增者是固定资本、运用资本或流动资本。雷诺兹在其所著的《微观经济学：分析和政策》中定义投资定义与通俗用法大不相同。通常说，我想买股票或债券作为投资；在经济学中，投资是资本物品的建设。萨缪尔森在其《经济学》一书中对投资做了较为明确的定义，即对经济学者来说，投资总是意味着实际资本形成。对大多数人而言，投资总是意味着用货币购买几张通用汽车公司的股票、购买一块地皮或开立一个储蓄存款户头。

1983 年我国出版的《经济大辞典·工业经济卷》的定义是，投资一般是指经营营利性事业时预先垫付的一定数量的资本或其他实物。1987 年的《经济大辞典·金融卷》的定义是，投资经济主体（企业和个人）以获得丰厚利益为目的，预先垫支一定量的货币和实物，以经营某项事业的行为。1987 年的《经济大辞典·财政卷》的定义是，投资在资本主义社会指货币转化为资本，在社会主义社会指货币转化为生产经营资金的过程。

我国对投资的理解有基本建设投资、固定资产投资两个概念，现在对投资的理解同西方相似，包括实物投资和金融投资两种。投资按照投资主体分为政府投资、企业投资、个人投资、外国投资；按照投资用途分为直接投资和间接投资。直接投资包括固定资产投资（可用于生产性和非生产性建设）和流动资产投资。间接投资包括投资股票、债券等。

2. 效率的概念

在传统理论中，效率是指在业务活动中投入与产出或成本与收益之间的对比关系，从本质上讲，它是资源的有效配置、市场竞争能力、投入产出能力和可持续发展能力的总称。效率是经济学中被广泛应用的概念，经济学认为资源存在稀缺性，并在此基础上研究一个社会如何进行配置才能最有效地利用资源。

马克思主义经济学十分重视对经济效率问题的研究，在马克思主义经济学家看来，经济效率是生产率，主要是劳动生产率。经济效率问题的核心通常被理解为资源的节约，马克思归结其为劳动时间的节约。帕累托（Pareto，1987）认为如果社会资源的配置已经达到这样一种状态，即任何的重新调整可能在使任何人境况变坏的情况下，任何一个人情况变得更好，那么，这种资源配置的状况就是最佳的、最有效率的。如果达不到这种状态，即任何重新调整使某人境况变好，而不使其他任何一个人情况变坏，那么说明这种资源配置的状况不是最佳的，是缺乏效率的。萨缪尔森和诺德豪斯（1994）认为效率是指尽可能有效地利用该经济体的资源以满足人们的需要和愿望。怀特赛尔和巴雷托（Whitesell and Barreto，1994）认为效率是指经济在既定的生产目标下的生产能力，也就是指在恰当的生产可能性曲线上的恰当的点。它可以分为技术效率和配置效率。前者是指在给定技术和投入要素的情况下，实际产出和潜在产出的比较，后者是指投入要素的组合按照成本最小化的方式进行，也就是说，按照要素在不同使用方式下的边际要素替代率相等的方式进行。

我国众多学者对经济效率的研究是一个由效果到效益再到效率的发展过程。张先治（1996）对经济效果和经济效益研究的有关文献进行汇总，并指出 20 世纪五六十年代，李骊（1959）认为经济效果是用最少的劳动消耗取得更多的使用价值；周振华（1962）则认为除了用最少的劳动消耗取得最多的使用价值外，还要体现在多快好省的要求和满足社会需求的要求上。20 世纪 80 年代，杨干忠（1985）展开对经济效益的讨论，认为经济效益是劳动耗费与劳动成果的比较，是投入与产出的比较，是经济方面有益的效果。20 世纪 90 年代，冯海发（1993）认为效率有广义和狭义之分，广义的效率是指由既定价值的资源获得的产品价值；狭义的效率是指边际产品比率与相应的要素价格比率之间相等关系的实现。经济效率是对比投入与产出的关系。21 世纪，殷强（2007）认为经济效率是经济活动中投入与产出或成本与收益之间的关系，投入产出的程度、资源利用的程度（资源利用率、资源配置结构）能否满足社会需求的程度。

综上可知，效率包括狭义和广义两方面的含义。狭义的效率最基本的含义是泛指日常工作中所消耗的劳动量与所获得的劳动效果的比率。广义的效率包含劳动、时间、资本等因素投入所得到的经济资源和非经济资源的配置状态，如功能的发挥程度、影响增加的程度等，所以效率是一个综合性更强的指标。在研究中，人们往往根据研究主体的需要对效率的含义做不同的扩展。

综合投资和效率两者的概念，即投资效率指的是资本投入与产出之间的关系。投资效率是经济主体所取得的有效成果与所消耗的投入额之间的比率，即投资活动所得与所需、产出与投入的比例关系。

2.2 理 论 基 础

2.2.1 公共物品理论

公共物品理论在 19 世纪 80 年代由萨克斯、帕塔罗尼等系统地提出，20 世纪 30 年代开始在英美等国家传播。公共物品具有供给和消费上的非竞争性与非排他性的特点。公共物品消费上的这两大特性，导致其供应上的市场失效，即市场在公共物品配置上低效率。

原因有如下两个方面：一是公共物品消费的非竞争性，意味着每增加一个消费者所引起的边际成本为零。按照价格等于边际成本的资源有效配置原则，不应该对这一物品的消费收费。但是，新增消费者的边际成本为零，并不说明提供这一物品不需要花费成本。如果由市场来提供公共物品，那么其厂商必然会通过收费的方式来弥补自己的成本，还要取得一定的利润。但是对公共物品的收费会阻碍人们充分利用这种物品。因此，当公共物品由市场提供时，会导致公共物品的限制现象。从宏观上看，这是一种效率损失。以桥梁为例，在桥梁没有过度拥挤的情况下，如果私人厂商对过桥者收取通行费，就会降低人们对过桥的需求，从而减少通行人数，引起效率的损失。二是从非排他性来看，市场提供的公共物品将引起另一种效率损失，即它可能导致公共物品的供给不足。在增加消费者的边际成本不为零的情况下，由于不可能使用排斥性原则，人们不必付款就可以消费，这样会产生大量的"免费乘车"现象，导致没有人愿意对公共物品进行投资，从而造成供给不足，带来效率的损失。由于在公共物品配置中市场失效存在，即使是市场经济十分发达的国家，如美国和西欧等国家和地区，都需要政府进行有效的干预。在无法像私人物品那样由市场提供的情况下，为了满足人们对公共物品的需求，实际上社会往往采取由政府直接提供公共物品的方式。

多数市政基础设施不是纯公共物品，但又都具有一定的公共性。市政基础设施中公共性比较确定的有如下四类：一是电站和电网，分配的竞争性和排他性都比较强，属于私人物品，在西方国家以私人企业投资为主。二是城市间的高速公路和高压输电网，竞争性较弱，但排他性强，通过收费获得投资回报，属于价格排他性的公共物品。三是城市道路、桥梁、环卫、绿化造林、交通标志和安全设施等，其竞争性和排他性都很弱，属于纯公共物品，一般由政府和公共财政出资建设。四是相对于居民的消费需求和现代工业生产的需要，具有很强的竞争性，如地下水等稀缺性资源，可以引入社会投资者开发建设和经营。

2.2.2　委托-代理理论

城市治理主要是通过协调城市利益相关主体的关系以确立城市的经济战略目标，通过政治机制与行政委托的方式，建立委托人（城市利益相关者）与代理人（政府）的激励契约。具体可以分为三个方面：确定城市治理的目标；界定相关利益主体的权力与责任；有效的监督与制约。

委托-代理理论的代表人物贝利和米恩斯通过对美国 200 多家大公司进行分析，发现这些大公司中有相当比例的操作权不在股东手中，而是由高级经理人员进行管理。于是，1932 年在其出版的《现代公司与私有产权》一书中得出结论：现代公司已经发生了"所有权与控制权的分离"，现代公司实际上已由职业管理者组成的"控制者集团"所掌控。然而，所有权与控制权的两权分离带来的直接问题是，作为无控制权的所有者如何利用机制来约束和引导拥有控制权的经营者，以实现公司所有者利益最大化为目标进行决策经营，而不是滥用手中的决策经营权，这也是委托-代理理论所要解决的关键问题。委托-代理理论将委托人（所有者）和代理人（经营者）双方的特点归结为经济利益不完全一致，承担风险能力不同，公司的经营状况和财政情况信息不对称。公司经营者的代理人拥有相对充足的信息优势，为追求其自身利益，其决策行为很有可能和公司利益相悖，甚至不惜损害所有者和公司的利益，从而诱发公司经营的风险。为了规避风险，确保作为公司拥有者的利益不受侵害，要引入公司治理机制，实现对经营者的全面激励和监督。因而，代理的基本思想是，公司股东作为公司的拥有者，是委托人；有经营权无所有权的经营者，是代理人。代理人作为理性的经济人，可能具有与公司所有者不同的利益诉求，具有机会主义和道德风险的行为倾向。因此，公司治理结构的核心问题是解决委托代理的风险问题，也就是说，如何建立有效的激励约束机制，促使代理人更忠实地为委托人的利益最大化服务。这个核心问题成为现代公司治理理论的逻辑起点。

20 世纪 70 年代，新制度经济学开始发展，在此背景下，罗斯（Ross，1973）系统地提出了委托-代理理论。20 世纪 70 年代中期至 80 年代中期，经济学家米尔利斯（Mirrlees，1976）、斯蒂格利茨（1997）对这一理论进行了发展，并逐步地模型化。委托-代理理论就是从信息不对称条件出发，探讨作为委托人的主体如何在成本最低的情况下设计一种机制或契约，促使作为客体的代理人努力为其工作，努力实现委托人的效用最大化。

委托-代理理论应用于城市治理中，表现为城市政府承担的管理职能并非必须由政府自身完成，它可以通过委托的方式，交由其他公共机构或私人机构完成。国外对城市公用事业实行委托管理已成为一种发展趋势。据统计，在日本，除社会福利设施外的公共事务，委托管理已达 80%。在法国，委托管理已成为城市管理的主流。据在 25 个大城市做的有关政府直接管理和委托管理在城市公用事业中所占比例的调查统计，委托管理在城市供暖方面占 95%，布线方面占 95%，城市交通方面占 90%，供水与污水处理方面占 60%，公共场地方面占 60%，垃圾处理方面占 35%。一个良好的生活环境和稳定的社会环境不但是政府的职能所在，而且是委托人的利益体现。

委托-代理理论引入城市治理就形成了公共委托-代理关系，城市治理结构可以认为是市民团体委托城市政府-市政管理委员会-企业（或市民团体）管理的市政公共事务，因此，城市治理结构中存在多层公共委托-代理关系。现代公司治理理论认为，在一定的条件下，代理人可能会做出违背委托人利益的事情，这就是"委托-代理问题"。产生该问题的原因如下：①委托人与代理人目标不一致。就城市政府-市政管理委员会-企业（或市民团体）这层委托代理关系而言，作为委托人的市政总经理不仅是市政经济活动的全面指挥者和决策者，还是市政社会发展的管理者。因为市政基础设施建设及其相应的公共事业服务的发展决策，不同于作为代理人的企业以经济收益最大化为单一目标，它的目标是多元化的，包括经济、社会、政治等方面的目标。受托的市政总经理要对这些多元化目标的实现做出承诺。由于城市是人口稠密的地区，市政经济与社会发展中的治理必须根据城市发展的动力多元化、城市社会群体发生分化、城市信息和科技发展迅速的特点来进行。庞大的系统协调性，要求更多地依靠法律而不是依靠权力来调动市政各部门、各基层单位的积极性与活力，因而构建一个公正、公平、公开又具竞争力的法治结构，是城市治理结构的前提。然而，作为代理人的企业（或市民团体）则以获得较大的资产收益或经济利益为目标，其目标的唯一性必然决定了其行为的逐利性。②信息非对称性。代理人拥有的信息量远远大于委托人，代理人可以利用这种信息非对称性来采取机会主义的"搭便车"行为，损害委托人的利益。代理人的行动选择直接影响委托人的利益，而代理人选择行动相对委托人来说具有私人性和信息隐藏性，委托人无法观测到这些行动。显然，委托人利益的实现取决于代理人的积极性。因此，如何设计一套约束与激励机制，协调三者之间的关系，降低代理成本，提高城市治理效果是需要考虑的重点。

借鉴委托-代理理论来研究城市治理结构的问题，也成为城市治理领域一个较为重要的创新。政府与市政企业、市民、非营利组织三者之间存在多层委托代理关系，这是城市治理的基本问题。20世纪80年代以来，对城市治理结构内部层次的运行研究，逐渐成为城市治理研究的热点和主流，其中涉及城市治理主体内部间的委托-代理关系、城市治理权利的配置、城市治理利益相关者的研究等多方面内容。具体而言，市民作为城市的"股东"有权利选择可以代表自身利益的城市政府组建城市董事会，然后由城市董事会选聘作为经营者的代理人，进行对整个城市董事会的运行，以保证市民利益的最大化。由此可见，政府与市民之间是一种委托代理的契约关系。这种由政府、市政企业、市民等形成的共同参与城市治理的网络结构，在很大程度上改善了传统政府对城市进行单一垄断管理的弊端，提升了城市治理的水平，同时，各治理主体之间相互监督，通过正式和非正式的治理模式，使各利益主体参与城市治理的目标得以实现。在城市治理结构中居核心地位的城市政府，一方面对市民负责以实现其利益；另一方面对市政企业的行为进行监控和评价，以保证城市社会福利的最大化。

2.2.3　效率理论

斯密提出分工效率和竞争效率是提升劳动生产力的核心的理论。斯密认为分工是随着社会发展到一定阶段而产生的，专项生产和专人负责的分工制不但能提高劳动的熟练程度，而且节省时间，分工还能促进工具的创造和改进，因此，分工可大大提升劳动生产效率。斯密的竞争效率假设经济参与的主体都是理性人，而理性人的利己动机促进了社会效用最大化，在提升社会效率的同时能促进社会福利的提升，因此市场发展最好的状态就是不受政府的干涉，实现市场的自由化发展，通过竞争来提升经济效率。

新古典经济学派继承了斯密的竞争效率理论，并在此基础上提出了帕累托效率。帕累托效率是指资源分配的一种理想状态，即在资源分配中存在这么一种状态，即在不使任何人境况变坏的条件下，任何人的境况也不会变好，因此在不存在帕累托改进的情况下就是帕累托最优的状态，只有充分利用有限生产要素才能实现资源的最优配置，实现最大的经济效率和效益。

新奥地利学派和新制度经济学派提出了动态效率理论，其核心问题是资本积累和经济增长。动态效率是指经济在最优的状态下资本存量不存在过度积累，且动态效率是以资源跨期配置来设定的，因此，动态效率衡量的是长期经济资本存量效率的总和，这要求企业对需求及其他外界变化能够做出敏捷的反应。

2.2.4　"3E" 理论

Fenrick 在 1995 年提出的 "3E" 评价理念或准则是指效率性（efficiency）、经济性（economy）和有效性（effectiveness），这为效率评价奠定了理论基础，也为市政基础设施投资效率评价明确了方向。对市政基础设施工程项目进行评价应当遵循三个原则，具体分析如下。

（1）效率原则是指在单位时间内所完成的有效工作量，或者完成的工作进度情况，体现了劳动时间的利用情况，是产出与时间的对比关系。在市政基础设施中，主要是投入时间、人力、机械等资源在单位时间内的利用程度。

（2）经济原则是指基础设施建设投入资源与获得的产出和收益之间的关系，就是在投入一定的情况下，尽可能地达到收益最大化，或者是在收益一定的情况下，尽可能地减少投入。虽然每年政府都会投入大量的资金来进行基础设施的建设，但是忽视成本只关注面子工程和盲目投资是错误的。因此，投资效率评价的经济性，一方面是指当政府部门选择决策方案时，重视成本和效益；另一方面是指在市政基础设施建设过程中，要考虑在完成项目、满足质量的前提下，怎样才能有效地节省资金，怎样才能花钱最少。

（3）有效原则。在基础设施投资效率评价过程中的效率原则主要有两点：一是结果有效性，是指基础设施是否达到建设目标、经营目标和其他目标，即项目是否达标；二是过程有效性，即建设过程是否是较优的，有没有针对影响投资效率的因素进行预防与控制。

2.2.5　信息不对称理论

信息不对称理论又称为逆向选择理论。该理论最早是由经济学家阿克罗夫提出的，其通过对旧车市场的研究，发现在卖者与买者对旧车的质量存在信息不对称的情况下，质量高于平均水平的卖者将退出市场，只有质量低的卖者进入市场，在均衡的情况下，只有低质量的车成交；在极端的情况下，市场可能根本不存在。此后，该理论几乎渗透到微观经济学的所有研究领域。在委托-代理理论中，委托人在签订合同时知道代理人的类型，但签订合同后不能观察到代理人的行动。因此，委托人的问题是设计一个最优的激励机制使代理人选择委托人所希望的行动。

在信息不对称理论中，委托人在签订合同时不知道代理人的类型，问题是选择什么样的合同来获得代理人的私人信息。该理论的前提是交易双方的事前信息不对称。一般将拥有信息优势的一方称为代理方，将处于信息劣势的一方称为委托方。这种信息不对称是由于人的认知能力不足，还由于行为主体为充分了解信息所花费的代价太高，限制其掌握完全的信息。常见的事前信息不对称的例子有内幕交易、信贷市场上的配给制。

内幕交易构成了市场运行中信息不对称的人为因素。交易人利用工作便利和各种非法渠道，提前获得一般投资者难以获得的信息，产生交易前的信息不对称。交易人再利用这些内幕信息进行交易，牟取不正当的利益。这种扭曲信息正常传递渠道的行为在损害一般投资者利益的同时，还会使得投资者花费大量的精力和财力去打探内幕消息，导致信息资源的滥用和弱化，甚至会扭曲证券市场资源配置的功能。

信息不对称理论的核心问题是选择什么样的合同来获得代理人的私人信息。获得代理人私人信息的常见方法有两种：信号传递和信息甄别。信号传递和信息甄别的差异在于，在信号传递中，有私人信息的一方先行动，而在信息甄别中，没有私人信息的一方先行动。

信号传递的关键是将私人信息以一种可信可行的方式传递给对方。例如，旧车的卖者向买者提供一定时期的维修保证，请独立的工程师（或汽车修理厂）对质量进行检查等。因为对卖者来说，车的质量越高，维修保证的预期成本越低，所以高质量的车主提供维修保证的积极性显然大于低质量的车主，买者将维修保证看作高质量的信号，从而愿意支付较高的价格。这就是信号传递。

　　在信息甄别中，处于信息劣势的一方先行动，设计一个包含多种信息类型的合同菜单来让拥有私人信息的一方自由选择，通过其选择的结果能推断出其拥有的私人信息。例如，在雇主招聘中，雇主先行动，根据能力要求和岗位职责为应聘者设计不同薪酬的应聘岗位，应聘者选择其中一个与雇主签约，然后取得该岗位对应的薪酬，选择不同的岗位反映出应聘者能力的差别。

第3章 国外主要发达国家市政基础设施投资经验

3.1 美国市政基础设施建设与投资

美国是市场经济高度发达的国家，也是主要运用市场机制进行资源配置的典型国家。在基础设施建设方面，美国政府通过制定产业政策、完善投资法规、健全投资服务和优化投资环境，吸引各类资本参与，促进全社会投资的稳定增长。美国市政基础设施建设与投资以市场竞争为主，其基础设施服务主要由民间提供。铁路系统是 19 世纪民间资本利用欧洲资本市场建立起来的，其他能源、交通运输、电信也都由民间投资经营，甚至许多学校、医院也是私立或私人捐赠。

3.1.1 发行市政债券

市政债券（municipal bonds）起源于美国。1812 年，纽约市政府需要筹资建立一条运河，发行了第一只市政债券。第二次世界大战以后，美国人口和收入不断增长。人口的快速增长使得对市政服务（包括学校、公路、机场、供水和污水处理等）的需求不断增长。美国公共服务部门及公共项目所需资金日益增大，一般的企业债券、股票及银行贷款等不能有效满足这一现实的金融服务需求，因而美国市政债券市场得以迅速发展。然后，美国州政府、地方政府不断以发行市政债券的方式为地方政府的经济发展及基础设施建设筹集资金。美国证券行业和金融市场协会发布的《2019 年度固定收益市场报告》显示，当年市政债券发行总额占债券市场总发行额的比重为 5.6%，排名第五。前四位分别为国债（35.9%）、抵押支持债券（25.8%）、公司债（17.3%）、联邦代理债券（12.1%）。截至 2019 财年末，市政债券余额占全美债券余额的比重为8.5%，排名第四。

市政债券是美国市政基础设施建设的最主要的融资手段，其已经成为美国经济发展融资的重要组成部分。按照建设项目有无固定收益，美国的市政债券一般可分为两类：一类是一般责任债券（general obligation bond），该类债券用于没有固定收益的基础设施项目建设，由州、市、县或镇政府发行，并以发行者的税收作为偿债的保证；另一类是收益债券（revenue bond），该类债券是为了建设某一基础设施而依法成立的代理机构、委员会或授权机构发行的债券。这些基础设施包括交通设施（收费桥、收费公路、港口、机场）、医院、大学宿舍、公用事业（供水设施、污水处理设施、供电设施、供气设施）等。通过这些设施有偿使用的收入来偿还债务。收益债券的风险往往比一般责任债券的风险大，但利率较高。根据《1986 年税收改革法案》，市政债券用于公共目的的，其利息收入免缴联邦所得税。

在美国市政债券持有人中，1996~2017 年持有规模排名第一的是个人投资者。根据 MSRB（Municipal Securities Rulemaking Board，市政债券规则制定委员会）公布的数据，约 2/3 的市政债券由个人或个人通过共同基金持有。共同基金、商业银行、保险机构持有规模分列第二位、第三位、第四位。在风险管理方面，为了防范市政债券风险，保护投资者和公众利益，美国以立法为手段，逐步形成以信息披露制度为主，以信用评级和债券保险制度为辅的风险管理制度。

市政债券的发行主体一般包括发行人、托管人、承销商、债券法律顾问和债券评级机构。美国市政债券的发行主体广泛，主要为地方政府及相关实体，包括州政府、城市、乡镇、学区、住房中心、公共医疗、机场、港口等。目前，全美共有 5 万多个市政债券发行主体，绝大多数是发债规模较小的主体。发债规模较大的主体多为行政级别较高的地方政府及授权机构，如加利福尼亚州政府、洛杉矶运输局、长岛公用电力局、纽约与新泽西港口事务管理局等。市政债券的发行一般有公募和私募两种方式。其中，公募方式又可采用竞标和协议方式。根据美国的法律法规，一般责任债券通常采用竞标方式销售，但收益债券可以采取多种发行方式。

《美国 1913 年税法》中明确规定联邦政府不征收州及州以下地方政府市政债券的利息联邦所得税，从而实际上形成了联邦政府对州及州以下地方政府的一种特殊补助形式。由于税收减免政策同时也为一些非政府的发债机构豁免缴税创造了条件，部分发行人通过享有税收减免的好处谋取利差，故关于税收减免在美国国内一直存在争议。最终，《1986 年税收改革法案》明确了减免的范围，成为美国市政债券税收减免的法律基础。

3.1.2 鼓励私人投资

美国联邦政府对私人公司修建公共设施给予大量扶植帮助。例如，充分利用金融工具进行资金借贷、给予政策性扶持、无偿赠予土地、统一技术规范等。

在铁路建设中，联邦政府的土地转让政策是最重要的资助形式。1850年国会通过了援助铁路建设的第一个土地转让法令，资助修建由大湖区到墨西哥湾的铁路。该法令向伊利诺伊、密西西比和阿拉巴马三个州转让了作为路权的200英尺①宽土地的权利，外加每英里每侧各6平方英里②的公共土地，州政府可以出售这些土地或转让给铁路公司以帮助筹集建设资金。到内战爆发前的1859年，国会拨出的国有土地已超过1 800万英亩③，涉及12个州，总共帮助40多个铁路公司建设了8 647英里④线路。1862年7月1日联邦国会通过了《太平洋铁路法案》，该法案规定政府保障援助为用于邮政、军事和其他目的而建设的由密苏里河到太平洋的铁路线和电报线路；政府负责赠送大批国有土地和资助大量资金，由联合太平洋铁路公司和中央太平洋铁路公司共同承建。

巨额的土地投资为铁路公司解决了资金问题。按联邦政府的援助政策，铁路公司所获得的赠地是可以自行处理的，各铁路公司为了把这些土地转化为资本，一般通过两种方式：一是直接向移民高价出售；二是组织城镇开发公司。各铁路公司都将土地的收入作为修路的主要资金。对于铁路公司来讲，赠地的主要价值不但在于能从出售土地中赚取现金，而且在于能为发行债券提供信用和保证，铁路公司借助比较完善的抵押市场，将国有土地做抵押，发行债券或股票，向私人借贷资金或政府贷款，这都为铁路公司筹集了大量的资金。

美国政府除了给予铁路公司大量的土地，使它们筹集资金用于建设外，还为铁路公司做担保，向银行贷款筹资，并且这种贷款是按铁路建筑里程拨付的。例如，《太平洋铁路法案》规定：每铺设1英里路轨可得政府贷款1.6万美元，在高原丘陵地带为3.2万美元，高山地区为4.8万美元。该法案特别提到，如果有300英里路段为多山困难线路，对这些地段的建设债券应给予加倍优惠。1850~1871年，联邦政府为铁路建设共发放贷款6 500万美元。

从美国第一条铁路的建设开始，联邦政府就为铁路公司提供了建筑工程的勘测和设计方面的技术援助。美国联邦国会于1824年和1838年两次通过法令，责

---

① 1英尺≈0.305米。
② 1平方英里≈2.59平方千米。
③ 1英亩≈4 046.856平方米。
④ 1英里≈1 609.344米。

成政府负责铁路勘探，联邦政府为此选派工程师、培训技术人员并支付勘探费用。此外，联邦政府还给予铁路公司降低进口路轨关税的优惠；指定由铁路承担所有的邮政运输；规定铁路公司有权无偿获得铁路建设用地及其两侧毗连的相关公有土地，有权在公有土地上建设车站、铁路建筑物、车间库房、修理厂等；铁路公司除获得沿线山林采伐权外，还得到沿线公有土地的采矿权，这些措施其实是一种变相的补贴政策，从而大大提高了铁路公司的收入。

3.2　英国市政基础设施建设与投资

英国基础设施投融资体制改革，建立在 20 世纪 70 年代末撒切尔政府对原来由政府提供的自来水、电力、电信等服务通过不同形式转让给私人部门的基础之上，本质在于打破传统政府垄断经营的局面，通过私有化变更产权的方式，引入竞争机制，减少政府对基础设施领域的过多干预。通过改革，英国政府逐步减少对基础设施的直接投资，降低政府财政负担，不断扩大利用社会资本的规模，吸引民间资本，将市场机制运用到基础设施投资建设和运营管理的各个环节。

英国在市政基础设施投融资体制改革过程中针对不同性质的市政基础设施项目，采取了不同的吸引民间资本投资的方式。对可以通过收费收回投资的市政基础设施项目，由私人企业出资建设和运营管理，政府不参与投资和管理；对可以收费但通过收费不能完全收回投资的市政基础设施项目，政府适当给予补贴；对那些不能实现收费机制的纯公共品，私人无法通过项目建成后的经营收回投资的项目，政府主要采取公共部门和私人部门合作的方式，由私人企业出资建设和经营管理，政府在未来项目建成后购买该项目的服务具体操作办法。

20 世纪 90 年代，英国基础设施需要巨大的维修资金。撒切尔夫人上台后开始进行民营化改革，由于公众强烈反对，未涉及密切关乎民生的学校、医院、交通等领域，这些服务仍由政府提供，但紧缩的财政政策使得政府很难支持其巨大开支。

1990 年梅杰接任撒切尔夫人担任英国首相后，由于经济衰退，公共支出不断扩大，1992 年首次提出了 PFI（private finance initiative，私人融资计划）。1997年工党执政以后纳入了一个新的概念——PPP。PFI 是购买公共服务的一个重要方法，但只是 PPP 模式中众多采购方法中的一种。英国政府通过推行 PFI/PPP，引导私营企业参与投资各项基础设施，并通过政策规定在采购公共建设项目前应优先考虑以公私合作方式进行，以解决政府面临的财政困难。2012 年，为了降低项目风险，提高公共部门权益，保证项目的成功率，英国将 PFI 进一步改进为 PF2（新型私人融资），两者最大的区别是在 PF2 中私人部门对基础设施不再运营，同时提高特殊目的的公司的注册资本金，政府持有一定股权。

按照英国的经验，适于 PPP 模式的工程包括交通（公路、铁路、机场、港口）、卫生（医院）、公共安全（监狱）、国防、教育（学校）、环保、社会福利、公共不动产管理等各个领域，对英国政治、经济及社会的发展产生了深远的影响，政府在促进 PPP 项目实施方面已经建立起较为完整的推动体制。实施 PPP 以来，英国在基础设施建设方面取得了重要的成果。英国在 1987~2012 年共批准 PPP 项目 730 个，其中 650 个在运营。从项目数量上来看，医疗、教育和交通占据较大的比重。交通方面，PPP 项目成交数量虽然比重不高，但单个项目的平均成交额是所有 PPP 项目类型当中最高的，达到 1.84 亿英镑。

在 PFI 模式下，PPP 项目运行程序一般可以分为立项与可行性研究、项目采购、项目建设和运营、移交。立项与可行性研究阶段，发起人以财政承负能力为重要考量要素对实施 PFI 项目的可行性进行评价并形成经营状况草案，呈报上级主管部门或地方政府 PFI 小组核准。项目采购阶段，发起人在《欧共体公报》刊载招标讯息，通过招标确定项目开发主体。确定中标人后，政府提出对整个项目采购符合经济价值的说明，从技术、财务、法律等角度审查项目主体的开发能力，与项目主体建立和完善合同条款，明确政府和私人部门在合同中的权利和义务，经核准后完成签约。签约完成后进入项目建设和运营阶段，私营部门承担全部成本，负责筹措资金、组织设计、确定承包商施工、聘请项目监理、运营管理项目等，由政府根据项目实施、运营标准的完成度对私人部门予以偿还。如果项目建设水准未在规定时间内有所提高，公共部门当局通常有权终止合同，按适当份额补偿私营部门，并取得工程的所有权。移交阶段在项目完成后，私营部门办理转移、清算等事宜，公共项目由政府接管运营。

PF2 新模式对股权融资模式进行了完善。鉴于私人投资难以利用高杠杆率获得资本市场融资，同时为降低私人资本股权融资的高额回报，英国政府在 PF2 模式中，要求提高资本金比例，政府资金在股本中以小股东的方式进入，缓解私人投资者的融资压力，发挥私人资本的专业能动性，使政府的风险降到最低。

同时，PF2 模式进一步优化招标流程。一是推行集中采购，即主要依托中央部门的专业力量进行采购，如英国基础设施局等；二是推行采购流程化、简单化和标准化，推广使用 PF2 标准合同和规范文本；三是启动政府能力建设培训计划，在未来只有通过该学院的强化培训计划的人士，才有资格领导大型政府项目。在提高信息透明度方面，PF2 要求私营部门提供实际的和预测的净资产收益率，用于信息发布；及时披露未来 PF2 项目产生的负债情况，为项目发包方提供必要信息，使纳税人相信项目的 VFM（value for money，金钱与价值等价）能达成；对项目资金的使用情况适当公开；在项目公司董事会中引入政府和相关代表的观察员制度，满足公众对私人承包商的信息需求。

3.3　德国市政基础设施建设与投资

美世咨询公司发布的 2012 美世城市基础设施排名和 2012 美世全球城市生活质量调查排名显示，新加坡在城市基础设施排名中排名世界第一，德国的法兰克福和慕尼黑并列第二。

德国的市政基础设施投融资一个非常重要的特点就是进行法治化管理，市政基础设施的规划设计、项目筹资、投资建设、企业经营及市政基础设施使用无一例外的合法化，将有关政府部门、相关企业、居民的权利和义务及责任用法律的形式确定下来，杜绝责权不清现象。在市政基础设施投资、建设、运营和管理等方面，德国已形成一套行之有效的管理体制和运行机制。

政府在市政基础设施投融资和项目管理中居于主导地位。政府是建设项目的投资主体。在德国，政府在市政基础设施的投资中起到了非常大的作用。市政基础设施建设资金，一是来自政府拨款；二是来自地方投资；三是来自公用事业企业的收入；四是来自用户和居民。地方投资包括市、县自筹投资和州政府资助投资。凡必须集中统一建设的基础设施，如国家公路、铁路、天然气主管道，由国家统一投资经营。政府通过大力发展这些事业来带动各地的发展。公用企业的利润收入，也用来补充这一部分建设所需资金。部分煤气厂和交通企业经常亏损，以水厂和电厂的盈利弥补。对于另一类经营性的或可收费的项目，如供水、供气、污水处理、垃圾处理等，政府允许私人企业进入。鼓励私人企业通过市场融资，但根据项目的重要程度，政府提供一定比例的注册资本金。影响重大的项目主要由中央政府投资，如德国州际高速公路由联邦政府投资。城市一般性的基础设施项目，中央政府投资占有很大的比重，各级地方政府和企业承担相应的投资责任。例如，慕尼黑市的地铁建设与维护，投资的 50% 来自联邦政府，30% 来自巴伐利亚州政府，20% 由市政府筹集。

政府掌握特许经营权的授予权。特许经营是德国市政基础设施经营的特点，对于自然垄断行业，如自来水供应、燃气供应、污水处理等，在政府决定建设某一项目后，通过该行业若干企业之间的公平竞争，政府选择一家优势企业，特许其进行该项目的经营。政府与企业签订协议，保证政府提出的目标的实现。

重视对项目建设的前期规划。在德国一般是提前 5 年编制下一个 10~15 年的规划，而且规划到每一个细节，建设到每一个细处，管理到每一个细部。对于德国市政基础设施建设，政府做出长期规划，规划期多为 10 年，具体项目一般由行业协会提出，由政府及议会审批做出决策。重要的是，政府在审批过程中，要通过非常细致、严格的核算，确定项目的规模和投资，同时确定项目总投资额中各级政府投资的比例。项目一旦批准，则建设时间、工期、投资不得改变。只要前期准备充分，一般都能够保证建设项目按计划实施，如期投入使用。

在德国市政基础设施价格制定上，普遍遵循这样的原则，即政府不谋求利益，但尽量减少在这方面的负担。

首先，以成本为基础制定价格。由于政府都曾饱受巨额财政补贴支出的困扰，经过几十年的实践与探索，目前，德国在制定价格时，强调以成本为依据。对于供水、供电、供气等经营性的行业，其销售价格基本定位在保本微利的水平上。对于非经营性的行业，政府也努力使价格与成本靠近。

其次，为保护环境节约资源，德国对水资源、污水处理、垃圾处理等实行高额收费政策。虽然西欧国家环境很好，水资源也非常丰富，但各国政府对环境保护和资源节约非常重视，采取的重要经济手段就是制定高收费政策。慕尼黑市的垃圾处理，是在垃圾分类的基础上，对不能回收利用而又影响自然环境的部分，采取高收费政策。一方面起到减少居民和企业有害垃圾投放量的作用；另一方面可将垃圾处理费用于垃圾处理厂的建设与运营，增加处理设备，提高处理能力，保护环境。

最后，为了取得更大的社会效益，对城市公共交通实行低票价政策。为解决城市交通拥堵问题，对公交、地铁等行业，政府在核算成本的基础上，重点考虑减少市区交通流量，从实现最大社会效益出发，制定比较低的价格。德国慕尼黑市的公交长期维持比较低的票价，虽然亏损额较大，但政府也不准备提高票价，原因不只是出于社会福利方面的考虑，更重要的是从政策上鼓励开车的人改乘公交，以减少路面交通量，同时减轻环境污染。

3.4　日本市政基础设施建设与投资

日本在第二次世界大战后基础设施的迅速发展得益于政府预算特别是财政融资的大力支持，但日本政府并没有忽视或排斥民间资本的作用。日本政府认为，只要某一部门具备了从民间金融市场筹集资金的能力，就应当毫不犹豫地把该部门推向市场。

3.4.1　财政和政策性金融担保

为了降低民间资本的风险，日本政府要求财政和政策性金融机构提供担保。20 世纪 80 年代，日本政府为长期信用银行对风险企业的贷款曾提供过 80% 的金融担保；日本国营铁路发行的铁路债券中，也有政府提供担保的债券；在电信业发行的债券中，也有政府担保债券；电力部门在进入民间金融市场的过程中，政策性金融也为其发行债券和获取贷款提供过担保。

日本政策性金融是政府介入并主导经济发展的重要体现。日本政策性金融机构的框架主要是以"二行""九库"为基础，1999 年以后，为适应经济发展需要，部分银行和公库进行了合并，成为"二行""七库"。在资金相对短缺的战后复兴期和经济高速增长期，日本政府利用遍布全国各地的邮政储蓄机构吸纳家庭部门的存款，并连同社会养老金一起全额汇缴给大藏省（现为财务省），再通过政策性金融机构等特殊法人投向政府重点扶持的部门、行业、企业，形成社会资本，满足基础设施建设、战略资源开发的巨额资金需求。其中公营企业金融公库是依据《公营企业金融公库法》于 1957 年 6 月设立的，目的是为公营企业的健全经营给予资金融通，从而推进公营企业的发展，增进居民的福利。该公库设在东京，贷款业务均通过普通银行办理。

3.4.2　开拓特殊债券市场，即电信业的"加入者债券"

NTT 公司最初是日本政府的下属机构，主要经营本地电话业务。经过一系列的民营化和重组，NTT 已经发展成为经营本地电话、国内长途电话、国际长途电话、移动电话和数据多媒体业务的国际性综合电信运营商，尤其是在本地电话业务方面占据主导地位。在本地电话市场，NTT 东公司和 NTT 西公司的市场占有率一共为 94%。目前 NTT 的最大股东仍然是日本政府。

第二次世界大战后初期，日本国内百业待兴。第二次世界大战使日本在全世界的形象发生了很大的变化，当时只能由美军来强制领导，美军和日本在这个时期建立了严密的经济发展计划，在这些计划中，日本只能将有限的资金用在钢铁、煤炭等关系国家命脉的行业上，对电信行业来说，日本只能采取向用户集资的方法发展。

为弥补政府对电信行业投资不足和克服电信行业从市场筹资的困难，1948 年 6 月，日本制定并颁布《电话公债法》，废止后又颁布了《电话设备费负担临时处理办法》。根据这一办法，对申请安装电话的用户，需要负担安装电话所需费用的一部分，称之为设备负担金，邮电部门不予偿还，其数量以东京为例，每户 3 万日元，但是仅以此项筹集资金显然是不够的，尤其是 20 世纪 50 年代初期，随着日本经济的复苏，社会对于通信的需求日益增长，电信行业面临着大发展的局面，按照《电话设备费负担临时处理办法》筹集资金很难适应电信行业发展的需要。于是，1953 年，日本对《电话设备费负担临时处理办法》进行了修正，其修正案规定，对于申请安装电话的用户，除需要负担设备负担金外，还要强制购买电信电话债券，以东京为例，每户 6 万日元。日本政府认为，在国家经济落后，国民收入偏低的时期，只有对用户收取强制性的费用，才能有效地扩充资金，加速电信行业的发展。此办法一直延续到 1983 年。

3.4.3　长期金融债

日本是高储蓄国家，储蓄资源相当丰富。由于第二次世界大战后日本资本市场不发达，迫切需要将储蓄转化为投资的金融创新。日本设备资金的需求增长，普通银行的负担增加，出现了银行放款过多的严重趋势。日本政府于 1952 年制定了《长期信用银行法》，日本长期信用银行根据该法律建立。日本长期信用银行的业务主要是通过其自身发行的金融债券筹集资金，然后向公司提供长期的设备贷款。这样一来便依法向商业银行发行长期金融债券，由商业银行用吸收的居民储蓄认购。当商业银行需要资金时，可以将长期金融债券转让出去，也可将长期金融债券向日本银行抵押申请贷款。这样，就开创了居民储蓄用于基础设施建设的转化渠道。在日本经济高速发展的时期，日本长期信用银行以稳定的低利率向日本煤炭、电力、海运、造船、钢铁、化工等具有发展潜力但却自有资金短缺的基干产业提供了大量的资金以购买设备、扩大生产，为日本的基础设施建设和经济发展做出了重大的贡献。

3.4.4　财源投资体系多样化

一个典型的例子就是关西国际机场。该机场于 1987 年 1 月开工建造，至 1994 年 9 月竣工，历时 7 年多，工程投资高达 1.408 5 万亿日元。大阪湾水深达 20 米，填海时完成近 1.8 亿立方米的土方工程，先建造一个巨大的人工岛，再在人工岛上修建机场、跑道、候机楼和其他配套设施。填海造陆而成的关西国际机场工程之浩大，叹为观止。关西国际机场在日本国内首次采用股份公司的形式，由国家、地方公共团体和民间三方组成的"关西国际空港股份公司"作为其经营主体。

日本中央政府通过财政预算为基础设施建设提供财源，主要方式有两种：

一种是一般会计预算；另一种是特别会计预算。其中，一般会计预算主要来源是税收和发行公债的收入且财政投向不明确，而特别会计预算的资金来源和流向都是特定的。一般会计预算主要通过税收和发行公债两种形式向基础设施建设提供资金。

在税收方面，日本中央政府为了支持公路、机场等公共基础设施建设，划定专门的税种并将部分资金留存给这些部门作为建设资金。在公路建设方面，从 1954 年开始日本规定将挥发油税作为公路建设的资金来源。随着日本公路需求的增长，日本制定了《道路整备紧急措施法》，该法规定将挥发油税的全部收入和石油气税收入作为公路建设的财源。日本实行"道路建设特别资金制度"，即指按照受益者负担这一原则，以用于道路建设这一特定目的为前提，要求汽车用户特别负担的制度。在国家、地方投入的道路建设资金中，汽车用户负担了绝大多数费用，其他资金等仅占很少的一部分。1998 年，日本用于道路建设的投资约为 35 000 亿日元，其中 95.5%由汽车税收筹集，4.5%由其他资金投入，地方用于道路建设的投资约为 73 000 亿日元，其中 61.5%由汽车税收筹集，38.5%由其他资金投入。

3.5　韩国市政基础设施建设与投资

韩国政府认为，虽然国家在基础设施建设中居于主导地位，但也应探索基础设施建设的市场化融资新路。

3.5.1　财政融资

财政融资在韩国基础设施建设发展中发挥了重要的作用，它主要是指由财政部门主导，向需要资金的企业或项目出资。财政投融资的代理机构通常是政策性金融机构，放贷具有低利率、长期性等特点。资金来源主要是向居民、法人及其他社会组织募集各类有偿贷款，融资的主要形式有政府基金、外国贷款、简易保险资金等。财政融资的投资重点是公路、铁路和水利等交通物流体系及煤炭、电力等能源产业。例如，在 1990 年以前，首尔和釜山的地铁建设资金中，有 60%~70%来自财政融资；清江水电站、高亭火电站等一批重要电力项目，更是由财政融资全额资助。政府基金是财政融资的最主要资金来源方式，其中发挥作用最大的是国民投资基金。

3.5.2 发行债券

韩国债券市场具有浓厚的政府干预色彩。中央政府通过利率管制和信贷配给等措施，引导债券融资投向基础设施建设。

韩国的市政债券是地方政府通过所属企业来发行的，筹集的资金用于本地的交通、通信、住宅、教育、医疗和水资源管理等基础设施建设。其中，对于教育、卫生、治安和污水治理等项目的债券，政府通过税收或土地资产提供担保；对于具有收入功能（如收费道路）的项目债券，政府通常不提供担保，这类债券的本息支付主要来源于筹资项目建成后的经营收入，其收益和风险有时略高于前者。

特别法债券，是针对某些特别项目而专设的债券工具，主要有基础设施项目债券，如在 1980 年之前，为支持交通物流体系建设的公路债券。

3.5.3 设立基础设施基金

基础设施基金是一种以资本市场为融资平台，对交通、能源、电力等基础设施领域的企业直接提供资金的新型集合投融资工具。基础设施基金通常采用股权投资或权益投资的方式，因此企业没有还本付息压力，会集中精力于项目建设和运营管理。2005 年，韩国政府颁布了修缮后的促进私人投资的社会间接融资法案，对民间参与基础设施基金做出了更为详尽的规定，并明确了基金的用途、操作、清算等细节。此后，韩国基础设施基金开始规范运行。通过发展基础设施基金，韩国的基建企业可以从不同的项目投资者那里获得大量资金，包括政府资金、机构资金、民间资金和海外资金等，这就增加了投资者的经济收入。

韩国主要有三个基础设施基金管理者：韩国产业银行基础设施投资资产管理公司、麦格理新韩基建资产管理公司、达比韩亚基建基金管理公司。韩国产业银行基础设施投资资产管理公司现为韩国最大的资产管理公司，政府持有 80% 以上股份，主要投资能源电力、交通物流等基础设施建设。截至 2013 年，韩国产业银行基础设施投资资产管理公司下设 20 档基金，共计约 50 亿美元。麦格理银行与新韩银行于 1999 年合资成立基建资产管理公司，2002 年发起麦格理韩国基础设施基金。麦格理韩国基础设施基金专营道路建设，在成立之初的 5 年内兴建了 13 条公路和 1 条地铁。达比韩亚基建基金管理公司旗下的韩国新兴基础设施基金于 2006 年完成募集，融资金额为 6.1 亿美元。韩国新兴基础设施基金主要为愿意涉足基础设施建设的民间资本提供私募股权投融资服务。与韩国产业银行基础设施投资资产管理公司相似，韩国新兴基础设施基金的投资范围广泛，包括交通、电力、环保、供水、通信和可再生能源等多个领域。

道路基础设施债权证券化最早是由韩国产业银行发起的。2001 年，韩国产业银行将论山天安高速公路 7 300 亿韩元的应收贷款证券化，成为道路建设债权证券化的典范。此后，麦格理韩国基建基金、韩国教保生命保险、韩国三星生命保险等机构，也分别将不同道路建设的债权作为标的资产证券化。

道路基础设施的股权证券化，主要是抵押公路资产的经营管理权和过路费收益权，并将其做成不同的证券产品进行交易。在韩国的道路建设股权证券化中，韩国道路公社发行的证券产品最多，规模也最大。2003~2007 年，韩国道路公社分别对首尔外环高速、西海岸高速、岭东高速、中部高速、中央高速等高速公路建设项目进行股权证券化融资，融资总额超过 2.5 万亿韩元。

3.5.4　制定法律法规

1994 年，韩国政府颁布了首部 PPP 法案（即《促进私人资本参与社会间接资本投资法》）和实施细则。该法案界定了 BTO（build-transfer-operate，建设−移交−运营）、BOT、BOO 三种私人融资参与城镇化基础设施建设的模式，并规定交通运输、供水、通信等 10 类重要的或公共性强的项目须用 BTO 模式。燃气、公交车站、仓库等 18 类次要的或经营性强的项目，可用 BOT 和 BOO 模式，并且给予私人投资优惠政策，包括去除投资额度限制、加大商业信贷规模、减轻项目税负等。

在此之前，韩国政府主要依据《公路法》《港口法》等与基础设施相关部门的法律法规来规范民间资本介入。由于缺乏统一法律制度的保障，韩国民间资本进入基础设施领域的意愿并不强烈，1991 年仅为 2 000 亿韩元左右。

在受 1997 年亚洲金融危机的影响后，韩国经济遭到极大创伤，政府资金急剧减少，投资能力下降，政府遂于 1998 年修订 PPP 法案，更名为《基础设施公私伙伴关系法》。同时确立了该法案的优先效力，废除一些对私人资本的限制，促进私人资本在韩国城镇化中发挥更大的作用。

该法案全面修缮了促进私人投资的社会间接融资法案；废除了对基础设施的分类以及交通运输等公共项目必须采用 BTO 模式的规定；提供积极的保障措施和一系列优惠政策，转变政府职能，通过"国退民进"来鼓励私人投资；设立民间参与基础设施投资中心，对私人部门融资进行统一的管理和服务，包括项目可行性分析、资格审查、专业技术支持和行政管理等方面。

2005 年 1 月，政府进一步加强 PPP 法案的执行力度；在 PPP 项目中引入全新的 BTL（build-transfer-lease，建设−转让−租赁）模式并广泛推行，主要用于医院、住宅、学校和环保企业等可经营性或准经营性基础设施建设，租赁期限一般为 10~30 年；加强对 PPP 项目的可行性研究，国会要预先审核，并废除有争议的项目最低收入保障；促进公募基础设施基金的发行。2011 年，调整后的 PPP 法案被引入韩国担保基金的担保计划，以保证资产支撑证券化融资模式在基础设施项目贷款中发挥作用。

第4章 广州市、深圳市市政基础设施建设及发展

4.1 广州市市政基础设施建设及发展

广州市是广东省的省会,作为中国改革开放的首批沿海开放城市,现已发展成为国家中心城市、特大城市、国家综合交通枢纽及国家综合性门户城市。广州市地处广东省中南部,珠江三角洲北缘,濒临南海,临近香港、澳门,是中国通往世界的南大门,是粤港澳大湾区、泛珠江三角洲经济区的核心城市及"一带一路"的枢纽城市。改革开放四十多年来,广州市的经济取得巨大的发展,其基础设施也在不断完善。

4.1.1 广州市市政基础设施建设现状

从地区生产总值年均增长率、固定资产投资年均增长率与市政基础设施建设投资年均增长率的对比来看,广州市在"十一五"计划后四年(2007~2010年)、"十二五"计划期间(2011~2015年)以及"十三五"计划开局之年(2016年)的地区生产总值增长率、固定资产投资年均增长率及市政基础设施建设投资年均增长率均在不断地下降。"十二五"期间三者的增长率都出现了大幅度的下降,尤其是市政基础设施建设投资年均增长率,由"十一五"期间的67%下降到2.4%,主要是因为经过"十一五"期间水利、环境和公共设施管理行业投资的不断增长,其建设逐渐饱和,2011年的投资数额出现了大幅度的下降,导致2011年总体投资增长率为负值,又因为其他年份的增长率较低,致使"十二五"计划期间整体增长率较低。"十三五"计划开局之年,为实现经济的质量型增长,广州市的地区生产总值增长速度继续放缓,固定资产投资年均增长率同样

在下降，而市政基础设施建设投资年均增长率有所回升，保持在 10%左右，说明广州市的市政基础设施建设正在稳步发展。"十一五"期间，广州市市政基础设施建设投资年均增长率达到了 25%以上，远大于地区生产总值年均增长率的 15%以及固定资产投资年均增长率的 18%；"十二五"期间，市政基础设施建设投资年均增长率下降到 2.47%，落后于地区生产总值年均增长率、固定资产投资年均增长率；"十三五"期间，广州市大力实施重点项目"攻城拔寨"行动，固定资产投资年均增长 9.6%。2020 年，广州市在全国率先发布"数字新基建 40 条"，实施数字新基建三年行动计划，首批 254 个重大数字新基建项目总投资约 2 600 亿元。

1. 交通基础设施

交通基础设施包括道路、桥梁、车站、公路、轨道、隧道、高架道路、车站、通风亭、机电设备、供电系统、通信信号、道路标线等。如图 4-1 所示，2007 年广州市公路通车里程为 8 663 千米，2018 年为 8 975 千米，年均增长率为 0.3%，最大公路通车里程出现在 2016 年，为 9 336 千米。由公路通车里程的变化过程可以看出，2007~2011 年和 2013~2016 年为广州市公路通车里程两个较快的增长阶段，年均增长率在 0.9%左右，2011~2013 年的发展变化较为平稳，2017 年后出现了较大幅度的下降。

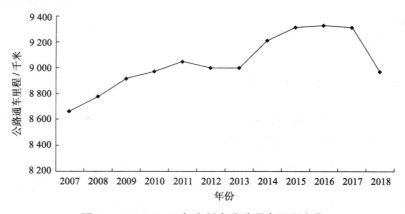

图 4-1　2007~2018 年广州市公路通车里程变化

近些年来，广州市以形成高等级道路网络和区域交通系统为目标，重点对城市交通进行建设，城市内部基本形成了比较完善的环形放射状路网体系。如图 4-2 所示，根据广州市城市道路长度变化的折线图可以看出，2010年广州市的道路长度出现了大幅度的增长，由 2009 年 5 519 千米增长到 6 986 千米，同比增长 26.6%。快速增长一方面是因为广州市政府为完善城市道路建设，缓解交通拥堵压力；另一方面与 2010 年广州市举办亚洲运动会（以下简称亚运会）有很大关系。为了保障在亚运会期间交通畅通，同时满足广大市民及各个国家、地区代表团的出行，广州市政府对市内道路进行了扩建及完善。广州市城市道路长度变化过程相对平稳，原因在于广州市基础设施建设发展较早，改革开放以来经济发展势态良好，广州市内的交通建设基本饱和，城区全覆盖使得发展空间较小。在 2018 年，随着《关于贯彻落实〈粤港澳大湾区发展规划纲要〉的实施意见》和《广东省推进粤港澳大湾区建设三年行动计划（2018~2020 年）》的实施，广州市的城市道路长度出现了大幅度增长，相较于 2017 年增长了79.14%，这表明，未来随着粤港澳大湾区建设的逐渐深入，白云机场扩建、南沙国际航运中心建设和广深港高铁等项目将促使广州市的城市道路长度得到快速发展。

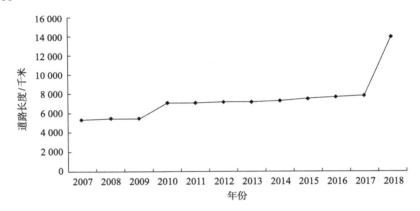

图 4-2 2007~2018 年广州市城市道路长度变化

如图 4-3 所示，广州市城市道路照明灯数量从 2007 年的 174 000 盏增加到2018年的 556 060 盏，净增加 382 060 盏，增幅为 219.57%，年平均增长率为18.30%。广州市城市道路照明灯数量呈现出快速发展的过程，一方面是由于广州市经济发展水平不断提高，对市政基础设施的重视程度也在不断加深；另一方面，伴随着城市道路里程增加，市民对基本公共服务需求增加，城市道路照明灯的密度增加，数量出现了较大的增长。根据广州市城市道路长度和道路照明灯的变化趋势，在未来的发展中，可以预见广州市城市道路照明灯数量将继续增长，以推动城市建设，方便市民出行。

广州市境内水资源丰富，有北江、东江北干流、增江、流溪河、白坭河、珠江广州河段、市桥水道、沙湾水道 8 条河流穿城而过，这就使得广州市内的桥梁众多。桥梁建设对于连接市内不同片区人民的生产生活意义重大。图 4-4 是1996~2018 年广州市桥梁米数变化。由该折线图可以看出，1996~2006 年，广州市

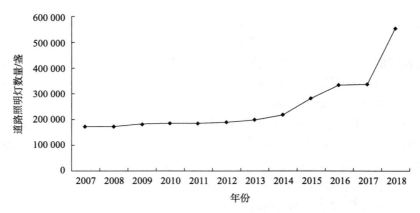

图 4-3   2007~2018 年广州市城市道路照明灯数量变化

内桥梁建设增长并不明显突出，桥梁米数在 50 000~80 000 米区间缓慢发展。2007 年，广州市桥梁建设迎来了一个快速增长的时间，2007 年桥梁米数达到了 238 104 米，相较于 2006 年增长了 175%。2007 年后，桥梁米数增长迅速，2007~2018 年，广州市桥梁米数年均增长率达到 10.89%。

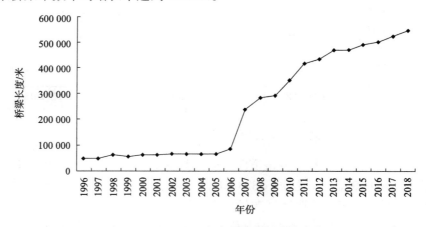

图 4-4   1996~2018 年广州市桥梁米数变化

从公共交通方面来看，2013 年广州市被确定为"公交都市"。创建城市公交以来，为进一步优化城市公共交通系统，满足市民的出行需求，广州市多措并举积极推进"公交都市"建设实施，公交优化发展政策体系得以不断落实和完善，基本建成了"以轨道交通为骨干，常规公交为主体，水上巴士等其他交通方式为补充"的立体公共交通体系。2007 年广州市公共汽车和电车的数量为 9 314 辆、运营路线 497 条、运营里长 8 493 千米。全市公交线路 1 226 条，运营线路总里程 14 801 千米，新增公交专用道 98.6 千米，全市公交专用道总里程达到 519.4 千米，形成干线公交（含快速公交）、支线公交、微循环公交三层次线网体系以及"1环 9 骨干 17 放射"的公交专用道网络格局。中心城区公共汽车线路网比率为 93%。根据 2007~2018 年广州市公共交通的数据变化，可以看出广州市近些年来公共交通发展速度迅速，城市内部交通系统日趋完善，不但大大方便了市民出行，而且缓解了大城市的交通拥堵问题（数据来源于《广州统计年鉴 2019》）。

2. 邮电设施

从图 4-5 中 1996~2018 年广州市邮电业务总量及增长率变化来看，基本分为两个阶段。1996~2010 年，广州市邮电业务总量呈上升趋势，1996 年邮电业务总量仅为 57.84 亿元，2010 年跃升到 1 051.65 亿元，年均增长率为 23.02%。2011 年邮电业务量同比下降 50.05%，2012 年同比下降 5.60%。经历了 2011 年、2012 年的业务总量下滑之后，2013 年同比增长率重新回到正数区间并保持继续增长趋势。伴随电子商务的发展，物流行业发展势头迅猛，这给传统的邮政行业带来了冲击和挑战，导致该类传统国有企业的应对能力不足，出现了短暂的业务发展受阻问题，但经过调整之后，邮政企业积极参与行业竞争，获得了进一步的发展。

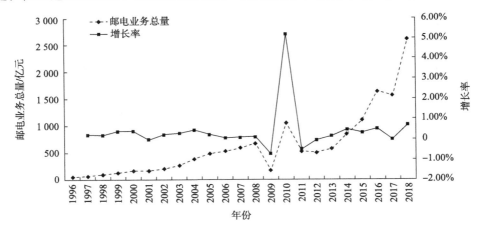

图 4-5 1996~2018 年广州市邮电业务总量及增长率变化

城市电话户数反映出广州市通信行业的发展。由图 4-6 可以看出，广州市城市电话户数在 2001~2015 年呈现出倒"U"形的变化趋势。2001 年广州市城市电话户数为 294.82 万户，2006 年增加到 614.01 万户，年均增长率为 15.80%。2007 年，连年增加的形势转为开始逐年下降（2009 年略有增加），2007 年下降至 603.57 万户，到 2015年，广州市城市电话户数进一步下降到 467.54 万户。近些年来，移动电话发展迅速，导致城市电话的用户数量减少，广州市作为珠江三角洲重要节点城市，移动通信网络建设完善，移动电话的发展挤占了部分城市电话的空间，使得城市电话用户数量总体呈下降趋势。

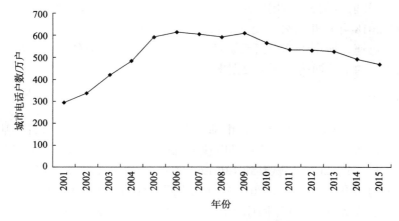

图 4-6　2001~2015 年广州市城市电话户数规模变化图

3. 科教文卫事业

科技、教育、文化、卫生属于市政基础设施的重要部分。本节介绍广州市科教文卫事业的发展情况，重点以教育、卫生情况为例。图 4-7 是广州市 1996~2018 年小学、各级普通中学的数量变化折线图。从各级普通中学的数量变化来看，1996 年广州市拥有普通中学共计 362 所，2018 年各级普通中学共计 527 所，增加了 165 所，年均增长率为 1.72%。小学数量从 1996 年来，出现较大的减少。这可能是部分学校规模扩大，加上新出生人口数量的增长不明显，导致小学的数量不增反减。2012 年后，广州市小学数量发展较为平稳。

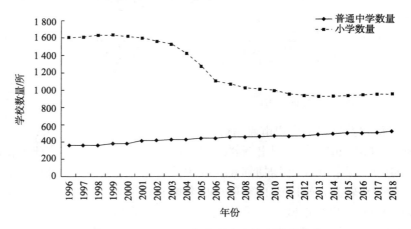

图 4-7　1996~2018 年广州市中小学数量变化

从卫生机构数量来看，如图 4-8 所示，广州市 1996 年卫生机构数量为 1 973 个，2019 年增加到 4 162 个，净增加 2 189 个，年均增长率为 4.62%。1999~2001 年卫生机构数量处于减少变化趋势，这可能是由于医疗机构整改和合并引起的。2001 年后卫生机构数量波动增长，2015 年后增长幅度较大。

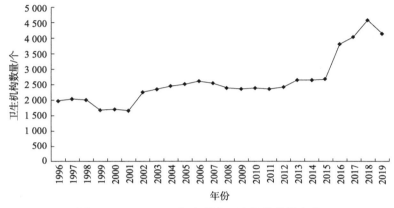

图 4-8 1996~2019 年广州市卫生机构数量变化

4.1.2 广州市市政基础设施建设重点项目

2007~2018 年广州市基础设施建设投资规模变化如图 4-9 所示。近些年来广州市不断加大对市政基础设施建设投资的力度，投资规模除 2011 年和 2017 年有所下降外，其余年份同比增长较为明显。2007 年，广州市基础设施建设投资额为 688.2 亿元，2018 年投资额为 1 761.9 亿元，年均增长率为 8.92%。2010 年之后出现短暂下降可能是 2008 年金融危机影响，广州市实施了较多刺激经济发展的基础设施建设工程，巨大的投资导致地方政府负债较多，后续投资力度有所迟缓。

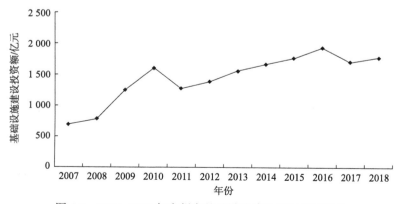

图 4-9 2007~2018 年广州市基础设施建设投资规模变化

基础设施建设属于固定资产类的投资。如图 4-10 所示，从 2007~2018 年广州市基础设施建设占全社会固定资产投资比例的折线图来看，基本呈现波动下降趋势。由于基础设施隶属于投资，对经济发展具有拉动作用，在 2008 年金融危机后，广州市采取加大对基础设施方面的建设的措施，并且亚运会于 2010 年在广州市举办，基础设施建设获得了充足的资本支持。2011 年后，基础设施建设占全社会固定资产投资的比重缓慢下降。基础设施在一次投入建设后，具有不可移动性，当基础设施发展到一定程度之后，边际需求下降，对基础设施的投入比例也有所下降。

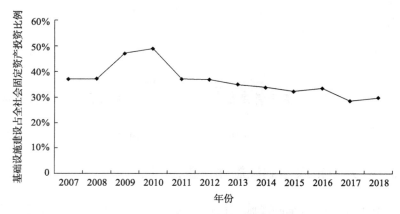

图 4-10   2007~2018 年广州市基础设施建设占全社会固定资产投资比例

根据基础设施投资行业的额度占比可以看出，首先，交通运输、仓储和邮政业始终是广州市基础设施建设的重点项目，除 2010 年，其余均占基础设施投资额中的第一位，平均投资比例达到 37.4%。其次，在基础设施建设中占据重要地位的是水利、环境和公共设施管理业，除 2010 年投资金额比例高于交通运输、仓储和邮政业外，其余年份始终位于第二名，平均占比达到 25.6%。2007~2016 年，交通运输、仓储和邮政业以及水利、环境和公共设施管理业两大行业平均占同期基础设施建设投资的 63%。

1. 交通运输、仓储和邮政业概况

广州市道路干道网络架构随着城市空间的拓展逐渐由最初的方格网形态向环形放射状转变，广州市十区基本形成了由"两个环、一个半环、十四条放射性道路、七条联络线"组成的相对完善的环形放射状路网体系。

截至 2009 年，广州市公路通车里程 8 917 千米，比"十五"末期增长了 62.3%，其中高速公路 474.49 千米，一级公路 940.37 千米，全地区公路密度达到 119 千米/千米^2。在"十一五"期间，广州市以亚运会为契机，加大力度发展城市轨道交通，基本形成了以轨道交通为骨架的城市公共交通体系，轨道交通建成 1~5 号线，并且广州地铁 APM 线以及地铁 6 号线和 9 号线正式开工建设，APM 线于 2010 年开通试运营。与此同时，广州市地铁 2 号延长线、4 号延长线及 3 号延长线开通试运营。在城市公交建设方面，截至"十一五"时期末，广州市区共建成公交首末站406 个，其中公建配套、社会提供站场及占道分别有 65 个、138 个、203 个，公建配套、社会提供站场分别有 28.3 个、11 万平方米。按照快速公交规划目标，广州市完成了中山大道快速公交试验线建设项目，该项目起止为天河体育中心至黄浦区夏园，全长 22.9 千米，设站 26 对；系统共设置公交线路 31 条，即 30 条灵活线路＋1 条摆渡线路；配置车辆 958 台。该项目的开通运营使得广州市东部地区公交服务质量明显改善，有效提升了公共交通效能[①]。

　　"十二五"期间，广州市交通既重视内部效率的改善，又重视对外辐射能力的提升，更将精细化的管理理念贯穿在交通发展的过程之中，对社会经济的发展起到重大的支撑作用。

　　在城市交通方面，成功申报"公交都市"，城市交通基础设施持续改善，交通承载力和管理水平不断上升，以交通都市建设作为民生交通改善的主要抓手，新开通了 6 号线一期、广佛线 2 条地铁线，市内 9 条轨道交通线路贯通，整体交通状况得到极大改善。轨道交通通车里程达到 260 千米，位列全国第 3 位、世界第 9 位。开通海珠区有轨电车试验线，成功改造轮渡、优化形成 13 条水巴线路，新增公交专用道 292 千米、开行定制巴士 43 条。市政道路增加 234 千米，总长度7 220 千米；道路面积增加 1 588 万平方米，总面积 11 319 平方米；新增桥梁、隧道 63 座[②]。海珠桥危桥抢修、同德围南北高架桥、洲头咀隧道、花城大道东延线（首期）、金沙洲大桥扩宽建成通车，对于打通城市路网瓶颈、缓解城区交通压力起到重要作用。交通发展从注重基础设施建设逐步转向建设与管理并重，系统开展交通综合治理，成立实时交通工作领导小组，出台缓解交通拥挤工作方案并推进实施。创新提出"摇号＋竞价＋环保"的中小客车总量调控模式，积极尝试差别化的停车收费模式，有效控制本市籍中小客车迅速增长，为公共交通发展赢得时间。将交通信息平台融合在"行讯通"，定期发布交通拥堵指数，为公众提供交通信息服务，进一步提高交通管理水平。

　　在对外交通方面，成功申报综合运输服务示范城市。白云国际机场作为国内三大航空枢纽之一，第三跑道投入运行，T2 航站楼开工建设，旅客吞吐量突破 5 500万人次。广州完成了南沙港区三期主体工程，港口货物吞吐量达到 5.2 亿吨，2015年世界排名第六。贵广、南广、广深港高铁建成开通，形成了广州第二套人字形国

---

① 资料来源：《广州统计年鉴 2010》《广州统计年鉴 2011》。
② 资料来源：《广州市城市基础设施发展第十三个五年规划（2016—2020 年）》。

铁系统，增强了对泛珠江三角洲地区的辐射能力，未来将形成通往东盟国家的运输大道。广州市开通了广河、广乐等 8 条高速公路，2015 年高速公路总里程 972 千米，居广东省第一位①。

"十三五"期间，广州市继续加快构建以城市轨道交通为骨干的城市公共交通体系，大力推进城市轨道交通 11 条续建线路、10 条新建线路。道路建设服务于多中心组团式城市功能布局结构，尽量覆盖战略发展地区，新建 8 号线北延、14 号线、21 号线等，实现外围组团与中心区的快速联系。广州市始终致力于推动城市轨道交通网与城际网、铁路网实现有效衔接，构建珠江三角洲"1 小时都市圈"，实现轨道交通线网全市域连通。今后几年，广州市将进一步加快主骨架道路网建设和主干道扩容，重点完善东部地区路网，打通西部交通瓶颈。铁路货运物流方面，广州市将在加快建设广珠铁路、广州枢纽东北货车外绕线、南沙港铁路、大田集装箱中心站等铁路货运物流工程方面投入较大力度，进一步加强白云机场、广州港的区域辐射力和影响力，全力打造"一带一路"交通网络的重要节点城市，推动综合交通枢纽体系建设。

2. 水利、环境和公共设施管理业

"十二五"期间，广州市不断加大环境综合整治力度，主要污染物排放持续减少，森林碳汇能力持续增长，水环境综合整治取得成效，废弃物处理率及利用率不断提高。广州市已建成 48 座污水处理厂，生活污水处理能力 499 万吨/日，污水处理厂运行负荷率 88.37%；建成排水管道 10 204 千米，其中污水管道 4 566 千米，污水泵站 104 座；城镇污水处理率 93.22%，中心城区生活污水处理率 95.30%。实施森林进城、森林围城战略，广州市森林覆盖率 42.03%，建成区绿化覆盖率 41.53%，绿道总长度达 3 000 千米，建成儿童公园 13 个，形成全国领先的专类儿童公园体系，人均公园绿地面积 16.5 平方米。大力整治市内多条河涌，打造了东濠涌、荔枝湾涌、石榴岗河等生态景观工程，形成水清、岸绿、景美、富有岭南水乡文化韵味的生态河涌水系①。

河流方面，广州市积极推动广佛跨界 16 条河涌综合整治工程。2018 年广州市实现 35 条黑臭河涌基本消除黑臭，112 条黑臭河涌水质持续改善。加快花都湖、番禺湖、增城挂绿湖、从化湖等生态湖建设，优化各生态功能区的空间布局，使水融入"山、城、田、海"之中，凸显广州"岭南水乡"特色，为城市雨洪调蓄、气候调节、生态休闲发挥积极作用。新增湿地公园 11 个，建成总面积 869 公顷的国家级湿地公园海珠湿地，形成全国特大城市中心区最大的国家湿地公园①。

① 资料来源：《广州市城市基础设施发展第十三个五年规划（2016—2020 年）》。

　　大力推进垃圾处理设施建设，完善生活垃圾分类收运体系，加强源头减量和再生资源回收利用。2015 年，广州市在运行的大型生活垃圾终端处理设施 9 座，其中资源热力电厂 2 座，填埋处理设施 6 座，餐厨垃圾处理设施 1 座，广州市生活垃圾终端处理总量为 603.16 万吨，城镇生活垃圾无害化处理率 95.24%，回收再生资源总量 250 万吨[①]。

　　"十二五"期间，广州市先后获得"中国人居环境奖"（水环境治理优秀模范城市）、"第五届世界水论坛水治理奖"第一名、"国家环保模范城市"、"国家园林城市"、"国家森林城市"、"全国文明城市"、"国家低碳城市"、"国家低碳交通运输体系建设试点城市"和"全国生活垃圾分类示范城市"等众多荣誉称号。

　　"十三五"期间，广州市继续充分发挥亚运会后续积极效应，按照"科学发展、先行先试"的要求，以促进绿色发展和优化产业发展为先导，以深化总量控制和强化环境监管为重点，加大水利、环境和公共设施管理业的建设，为建设低碳广州、智慧广州、幸福广州做出更大贡献。

　　推进河涌综合整治，采取截污、清淤、补水、生态修复等措施，重点推进广佛跨界河涌综合整治和列入首批全国城市黑臭水体整治监管平台的 35 条黑臭河涌整治，加快车陂涌、石井河、白海面涌、花地河、白坭河、江高截洪渠等污染河涌治理。2017 年底前，广州市已全面完成 35 条黑臭河涌综合整治任务，实现河面无大面积漂浮物，河岸无垃圾，无违法排污口，基本消除黑臭。

　　广州市计划完成黑臭水体治理目标，落实管理养护责任，建立长效机制，进一步提升河涌水环境质量。加快污水污泥处理设施建设，加快污泥干化减量设施建设，实现污泥处置的减量化、稳定化、无害化和资源化。提升完善污水收集系统，加速完善已建成设施配套管网，积极推进污水处理设施和配套管网新、扩建工程。

　　广州市始终将推进城乡垃圾回收利用体系建设作为建设的重点，对城市生活垃圾和餐厨废弃物的回收利用重点监控，以点带面，统筹管理城乡生活垃圾分类处理。"十三五"期间，广州市进一步健全生活垃圾生态补偿机制和物流调配机制，促进垃圾处理与收运一体化，从源头上推进垃圾减量，对餐厨垃圾、绿化垃圾等有机垃圾进行资源化处理。另外，加快垃圾资源化处理，均已建成广州市第三资源热力电厂（萝岗项目）、广州市第四资源热力电厂（南沙项目）、广州市第五资源热力电厂（花都项目）、广州市第六资源热力电厂（增城项目）、广州市第七资源热力电厂（从化项目）、李坑综合处理厂、萝岗生物质综合处理厂等一批大型生活垃圾处理设施，提升生活垃圾全过程资源化利用水平。

---

　　① 资料来源：《广州市城市基础设施发展第十三个五年规划（2016—2020 年）》。

4.1.3 广州市市政基础设施建设相关规划政策

随着广州市对外开放水平不断加深，市场化改革不断推进，市政基础设施建设在不断融入社会资本的过程中取得了发展、补充和完善。

"十二五"期间，广州市把握住世界科技产业和智慧地球发展新趋势，加快物联网等智能技术研发和全方位应用，促进智能技术高度集中、智能产业高端发展、智能服务高效便民，建设全面感知、泛在互联、高度智能的智慧城市。广州市以物联网、下一代互联网、新一代宽带无线移动通信等重点信息技术应用为突破口，以传感网、互联网、通信网、广播电视网等多网融合为基础，构筑宽带、融合、安全的智能型基础设施。构建统一的城市地理空间信息资源体系和"数字城市"地理空间框架，提高城市地理信息综合利用水平。广州市积极推动"智慧生活"，构建覆盖城乡的便民服务智能化体系，促进医疗、教育、文化、社保、社区服务、食品安全等社会公共服务智能化。

广州市继续推进实施《广州市建设花园城市行动纲要》，巩固和发展亚运环境综合整治成果，完善加强生态建设和环境保护的长效机制，推进"天更蓝、水更清、路更畅、房更靓、城更美"取得新成效，努力建设广东省宜居城乡的"首善之区"。另外，加快推进基础设施向外围城乡区域延伸，逐步形成了覆盖到村、延伸到户、城乡衔接的公共设施网络；完善路网规划，加快建设连接北部、东部、南部产业功能区的高速道路、快速道路和城市轻轨，建设中心城区连接从化、增城及花都的轨道交通，推动建设镇际快速经济干道，加快公路主干道市政化改造和农村道路建设，全面实现自然村通水泥路，加快推进交通基础设施向农村覆盖，打造高效快捷的城乡交通路网体系。

"十三五"期间，广州市将坚持以人为本、科学发展、改革创新、依法治市，尊重城市发展规律，围绕广东省省会、国家历史文化名城、我国重要的中心城市、国际商贸中心和综合交通枢纽的战略定位，着力建设枢纽型网络城市，优化提升"一江两岸三带"，形成多点支撑发展格局，塑造城市特色风貌，推动城市发展方式转变，强化城市规划引领，提高城市建设质量，优化城市生态环境，不断提高城市建设对城市发展的承载力、对区域辐射的带动能力和国际影响力，提高市政公用设施和公共服务设施对居民生活的保障能力，创建干净整洁平安有序的城市环境，打造适宜居住、适宜创新创业创造的美丽幸福广州。

以交通枢纽和集疏运体系建设为重点，构建全球城市网络重要节点。着力以空港、海港、铁路港、公路港建设为龙头，强化广州市交通枢纽地位及现代化中心城市的辐射力和影响力。以综合交通基础设施建设为重点，建设珠江三角洲世界级城市群核心城市。全面建设道路网和轨道网两张交通网络，以城市快速轨道交通系统、城市快速路系统"双快"交通系统为骨干，构建集约化高效型综合交通运输体系，缓解中心城区交通紧张状况。以建设管理创新、建设模式创新和行业科技创新为重点，整体提高广州市城市建设水平。统筹规划、建设、管理三大环节，建设管理体制机制基本健全，信息化监管手段进一步完善，精细化管理水平得到提升。

4.2　深圳市市政基础设施建设及发展

深圳市是中国设立的第一个经济特区，是中国改革开放的窗口和新兴移民城市，已发展成为有一定影响力的现代化国际化大都市。深圳市自经济特区成立以来，经济迅速发展。现如今深圳市在中国的高新技术产业、金融服务、外贸出口、海洋运输、创意文化等多方面占有重要地位，在市政基础设施建设方面也取得了巨大的发展。

4.2.1　深圳市市政基础设施建设现状

深圳市作为中国的经济中心和国际化大都市，基础设施建设方面一直处于较为领先的水平。根据深圳市地区生产总值、固定资产投资和市政基础设施投资增长率变化可以看出，"十一五"计划后四年（2007~2010 年）、"十二五"计划期间（2011~2015 年）以及"十三五"计划开局之年（2016 年）深圳市的市政基础设施建设投资增长率在不断地提高，由"十一五"时期的 11.37%增长到"十三五"计划开局之年的 28.62%。另外，地区生产总值增长率有所下降，由"十一五"期间的 13.96%下降到 2016 年的 6.33%。近些年来深圳市经济增长取得较大发展，发展速度趋向平稳，经济的发展不断推动市政基础设施的建设。经济发展速度的下降，市政基础设施建设投资增长率的提升，侧面说明了深圳市经济总量大、经济发展良好、平稳发展的经济为市政基础设施的建设提供了坚实的物质基础。"十一五"到"十三五"期间，深圳市固定资产投资年增长率轻微下降，而市政基础设施投资年均增长率大幅度地提高，市政基础设施投资额的增长速度超越固定资产投资额的增长速度，说明深圳市政府越来越重视市政基础设施的完善，越来越重视提高民生福祉和满足市民对公共设施的需求。

1. 交通基础设施

近些年来深圳市综合交通系统建设水平迅速提高，为城市实现跨越式发展提供了重要的支撑作用。如图 4-11 所示，2007~2010 年，深圳市的道路长度呈增长趋势，2007 年道路长度为 5 702 千米，2010 年上升到 6 184 千米，2018 年增长为 6 443 千米。改革开放 30 年之际，国家赋予深圳市新的历史使命，《珠三角地区改革发展规划纲要》提出深圳要完成建设"一区四市"的新使命。与此同时，深圳市还将建设成为全国综合交通枢纽城市及低碳生态示范市，这也对深圳市的道路建设起到了促进作用。2010 年后深圳市道路长度出现下降，这主要是因为"十二五"规划期初，深圳市为提升交通品质，鼓励慢行交通系统发展，加强与轨道交通相衔接的慢行交通设施建设，改善道路节点的慢行交通设施，加强社区内部慢行交通设施建设，引导和鼓励居民采用慢行交通方式上下班。该类举措对部分路段进行了交通改善工程，导致道路总长度有所下降。在"十二五"期间，深圳市大力加强西、中、东二线走廊上的通道建设，推动彩田路—新区大道、罗湖红岗路—布吉嘉兴路的建设与对接，加快新城市道路体系建设，完善光明新区、坪山新区、龙华新城路网结构，稳步推进深圳市的道路建设。经过 2007~2018 年对城市道路的建设和完善，深圳市的城市道路状况发生了质的变化。

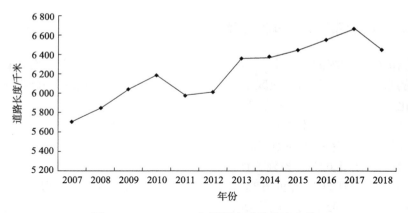

图 4-11　2007~2018 年深圳市道路长度变化

由图 4-12 可以看出，2007~2011 年深圳市的道路照明灯数量在不断增加，由 2007 年的 250 000 盏增加到 2011 年的 320 000 盏，说明伴随着深圳市的经济发展，城市道路的不断完善，人们对基础设施的建设需求日益增加，城市道路照明灯数量也随之增加。2012 年以后，城市道路照明灯数量重返增长趋势，这与城市道路的建设有着直接的关系。整体来看，深圳市的道路照明灯数量是上升的，市政基础设施的建设也越来越完善，市民的出行也越来越便利化。

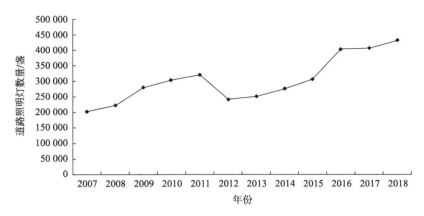

图 4-12　2007~2018 年深圳市道路照明灯数量变化

深圳市依山临海，有大小河流 160 余条，分属东江、海湾和珠江口水系，但集雨面积和流量不大。流域面积大于 100 平方千米的河流有深圳河、茅洲河、龙岗河、观澜河和坪山河 5 条。桥梁建设对于沟通市内各区经济活动交流的意义重大。从深圳市桥梁建设的历程来看，1996 年深圳市内桥梁长度仅为 9 250 米，2007年桥梁长度突破 40 000 米，2016 年发展到 117 900 米。由图 4-13 可以看出，1996~2006年深圳市桥梁建设的进度较为缓慢，2007 年发展迅猛，同比增长171.68%，之后桥梁建设得到了较好发展，到 2013 年桥梁长度达到了 124 714 米，2013 年后桥梁长度的发展变化较为平稳。

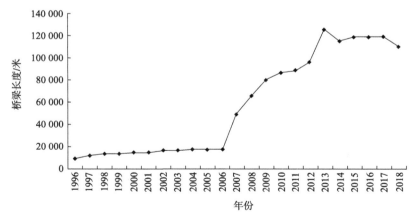

图 4-13　1996~2018 年深圳市桥梁长度变化

2007~2018 年，深圳市政府不断推进区域融合发展，区域交通规划建设稳步推进，开通了自主电子通关（e 通道）服务，推出首张公交联名卡"互通行"，已经开通 9 条跨市公交路线，深圳市的公共交通系统建设已经取得巨大的成就。以公交和轨道交通为例，2007~2018 年，深圳市不断加大对公交车的投放量和公交线路的建设，整个城市公交的运营数量由 2007 年的 8 818 辆增加到 2018 年的 16 971 辆，而且其中大部分都是低消耗、低污染的环保公交。公交车运营线路由 2007 年的 316 条上升到 2018 年的 981 条，城市公交网的建设不断完善。深圳市轨道交通线路由 2007 年的 2 条增长到 2018 年的 9 条，轨道交通线路长度由 2007 年的 24 千米增加到 2018 年的 297 千米。通过上述数据，可以看到深圳市城市交通建设取得了丰硕的成果，不但方便了市民的出行，而且提升了市政基础设施建设水平，提高了深圳市的城市竞争力。

2. 邮电设施

深圳市作为全国高科技企业最集中的城市，邮电设施发展势头较猛。以邮电业务总量（图 4-14）来看，1996 年深圳市邮电业务总量为 47.94 亿元，1999 年突破百亿元，达到 107.10 亿元，2003 年达到 250.89 亿元，2010 年邮电业务总量突破 1 000 亿元。2011 年，深圳市邮电业务总量下降至 404.4 亿元，而后除 2017 年外呈现逐年增加趋势，2018 年邮电业务总量增加到 2 613.08 亿元。深圳市 2011 年邮电业务总量增长率发生较大转折，主要是该年鉴（主要是在 2011 年及以后年份的《深圳统计年鉴》采取了不同的统计口径）在 2011 年及之后的年份采用了不同的统计口径。

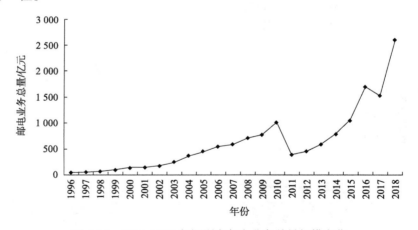

图 4-14 1996~2018 年深圳市邮电业务总量规模变化

城市电话户数可以在一定程度上反映出城市内通信行业的发展。由图 4-15 可以看出，在观察年份内，深圳市城市电话户数基本呈增长趋势。2001 年，城市电话户数为 219.38 万户，2015 年为 518.7 万户。从 2012 年后，可以观察到城市电话户数有所下降，可能原因如下：一方面受移动电话发展的冲击；另一方面受无线网络等的影响。

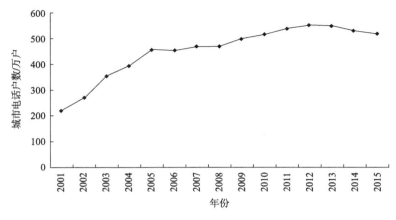

图 4-15　2001~2015 年深圳市城市电话户数变化

3. 科教文卫事业

深圳市科学、教育、文化、卫生事业发展较快。以教育行业为例，如图 4-16 所示，1996 年深圳市拥有普通中学共计 71 所，到 2019 年增加到 417 所，年均增长率为 8.0%。小学数量变化相对中学数量来说变化较小，1996 年小学数量为 274 所，2019 年小学数量为 340 所。小学学校数量变化趋势呈倒 "U" 形，2002 年小学数量增加到 395 所后开始缓慢下降并逐渐趋于平稳。这可能是由于深圳市对小学的建校规模进行整改的结果。

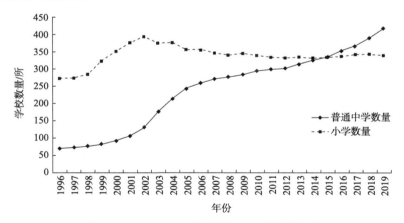

图 4-16　1996~2019 年深圳市中小学数量变化

卫生方面，如图 4-17 所示，卫生机构数量变化较为明显，1996 年深圳市仅拥有卫生机构 644 所，2019 年卫生机构数量增加到了 4 513 所，年均增长率为 8.83%。1996~2001 年，深圳市卫生机构数量变化不明显，甚至卫生机构数量不增反减。从

2002 年开始，一直到 2006 年，深圳市卫生机构数量迅速增加，由 2001 年的 540 所增加到了 2006 年的 2 310 所，增长了 3.28 倍。2006~2011 年，深圳市卫生机构的增长趋势再次趋于平稳，在 2012 年后，卫生机构的数量开始迅速增加。

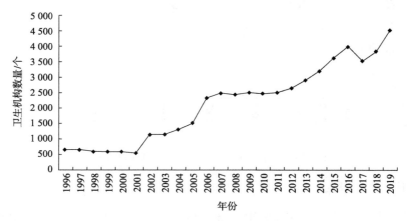

图 4-17　1996~2019 年深圳市卫生机构数量变化

4.2.2　深圳市市政基础设施建设重点项目

如图 4-18 所示，深圳市 2007~2018 年基础设施建设投资规模在浮动中上升。2007 年基础设施投资额为 484.2 亿元，2018 年上升到 1 419.6 亿元，年均增长率为 10.27%。根据深圳市 2007~2018 年投资额在各行业的比例可以直观地看出，交通运输、仓储和邮政业，水利、环境和公共设施管理业占比最大。交通运输、仓储和邮政业投资量年均占比 42.46%，投资占比始终位于第一位。水利、环境和公共设施管理业年均占比 25.15%，除 2007 年以外，均排在第二位。

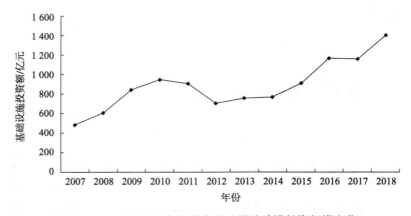

图 4-18　2007~2018 年深圳市基础设施建设投资规模变化

1. 交通运输、仓储和邮政业

深圳市始终强调加快国家级铁路枢纽建设。深圳铁路客运枢纽由一主两辅构成，一主为罗湖客运站，两辅分别为布吉客运站与深圳西站。铁路货运站场由平湖 1 处编组站、7 处办理货运的中间站及 3 处港区车场构成。广深港客运专线广深段于 2010 年底建成通车，深圳北站基本完成主体工程，厦深铁路各项建设工作开展顺利，深圳东站开始进行场平工作。深圳市加快构筑和完善"七横十三纵"的高快速路网体系，完成盐排高速公路、盐坝高速公路 C 段、龙大高速公路、南光高速公路建设，完成 G107 和 G205 改造工程。广深沿江高速、水官高速改造等建设工作进展顺利。

"十二五"期间，深圳市致力于建设全球性物流枢纽城市、打造国际水准的公交都市和构建现代化国际化一体化综合交通运输体系，实现深圳市内综合交通有序、可控、高效、安全和可持续发展。轨道二期全面建成开通，轨道运营规模达到 178 千米，建成公交专用道 883 千米和新一代公交候车亭 2 903 座，原特区外公交站点 500 米覆盖率提高至 94%。地面公交服务水平迈上新台阶，深圳市共运营公交线路 909 条，公交车辆 15 726 台，日均公交运营载客里程 290 万千米，深圳市公交最高日客流量超过千万人次，成为全国第 4 个、全球第 11 个公交日均客流量突破千万人次的城市，各区（新区）共投放公共自行车 21 354 辆。深圳市居民交通出行结构进一步优化，高峰期公共交通占机动化出行比例达到 56.1%。轨道交通三期工程按计划有序推进，龙华新区现代有轨电车试验线开工建设。

深圳市制订实施了深圳经济特区交通运输一体化总体方案，着力提升原特区外交通规划、建设、服务和管理水平，原特区内外交通"二元化"差异逐步减小。市域大通道规划建设加快推进，丹平快速一期、南坪快速二期、清平高速二期、新彩通道建成通车，南坪三期、坂银通道、深华快速路、丹平快速路二期有序推进。道路建设项目和投资安排向原特区外倾斜，"十二五"期间原特区外交通建设项目投资占交通建设总投资比重超过 80%，深圳市新增道路里程中原特区外道路占 93.7%，原特区外路网规模增长 27.7%，深圳市道路通车里程达到 6 520 千米，道路网密度达到 6.9 千米/千米^2，原特区外地区建设用地范围内次干道以上路网密度提高至 3.0 千米/千米^2。坂雪大道、东明大道、深汕公路改造、布龙路改造、龙华和平路、民治大道、民清路等一批原特区外主干道新建、改建工程完工通车。深圳市所有二线关设施完成拆除工作，启动了布吉、梅林、南头等二线关交通改造工作。借助大交通体制改革契机，以交通信息化带动交通管理水平提升，道路、公交等各类交通运输系统运行实现充分协调。建成综合交通运行指挥中心，推进 17 个运行分中心建设，完善"1+17"智能交通发展体系。与规划、环保、公安等单位共同汇聚 30 大类 75 项交通行业数据。建设运行监控系统，扩容交通运输车辆 GPS（global positioning system，全球定位系统）综合应用监管系统，接入 30 万辆出租车、重型货车、泥头车等 GPS 数据。建成交通运输行业视频联网监控系统，建成全国首个公共道路养护管理电子政务平台。实时发布深圳市道路交通运行监测数据，定期发布交通热点片区的交通运行状况。大运会期间为 1 966 名注册人群提供各类交通服务，为大运会成功举办提供安全、优质、精准、高效的交通服务保障。

"十三五"期间，深圳市综合交通发展的主要目标定位于建成更具有辐射力的国际性综合交通系统。深圳市将扩大城市轨道交通设施规模，重点加快轨道快线规划建设，建立多层级轨道服务体系，提高关键走廊、关键地区的轨道服务水平。依托轨道枢纽组织周边地区城市和交通功能，引导城市中心体系发展。加快构建快慢结合、多层次的城市轨道网络，重点完善市域快线网络，引导"多中心、网络化"城市空间形态。加强福田中心区、南山科技园、后海中心区、蛇口、前海、留仙洞、笋岗-清水河、宝安中心区、西丽大学城等重点片区的轨道覆盖，适应高集聚客流组织需要。完善深圳市自行车道规划建设标准和指引，推进福田中心区、蛇口—前海、深圳湾—后海、科技园南等片区的自行车专用通道试点建设。整合深圳市现有公共自行车租赁系统，优化刷卡方式、服务标准及收费标准，进一步规范停放管理。

另外，提升交通智慧化管理水平，建设覆盖深圳市重点交通基础设施的骨干通信网络，实施数据接入工程，汇聚海、陆、空、铁各类交通数据，打造交通云数据资源中心。加强电子监察，升级移动执法系统，完善营运车辆动态监管系统。深化轨道网络化运营的管理手段，完善交通运输应急指挥协调系统，提升对行业运行安全和服务水平的监管能力。以交通仿真和交通大数据技术为基础，提升深圳市信号灯协同控制水平。建立智能化交通指数综合管理系统，完善道路交通运行、交通碳排放、公交服务等方面的交通指数体系，加强交通拥堵监测和评估。

2. 水利、环境和公共设施管理业概况

"十二五"期间，围绕河道、海堤、水库、泵站四个体系，深圳市持续开展了防洪（潮）排涝减灾体系建设。五年完成 238 千米河道治理，观澜河、龙岗河及坪山河干流基本达一百年一遇防洪标准，原特区内福田河、新洲河达一百年一遇防洪标准，较好应对了多场台风暴雨侵袭。通过新建泵站或排水管网、疏通河道或管渠，共整治内涝点 400 多处。完成 123 座病险水库除险加固工作，基本消除现有病险水库安全隐患。

水环境治理取得阶段性成效，"十二五"期间，以污水收集处理设施建设和河道综合治理为重点，河流水环境质量得到进一步改善。五年新增污水处理能力 213.0 万吨/日，比"十一五"期末总能力 266.5 万吨/日增长 80%,新建污水管网 1 402

千米、排水达标小区 1 294 个，污水处理量、化学需氧量削减量分别由 2010 年底的 8.4 亿吨、24.1 万吨提升到 2015 年的 16.2 亿吨、42.1 万吨，分别提高 93%、75%，2011 年被财政部列为第一批节能减排财政政策综合示范城市。主要河流水质呈好转趋势，重污染河流断面比例持续下降，龙岗河、观澜河、坪山河等跨界河流全河段平均综合污染指数比省人大挂牌督办前分别下降 74%、70% 和 46%，深圳河平均综合污染指数比 2010 年下降 27%，福田河、新洲河、大山陂水、大浪河、新圳河、西乡河达到景观水体要求。

水资源保障能力稳步提升，"十二五"期间，深圳市积极统筹水源、水厂及管网建设，实施分片优化调度，水源供水保障体系逐步增强。深圳市新增供水调蓄能力 6 036 万立方米，水厂日设计供水能力达到 674.0 万吨，年供水量达到 17.0 亿立方米，主要饮用水源水库水质达标率稳定在 100%，供水水质综合合格率达到 99% 以上。"十二五"期间，深圳市全面启动优质饮用水入户一期工程及原特区外供水管网改造工程，获得"国家加快实施最严格水资源管理制度试点"荣誉称号。

节水型社会建设成效显著，"十二五"期间，深圳市大力推行节约用水，以节水引导产业结构转型升级，将万元 GDP（gross domestic product，国内生产总值）水耗作为产业导向目录的核心指标，实行计划用水管理、推行阶梯水价、推广节水器具，利用市场机制引导再生水使用。深圳市万元 GDP 用水量由 2010 年的 19.95 立方米下降到 2015 年的 11.37 立方米，下降 43%，城市再生水利用率提高到 67%，获得"国家节水型城市""全国节水型社会建设示范区"荣誉称号。

城市水保生态效益增强，"十二五"期间，深圳市突出抓好水土保持全过程监管，加强工程弃土管理，水土流失面积从 2010 年的 47.6 平方千米下降至 2015 年的 25.3 平方千米，开发建设项目水土保持方案申报率稳定在 95% 以上。

"十三五"期间，深圳市积极配合推进"珠江三角洲水资源配置工程"建设。按照分片集中、规模经营的原则规划新建和改扩建供水水厂，整合关闭村级水厂及部分效率低的小水厂，逐步实现深圳市水厂的规模化和集约化，全面提升城市供水能力。规划新建 1 座水厂，扩建 7 座水厂，新增规模 100 万吨/天；规划关停 14 座村级水厂、7 座市政小水厂，相应规模 27.4 万吨/天。

新建、改造现有雨水管渠，提高城市雨水管网设计标准与覆盖密度，提高城市雨水管网达标率，打造完善的分流制雨水管渠系统，提升城市排水能力。按照国家相关要求标准，对于新建管渠，采用暴雨重现期不低于 3 年一遇标准设计雨水管道，对于不满足设计标准的现状管渠，结合地区改建、涝区治理、道路建设等工程进行逐步改造，深圳市规划新建雨水管渠 314.5 千米，改扩建雨水管渠 144.5 千米。按照"先地下后地上、盘活存量、建好增量"的原则，以及"分片建设，建设一片，见效一片"的思路，以正本清源为基础、雨污分流为目标，严控管材质量标准，实施管网分期分片区建设，同步推进"用户—支管—干管"建设工作，确保建成一段、收集一片污水，基本建成路径完整、接驳顺畅、运转高效的污水收集输送系统。

加快推进重点水源保护区及重点发展区域的污水管网建设，新建城区和旧城改造区严格实行雨污分流。完成人口密集区的污水管网建设，实现排水管线联网成片及人口密集区雨污分流改造。推动旧城中心区的雨污分流改造，污水管网与片区开发同步规划、同步建设，从系统上考虑片区上下游排水配套设施的建设与完善，深圳市新开工建设污水管网 4 260 千米。强化源头治理，针对偏远、分散区域和污水漏排突出问题，因地制宜建设一体化模块化污水净化装置、小型地下污水处理设施、人工湿地等分散处理设施。完善污水系统布局，结合城市更新改造，高标准规划建设环境友好型污水处理厂，完成东涌、洪湖等污水处理厂建设。"十三五"期间，深圳市开展 19 座污水处理厂新、扩、续建工作，2020 年设计污水处理总规模 683 万米 ^{3}/天以上。进一步加快前海、大空港、坝光生物谷、深圳湾、茅洲河、坪山河等区域流域水系治理，限期整治沿河排污口，结合片区排水管网建设和面源污染控制，全面消除河流黑臭水体，修复河道生态。开展深圳市河道底泥的处理处置研究，确保环保安全处置河道底泥，深圳市规划整治河流 144 条，整治长度 552 千米。

4.2.3 深圳市市政基础设施建设相关规划政策

"十二五"期间，深圳市以建设国家综合交通枢纽城市为目标，规划布局并建设实施了一批重大交通基础设施，畅通区域性战略通道，促进综合交通协调发展，形成内外畅达、衔接高效、绿色低碳的高标准一体化综合交通体系。坚持国际化战略，以高效管理和优质服务提升港口辐射力和竞争力，坚持区域化战略，以协同发展和错位竞争积极拓展机场发展空间，强化港口和机场的枢纽地位，到 2015 年，港口集装箱吞吐量达 2 800 万标准箱，机场旅客吞吐量达 3 500 万人次。加快珠江三角洲城际轨道和国家铁路建设，完善深圳市内高速路网体系，推进跨珠江通道规划建设，到 2015 年，基本建成深港半小时和"珠三角"一小时交通圈。实施公交优先策略，着力促进居住地、公共交通、就业地的优化组合，从源头上实现交通减量。加快形成以轨道交通为骨架、常规公共交通为网络、出租车为补充、慢行交通为延伸的一体化公共交通体系，初步建成国际水准公交都市。

建立合理高效的水资源配置和供水安全保障体系，实现多水源的供水保障。

充分利用雨水洪水资源，提高本地水资源的开发利用率及联网水库的调蓄能力，加快海水淡化技术的研发应用及相关工程建设。积极发展清洁能源，构建能源储蓄体系。加强电网建设，优化电网主网架结构，增强深港电网联络能力。积极发展本地支撑电源，推进核电、大型高效环保煤电、气电等清洁电源和调峰电厂建设，完成燃油电厂改天然气工程，促进煤电清洁开发利用。加快液化天然气接收站、石油码头、油气库及输送管网等基础设施建设，整合成品油仓储库存，建立多气源联合调度机制，提高成品油和天然气储备保障能力。

第5章 长江中上游市政基础设施建设及发展

5.1 四川省基础设施建设及发展

5.1.1 四川省基础设施建设及发展现状

1. 四川省市政基础设施投资概况

如图 5-1 所示，四川省市政基础设施投资额由 2007 年的 2 125.64 亿元增加到 2019 年的 17 011.88 亿元，年均增长率为 18.92%，这表明四川省对基础设施的建设力度在不断增加。2007~2019 年四川省市政基础设施建设投资占全社会固定资产投资额比例在 40% 上下波动，而全社会固定资产投资占地区生产总值比例总体呈现上升趋势，其中 2009 年增长幅度最大，2016 年后呈现出小幅度下降的变化，说明四川省的经济转型发展在 2016 年达到了比较理想的状态，而 2016 年以前的投资增长拉动经济增长的比例仍然占很大一部分。这主要是因为四川省的地理位置导致基础设施建设不足，配套设施的欠缺使得经济增长长期以来依靠投资拉动，从占比趋势来看，近期内四川省的经济发展方式不会立刻出现改变，但经济转型升级的措施正在实施，相信政策效果很快就能体现在经济发展上。

根据四川省地区生产总值、固定资产投资和市政基础设施投资的年均增长率比较可以看出，"十一五"计划后四年（2007~2010 年）三者的年均增长率分别为 18.65%、29.78% 和 27.57%，"十二五"计划期间（2011~2015 年）三者的年均增长率分别为 11.98%、17.78% 和 16.87%，"十三五"计划开局之年（2016 年）三者的年均增长率分别为 9.59%、13.07% 和 19.17%，2007~2016 年的平均增长率分别为 13.40%、20.21% 和 21.21%，可以看出市政基础设施的年均增长率明显快于地

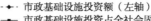

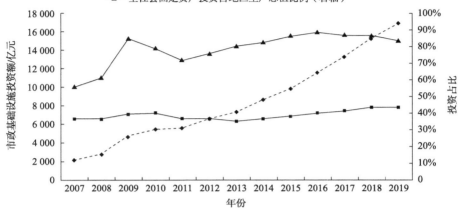

图 5-1　2007~2019 年四川省市政基础设施投资额及比例变化

区生产总值的年均增长率，表明了四川省正在大力进行基础设施建设，弥补基础设施不足的短板。从三个时期的增长率对比来看，地区生产总值和固定资产投资年均增长率出现下降的趋势，而市政基础设施投资年均增长率在"十二五"时期出现短暂下降，之后在"十三五"时期又出现增加的现象，主要是近些年国家提出转变经济发展方式战略，逐渐改变以往通过大拆大建拉动经济增长的方式。另外，2008 年全球性的金融危机也促使我国改变先前的经济发展方式，使得短期内地区生产总值年均增长率和固定资产投资出现下降，而基础设施建设的增长主要是为了弥补存量的不足，减少对经济转型升级的制约，四川省建设了大量的配套设施，为未来经济的长期向好发展布局。通过三个时期的对比及增长率变化可以看出，四川省通过基础设施建设一方面避免转型升级期间的经济过度下滑，另一方面为未来的经济增长提前布局，可见四川省对基础设施建设的重视程度之大。

2. 城市交通设施

1）城市道桥

如图 5-2 所示，四川省道路长度由 2007 年的 8 130 千米增加到 2018 年的 17 831.84 千米，增长了 119.33%，城市桥梁数量由 2007 年的 1 413 座增加到 2018 年的 2 845 座，10 年增长了 101.34%，说明经济的快速发展催生了社会对于城市道路桥梁的需求，从二者的变动曲线可以看出，基本呈现相同的趋势，反映出四川省对于城市道路桥梁的协调发展非常重视。

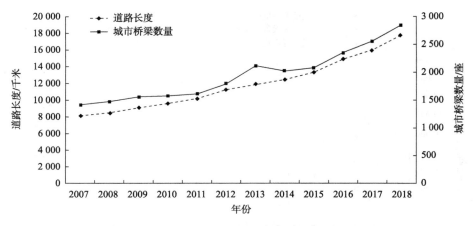

图 5-2　2007~2018 年四川省道路长度与城市桥梁数量变化

2）城市道路照明灯

从图 5-3 中可以看出，2007~2018 年四川省城市道路照明灯正在逐渐增加，由 2007 年的 576 000 盏增加到 2018 年的 1 444 071 盏，这也从侧面反映出，四川省为了改变基础设施差的状况，正在大力进行相关设施的建设。尽管目前基础设施还未能实现整片城区的全覆盖，但是为了顺应经济发展的要求，四川省在提高存量的同时，也在进行节能环保设施的建设，并不断对老旧照明灯进行升级替换，双管齐下，为未来经济发展布局。

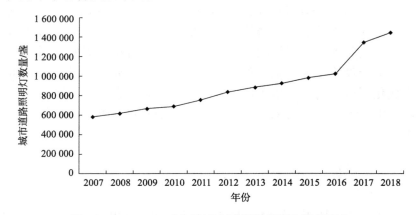

图 5-3　2007~2018 年四川省城市道路照明灯数量变化

3. 交通运输、仓储和邮政业

如图 5-4 所示，四川省交通运输、仓储和邮政业投资额由 2007 年的 352.84 亿元增加到 2018 年的 5 159.8 亿元，年均增长率为 27.62%，这表明，随着四川省社会经济的快速发展，对于交通基础设施的社会需求量在不断增加。从交通运输、仓储和邮政业投资额变动曲线可以看出，该行业的投资金额呈现逐年增加的态势；从增长率变动曲线可以看出，该行业在 2007~2009 年增长速度越来越快，2010~2013 年增长速度逐渐降低，2014~2018 年增长率曲线呈现 "M" 形。2007~2009 年增长率提高主要是由于 "十一五" 规划期间四川省实行进出川大通道工程建设，引起该行业的投资金额大幅度提升，之后年份增长率下降是由于四川省主要针对现存的基础设施实施交通枢纽层级化建设工程，因此，造成了投资金额增长速度的降低，2014~2018 年的 "M" 形增长率变动曲线说明四川省的交通基础设施建设逐渐与社会经济保持一致的发展趋势。

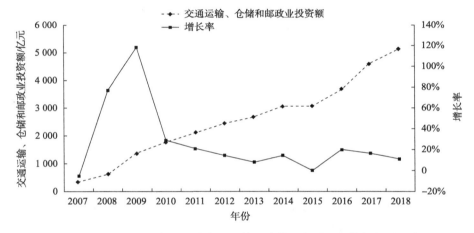

图 5-4　2007~2018 年四川省交通运输、仓储和邮政业投资额与增长率

4. 水利、环境和公共设施管理业

如图 5-5 所示，四川省水利、环境和公共设施管理业投资额由 2007 年的 632.7 亿元增加到 2018 年的 4 650.43 亿元，增长了 635.01%，从水利、环境和公共设施管理业投资额变动曲线可以看出，整体上水利、环境和公共设施管理业投资额变动曲线呈现越来越快的态势，说明针对该行业的投资金额越来越多，其中，2011 年后投资总量的增长明显高于前期；从水利、环境和公共设施管理业投资额增长率变动曲线可以看出，2012~2017 年的投资增长率较为平稳，主要是为了执行 "十二五" 计划期间四川省提出的供水保障体系建设，2008 年和 2009 年的快速增长则是为了实现 "十一五" 规划期间四川省提出的蓄水、灌溉、堤防等重点工程的建设。

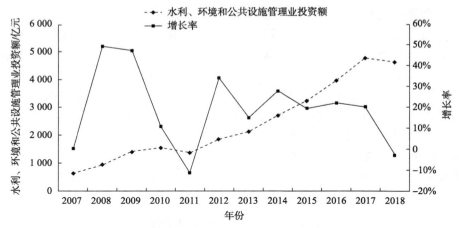

图 5-5　2007~2018 年四川省水利、环境和公共设施管理业投资额与增长率

5. 电力、燃气及水的生产和供应业

如图 5-6 所示，四川省电力、燃气及水的生产和供应业投资额由 2007 年的 352.84 亿元增加到 2018 年的 1 761.24 亿元，增长了 399.16%，从电力、燃气及水的生产和供应业投资额变动曲线可以看出，该行业总体呈现出增加的趋势，反映出四川省为了满足社会不断增加的需求而进行了大量的投资；从电力、燃气及水的生产和供应业增长率变动曲线可以看出，整体上该增长率在 2007~2010 年波动幅度较大，2011~2018 年增长速度较为平稳，主要是四川省实施"再造一个都江堰灌区"工程、"六江一干"重点堤防工程、病险水库除险加固工程等工程，力图构建城乡供水保障体系引起的投资金额大幅度上升，之后年份主要对流域内的水资源进行统筹考虑、优化配置，增长速度开始保持稳定。

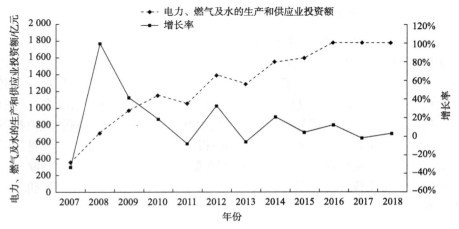

图 5-6　2007~2018 年四川省电力、燃气及水的生产和供应业投资额与增长率

6. 教育

如图 5-7 所示，四川省教育投资额由 2007 年的 108.19 亿元增加到 2018 年的 871.26 亿元，增长了 705.31%，从教育投资额变动曲线可以看出，整体上呈现增加的态势，就阶段性而言，2007~2009 年及 2012~2018 年处于逐年增加状态，2010~2011 年出现小幅度的下降；从教育增长率变动曲线可以看出，2009 年的增长率较前后同期均出现大幅度增加的反常现象，主要是 2009 年为了恢复汶川大地震后的教育业发展而进行了大量的基础设施建设，这也反映出四川省对于该行业的重视，2015 年后基本保持在 20% 左右的增长速度。

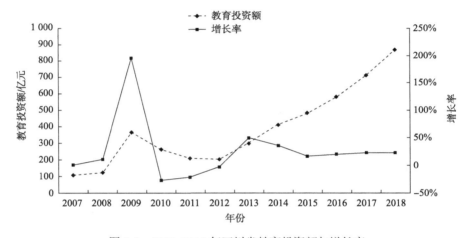

图 5-7 2007~2018 年四川省教育投资额与增长率

7. 卫生、社会保障和社会福利业

如图 5-8 所示，四川省卫生、社会保障和社会福利业投资额由 2007 年的 39.03 亿元增加到 2018 年的 532.55 亿元，年平均增长率为 26.82%，出现了大幅度的提升，从卫生、社会保障和社会福利业投资额变动曲线可以看出，整体上该行业处于增加的状态。就阶段性而言，在 2009~2011 年该行业基本维持同期水平，其余年份均出现明显的增长，特别是 2011 年之后，卫生、社会保障和社会福利业投资额表现出指数型爆炸式增长现象，增长速度越来越快，2009 年的卫生、社会保障和社会福利业投资额较同期出现大幅度上升；从增长率变动曲线可以看出，在 2009 年增长速度出现峰值后，速度出现回落，2009年的大幅度增长主要是汶川大地震后重建工作过程中的卫生、防疫等引起的。

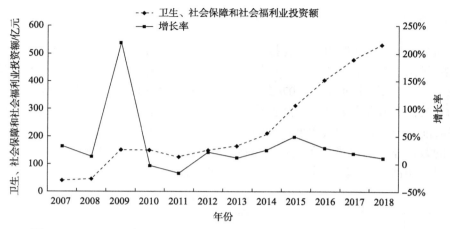

图 5-8　2007~2018 年四川省卫生、社会保障和社会福利业投资额与增长率

8. 信息传输、计算机服务和软件业

如图 5-9 所示，四川省信息传输、计算机服务和软件业投资额由 2007 年的 56.46 亿元增加到 2018 年的 345.71 亿元，增长了 512.31%，从信息传输、计算机服务和软件业投资额变动曲线可以看出，在 2007~2014 年基本维持在同期水平，而 2015 年出现了大幅度的增加，2009 年信息传输、计算机服务和软件业投资额也出现高于同期水平的现象；从增长率变动曲线可以看出，整体上增长率曲线呈现波浪式变动，其中 2015 年出现了 191.15%的增长速度，主要是国内先进的计算机等科技公司在西南地区建设了大量的云计算中心，政府为促进该行业的发展而进行了大量的基础设施投资，近些年增长速度的大幅度提升反映出四川省为了追赶科技水平的提高、满足社会的发展需求，进行了大量的投资。

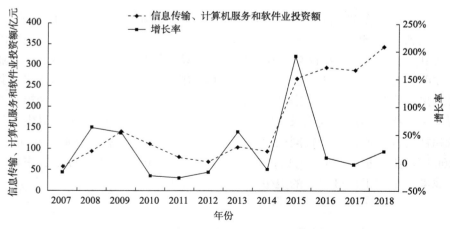

图 5-9　2007~2018 年四川省信息传输、计算机服务和软件业投资额与增长率

9. 文化、体育和娱乐业

如图 5-10 所示，四川省文化、体育和娱乐业投资额由 2007 年的 27.34 亿元增加到 2018 年的 544.27 亿元，年平均增长 31.25%，从文化、体育和娱乐业投资额变动曲线可以看出，该行业总体上呈现增加的态势；从增长率变动曲线可以看出，该行业的增长状态可以分为两个阶段，2007~2009 年增长速度逐年增加，说明该行业处于快速扩张的状态，2011~2017 年该行业的增长速度在 15% 上下波动，总体上保持增长的趋势没有变化，其中 2007~2009 年的快速上升主要得益于四川省交通设施、经济水平等其他方面的发展，社会需求量越来越大，再加上前期投资的不足，该行业与当期的社会发展阶段出现明显的不匹配，因此四川省在此阶段对该行业集中投资，满足社会各界的基本需求。

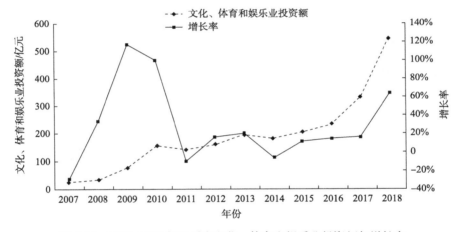

图 5-10　2007~2018 年四川省文化、体育和娱乐业投资额与增长率

10. 公共管理和社会组织

如图 5-11 所示，四川省公共管理和社会组织投资额由 2007 年的 49.66 亿元增长到 2018 年的 378.16 亿元，增长了 661.50%，从公共管理和社会组织投资额变动曲线可以看出，该行业整体上呈现上升的发展趋势，但是就阶段性而言，2008~2010 年的增长量明显高于 2012~2018 年的增长量；从增长率变动曲线可以看出，该行业在 2009 年增长幅度达到 152.02% 之后回落到 50% 左右，并且在 2011 年、2012 年、2015 年和 2017 年，该行业出现增长率为负的现象，其中 2009 年增加主要是汶川大地震后重建工作引起的城市管理投资的增加，2011 年、2012 年、2015 年和 2017 年的下降主要是四川省科技水平的提升、管理设备的更新导致的，之后年份同期水平又重新增加，主要是存量的增加引起的。

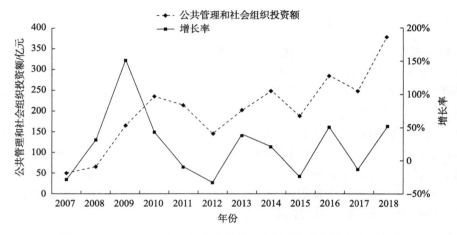

图 5-11 2007~2018 年四川省公共管理和社会组织投资额与增长率

11. 科学研究、技术服务和地质勘查业

如图 5-12 所示，四川省科学研究、技术服务和地质勘查业投资额由 2007 年的 13.67 亿元增加到 2018 年的 144.41 亿元，年平均增长率为 23.9%，从科学研究、技术服务和地质勘查业投资额变动曲线可以看出，整体上该行业处于增长状态，特别是 2009 年之后，该行业的投资额出现大幅度的提升，甚至在 2015 年达到 151.49 亿元；从增长率变动曲线可以看出，该行业的增长率波动幅度很大。其中 2008 年由于汶川地震的发生，极大地刺激了社会对于地质勘查业的需求，2014年各云计算中心的建设也推动了科学研究等行业的发展。

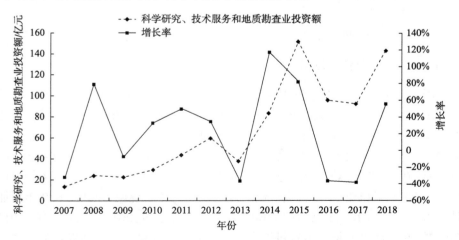

图 5-12 2007~2018 年四川省科学研究、技术服务和地质勘查业投资额与增长率

5.1.2　四川省市政基础设施建设重点项目

2007~2019 年四川省的市政基础设施投资额及比例变化趋势，在过去的 12 年，四川省不断加快进行基础设施建设的步伐，市政基础设施投资额年均增长率保持在 21.38%。根据各行业基础设施投资额所占比例并进行简单算术平均可以看出，交通运输、仓储和邮政业在 2007~2011 年逐渐增加，2011 年达到 35%，之后逐渐在 30%~35%进行波动，可以看出四川省为了构建综合交通体系而不断进行交通项目的建设；水利、环境和公共设施管理业比例在 2008~2011 年逐渐下降，主要是政府基建项目倾向构建立体交通体系，之后逐渐增加，稳定在 35% 左右，这和四川省构建长江上游经济带有很大关系；电力、燃气及水的生产和供应业在 2007~2009 年下降幅度较大，2009~2012 年逐渐稳定在 20%，而 2012~2016年逐渐下降到 15%，说明该行业主要基础设施建设已基本完成，接下来主要是针对老旧设施的维护升级。这三个行业占了整个基础设施投资的 83.74%。

1. 交通运输、仓储和邮政业概况

"十二五"规划时期，以进出川运输大通道和交通枢纽建设工程为主线推动交通枢纽层级化，建设西部综合交通枢纽。①公路交通枢纽建设工程。以通达京津冀、长江三角洲、珠江三角洲、北部湾等经济区的快捷运输通道为主线，具体包括雅西、达陕、纳黔、宜泸渝、广甘、广南、南巴、广陕、内遂、成什绵、遂宁绵阳段、雅乐、映汶、成自泸赤、成安渝、成德南、达万、丽攀、巴陕、巴达、遂资眉、南大梁、乐自、成都二绕、绵阳绕城等项目建设；以省域公路为补充，具体包括汶川至马尔康、雅安至康定、仁寿至沐川、绵阳至九寨沟、汶川经川主寺至川甘界等项目，完善次级公路交通枢纽功能，提升成都主枢纽辐射力。②铁路枢纽建设工程。以公铁空港的便捷换乘、高效衔接为主要目标，具体包括成绵乐、西成、成渝客专、兰渝、成雅、成贵、巴中至达州、叙永至大村、雅安至康定、成昆扩能峨眉至广通段、川青铁路成都至马尔康段、隆黄铁路叙永至织金段、昭通至攀枝花至丽江、绵遂内自宜城际等铁路项目，打造铁路枢纽地位。③空港枢纽建设工程。航空枢纽建设工程具体包括九寨黄龙三期、西昌机场和南充机场扩建、阿坝红原、稻城亚丁、乐山机场及宜宾、泸州、达州机场迁建项目，港口枢纽建设工程具体包括泸州港二期续建工程、宜宾港、广安港及乐山、广元、南充港建设工程等来构筑空港枢纽建设。

"十三五"规划时期，以进出川综合运输大通道为重点的现代化设施为基础推动公铁空港提升工程，实现交通体系现代化。①高速公路现代化工程。

以汶川至马尔康、雅安至康定、成都经济区环线、巴中至桃园、宜宾经古蔺至习水、攀枝花至大理、宜宾至彝良、成都经安岳至重庆、巴中经广安至重庆等省域内主干高速公路为主线，以绵阳至九寨沟（川甘界）、泸州至荣昌、马尔康至青海久治、天府国际机场高速、仁寿至攀枝花、康定至新都桥高速康定过境段、西昌至昭通、乐山至汉源、成都天府国际机场经资阳至潼南、绵阳经巴中至万源等市域高速公路为补充，推进高速公路现代化。②铁路现代化工程。以成都至兰州、成都至贵阳铁路乐山至贵阳段、西安至成都铁路西安至江油段、川藏铁路成都至雅安段、成昆铁路成峨段及米攀段扩能改造、隆黄铁路叙永至毕节段等省域铁路项目为主线，以蓉昆高铁成都经天府国际机场至自贡段、川藏铁路雅安至康定（新都桥）段、渝昆、成都至西宁、川南城际、绵遂内城际、广元至巴中铁路扩能改造、汉巴南快速铁路等市域铁路为补充，推进铁路现代化。③城市轨道交通现代化工程。以成都地铁 6 号线、8 号线、9 号线、11 号线、18 号线等项目为主要内容，辅以城市快速轨道交通构建现代化轨道交通体系。④航空及水运现代化工程。以成都天府国际机场、乐山、巴中、甘孜、阆中机场建设项目和宜宾、泸州、达州机场迁建项目为主线，同时改扩建南充、九寨黄龙、广元机场，迁建遂宁通用机场，另外，配套长江宜宾至重庆段、水富至宜宾段航道整治和嘉陵江航运工程，开发金沙江攀枝花至水富段航运资源，建设岷江航电枢纽及乐山至宜宾段航道整治、渠江风洞子航电枢纽及达州至广安段航运配套等项目，推动航空及水运现代化。

2. 水利、环境和公共设施管理业概况

"十二五"规划时期，以"再造一个都江堰灌区"工程、"六江一干"重点堤防工程、病险水库除险加固工程构建供水保障体系。①"再造一个都江堰灌区"工程。以大中型骨干水利工程和渠系配套为重点，具体包括亭子口水利枢纽、武都水库、小井沟水利工程、二郎庙水库、大竹河水库、白岩滩水库、红鱼洞、开茂、关刀桥、寨子河、七一、九龙等大中型水库和武引二期、毗河一期、升钟二期、向家坝一期、大桥二期、亭子口一期、铜头引水、关门石水库、惠泽水库等渠系配套工程，优化水资源配置，提高水资源利用率。②"六江一干"重点堤防工程。以岷江、沱江、涪江、嘉陵江、渠江、雅砻江、长江上游干流重点河段堤防工程为依托，加强主要江河防洪控制性工程，辅以中小河流治理、水文、预警预报系统完善来构建防洪减灾体系。③病险水库除险加固工程。以都江堰、玉溪河等 11 个大型灌区和 8 000 多个中小型灌区的渠系配套建设工程为起点构建供水保障体系，推进病险水库除险加固，加强主要江河防洪工程建设、中小河流治理和山洪灾害防治。

"十三五"规划时期，以重大水利工程、中型水库工程、"五小水利"工程为主线，统筹考虑、优化配置各流域和区域用水。①重大水利工程。具体包括武引二期灌区、毗河供水一期、升钟水库灌区二期、向家坝灌区一期、李家岩水库、土溪口水库、固军水库、蓬船灌区、大桥水库灌区二期、龙塘水库及灌区、亭子口灌区等重大水利工程。②中型水库工程。具体包括穆家沟、两河口、联合、石峡子、土地滩、回龙寺、猫儿沟、黄石盘、红鱼洞、九龙等中型水库工程。③"五小水利"工程。具体包括引大济岷、长征渠引水、江家口水库、青峪口水库、米市水库、罐子坝水库灌区、中型灌排泵站更新改造工程推进中小河流治理，完善水文、预警预报系统。

3. 电力、燃气及水的生产和供应业概况

"十二五"规划时期，以水电梯级开发工程、发电技术创新示范工程为支撑促进能源结构优化。①水电梯级开发工程。以金沙江溪洛渡、向家坝、乌东德、白鹤滩，雅砻江锦屏一二级、官地、桐子林、两河口，大渡河大岗山、长河坝、猴子岩、双江口、枕头坝等"三江"及大中型河流的水电站建设为依据，新增水电装机容量3 800万千瓦，推动金沙江上游水电梯级开发建设工程。②发电技术创新示范工程。以珙县、福溪、内江60万千瓦循环流化床示范电站、攀钢电厂为试点，推进重点煤区坑口电厂、煤矿石综合利用电厂以及百万千瓦级超超临界路口电厂工程，促进锦屏—苏南、溪洛渡—华东等特高压、超高压骨干电网工程建设。③天然气开发利用工程。具体包括达州、巴中、广元、南充及川西、川中地区等地区天然气开发项目，北外环、川东北—川西、宁夏中卫—贵阳天然气管道四川段、中缅天然气石油管道楚雄—攀枝花—西昌支线、兰州—成都原油管道、贵阳—泸州—内江—成都成品油管道建设天然气利用工程。

"十三五"规划时期，以大型水电建设工程、光伏发电工程构建能源市场体系。①大型水电建设工程。具体包括金沙江乌东德、白鹤滩、苏洼龙、叶巴滩、拉哇、巴塘、旭龙、大渡河双江口、猴子岩、长河坝、硬梁包、金川、丹巴、巴拉、雅砻江两河口、楞古、杨房沟、卡拉、孟底沟、牙根二级等"三江"流域大型水电站建设工程。②光伏发电工程。以甘孜、阿坝、凉山、攀枝花等光照资源充足地区为基础，推进凉山州风电基地、雅砻江及金沙江下游等流域风光水互补示范基地建设。③天然气页岩气开发工程。以川东北、川中、川西为主，推动中石油、中石化四川盆地常规天然气产能项目建设，依托长宁—威远国家级页岩气开发先导示范区推进地面煤层气规模化开发利用。

5.2　重庆市基础设施建设及发展

5.2.1　重庆市基础设施建设及发展现状

1. 重庆市市政基础设施投资概况

如图 5-13 所示，重庆市市政基础设施投资额由 2007 年的 1 158.4 亿元增加到 2019 年的 7 299.61 亿元，年均增长率为 16.58%，这反映出重庆市一直在增加基础设施的建设力度满足社会需求。2007~2019 年重庆市市政基础设施投资占全社会固定资产投资额比例基本保持在 35%上下波动，2018 年最高，达到了 45.1%。自 2013 年后，重庆市市政基础设施投资占全社会固定资产投资额比例基本处于增长趋势，这表明政府在不断增加全社会固定资产的投资建设力度，从政府的长远发展规划来看，重庆市基础设施建设仍摆在重要位置。全社会固定资产投资占地区生产总值比例在考察期内呈现了两个变化周期，一个是 2007~2011 年，另一个是 2011~2019 年，但从投资总量来看，重庆市市政基础设施的投资力度在不断加大，表明重庆市近些年实行的产业转型升级开始产生实际的效果，重庆市在进行产业转型的同时，也在对基础设施进行完善。

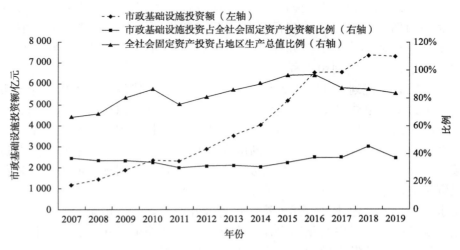

图 5-13　2007~2019 年重庆市市政基础设施投资额及比例变化

根据重庆市地区生产总值、固定资产投资和市政基础设施投资的年均增长率比较可以看出，重庆市"十一五"计划后四年（2007~2010 年）、"十二五"计划期间（2011~2015 年）和"十三五"计划开局之年（2016 年）地区生产总值的年均增长率分别为 19.33%、14.82%、12.87%，呈现增长速度逐渐下降的趋势，主要是近些年重庆市积极响应国家关于经济发展结构转变的战略，逐渐淘汰传统产业，向战略新兴产业和绿色环保产业转变所引起的暂时性的降速，固定资产投资的年均增长率分别为 28.09%、18.16%、12.13%，增速呈现下降的趋势，可以看出重庆市近些年正在逐渐转变经济增长结构，由传统投资拉动型转向创新驱动、需求推动，再加上近些年重庆旅游业的发展，大兴土木已经逐渐不适合经济发展需要，因此固定资产投资增速逐渐放缓，市政基础设施同样表现出相同的趋势，一方面得益于重庆比较完善的基础设施；另一方面经过近 10 年的改造升级，重庆市的基础设施建设已逐渐满足城市发展需要，未来会逐步实现与经济发展水平相适应，通过三个时期的对比可以看出，受国家和重庆市经济发展战略的调整，三者的增长速度表现出一定的同步性，但整体来说，市政基础设施的增长减幅最小，反映了重庆市对基础设施建设的重视程度。

2. 城市交通设施

1）城市道路和桥梁

如图 5-14 所示，城市道路长度由 2007 年的 4 300 千米增加到 2019 年的 10 105.44 千米，增长了 135.01%，这表明重庆市社会经济的发展推动了城市道路需求的扩张。从道路长度变动曲线整体来看，道路长度的增加速度越来越快，说明道路的建设也受到社会经济的反作用；城市桥梁数量从 2007 年的 811 座增加到 2019 年的 2 020 座，增长了 149.08%，从城市桥梁数量变动曲线整体状况来看，基础设施存量呈现逐年增长的态势，但是 2007~2011 年及 2012~2019 年呈现出不同的增长速度，后者的增长速度明显快于前者，并且 2007~2011 年的增长速度越来越小，而 2012~2019 年的增长速度越来越快，说明重庆市在提高城市桥梁的建设力度，弥补桥梁存量的不足所引起的交通系统与经济发展之间的不匹配问题。按照集中紧凑型城市发展模式，统筹规划和适度超前建设各类市政基础设施，提高城市对人口和经济的承载能力。借助经济结构调整和建设长江上游经济带带来的机遇，推动重庆市新型工业化和城镇化进程，构建由铁路网络、高速公路网络、高级航道和重要港口为基础的综合交通大枢纽，重庆市近些年的重大工程的实施使其在长江经济带中的基础设施支撑、生产要素配置、科教文化主导、高新技术孵化、产业发展带动、综合体制创新等方面逐步发挥辐射带动作用，与相关地区形成互动共赢的良好发展局面。在 2013 年之后，城市道路基础设施增长速度的加快，对城市未来经济发展有极大的促进作用，另外，长江上游经济带建设使得重庆市区域经济带动作用更加明显，航道运输能力进一步增强，重庆"三中心两枢纽一基地"的功能总体形成。

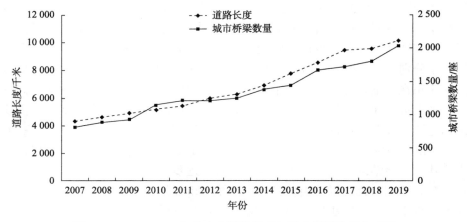

图 5-14 2007~2019 年重庆市道路长度与城市桥梁数量变动图

2）城市道路照明灯

如图 5-15 所示，从 2007~2019 年重庆市城市道路照明灯数量变动趋势图可以看出，2009 年、2010 年出现较大的变动，一方面，三峡水库建设涉及较大规模的移民安置问题，导致原有的基础设施拆解而引起的数量变动。另一方面，重庆市为了实施绿色环保工程而进行的照明灯改造升级所引起的数量上的变化，之后的阶段重庆市一是进行城市照明的继续覆盖工程；二是淘汰替换原有落后高能耗照明灯类型。整体上来说，重庆市城市照明覆盖率不断增加，经过近些年的努力，已经产生了巨大的变化。

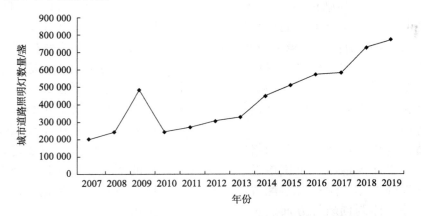

图 5-15 2007~2019 年重庆市城市道路照明灯数量变动趋势图

3. 水利、环境和公共设施管理业

如图 5-16 所示，重庆市水利、环境和公共设施管理业投资额由 2007 年[①]的 399.17 亿元增加到 2019 年的 3 492.07 亿元，增长了 774.83%，从水利、环境和公共设施管理业投资额变动曲线可以看出，该行业整体上呈现出水利、环境和公共设施管理业投资额逐渐增加的态势，说明重庆市对于该行业的重视程度在逐渐提高；从增长率变动曲线可以看出，2006~2019 年整体呈现波动变化，其中 2011~2016 年呈现增长变化，2016~2019 年呈现下降趋势。2011~2016 年增长率出现大幅度提升主要是为了解除基础设施不足对经济发展的制约，重庆市进行了大量的基础设施投资，如供水保障工程、后备水源工程、库区水环境保护工程、地质灾害治理工程等一系列工程的实施，极大提升了该行业的存量水平，促进了社会经济的快速发展。

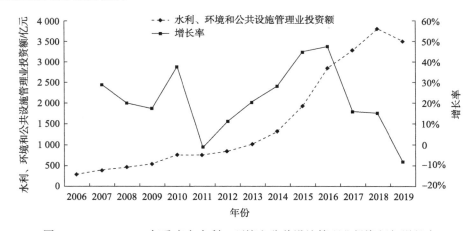

图 5-16 2006~2019 年重庆市水利、环境和公共设施管理业投资额与增长率

4. 交通运输、仓储和邮政业

如图 5-17 所示，重庆市交通运输、仓储和邮政业投资额由 2007 年[①]的 353.43 亿元增加到 2019 年的 2 295.24 亿元，增长了 549.42%，该行业的投资金额不断增加；从增长率变动曲线可以看出，该行业的增长率呈现较大的波动，主要是"十一五"规划期间重庆市实行公共交通城乡一体化、"二环八射"高速骨架、农村公路通达通畅等工程构建综合交通体系，"十二五"规划期间实行"一枢纽十一干线"铁路网工程、"三环十射三连线"高速骨架工程来构建综合交通枢纽，这些都极大地推动了该行业投资金额的增加。

---

① 2006 年增长率的计算需要 2005 年的数据，而 2005 年的数据缺失，所以增长率是从 2007 年开始计算的。

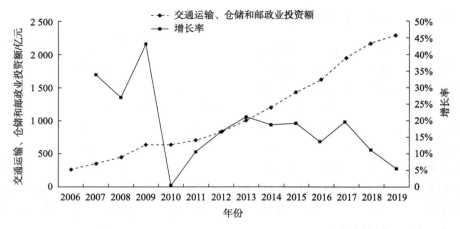

图 5-17　2006~2019 年重庆市交通运输、仓储和邮政业投资额与增长率

5. 电力、燃气及水的生产和供应业

如图 5-18 所示，重庆市电力、燃气及水的生产和供应业投资额由 2007 年[①]的 216.26 亿元增加到 2019 年的 471.53 亿元，增长了 118.04%，从电力、燃气及水的生产和供应业投资额变动曲线可以看出，该行业整体上呈现出逐渐增加的态势。就阶段性而言，该行业的投资额大规模增加期是 2011~2014 年，2006~2010 年该行业出现波动现象，2015 年后投资额趋于平稳；从增长率变动曲线可以看出，整体上该行业的增长速度波动变化，特别是在 2008~2015 年的波动幅度较大，2015 年后，投资增长速度趋缓。

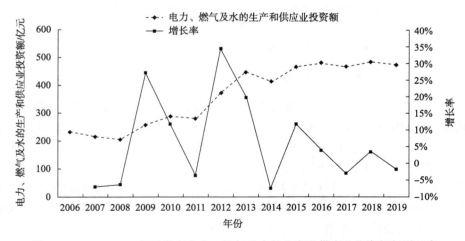

图 5-18　2006~2019 年重庆市电力、燃气及水的生产和供应业投资额与增长率

---

① 2006 年增长率的计算需要 2005 年的数据，而 2005 年的数据缺失，所以增长率是从 2007 年开始计算的。

6. 教育

如图 5-19 所示,重庆市教育投资额由 2007 年①的 74.16 亿元逐渐增加到 2019 年的 316.9 亿元,增长了 327.32%,从教育投资额变动曲线可以看出,该行业整体上呈现出增加的趋势。从各个阶段来看,除去 2011 年和 2018 年有所下降之外,其余年份均表现出不同程度的增长,其中 2011~2017 年处于快速发展阶段;从增长率变动曲线可以看出,2009~2011 年以及 2016~2018 年的增长率呈下降趋势,其他年份的增长变化较为平稳。重庆市的教育发展主要受教育政策的影响,如建设西部人才高地等政策对重庆市的教育投资具有积极的促进作用。

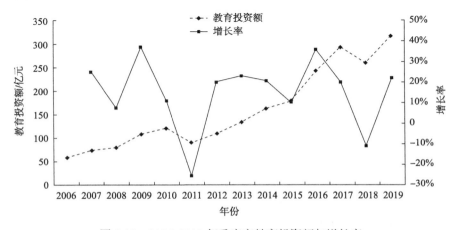

图 5-19　2006~2019 年重庆市教育投资额与增长率

7. 卫生、社会保障和社会福利业

如图 5-20 所示,重庆市卫生、社会保障和社会福利业投资额由 2007 年①的 16.54 亿元增加到 2019 年的 181.66 亿元,增长了 998.31%,从卫生、社会保障和社会福利业投资额变动曲线可以看出,整体上该行业呈现增长向上的趋势,但是从阶段来看,2007~2011 年基本上维持在同期的水平,虽然有所增加但增加量都比较小,而 2011 年之后,该行业呈现出直线增长的趋势,说明重庆市对于该行业的重视程度逐渐提高;从增长率变动曲线可以看出,该行业的增长速度呈现"M"形波动,其中 2009 年和 2012 年是该行业增长率最大的年份,而 2011 年该行业的增长率呈现大幅度下降,之后一年增长率达到 100% 以上,而 2013~2019 年该行业增长率逐渐下降,增长速度有所放缓,说明重庆市经过近些年的集中投资,已经使得卫生、社会保障和社会福利业等社会健康水平出现了显著的提升。

---

① 2006 年增长率的计算需要 2005 年的数据,而 2005 年的数据缺失,所以增长率是从 2007 年开始计算的。

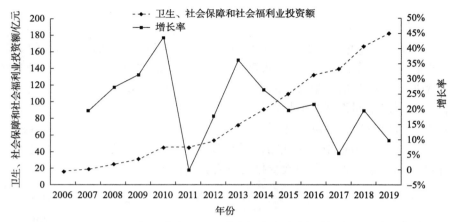

图 5-20　2006~2019 年重庆市卫生、社会保障和社会福利业投资额与增长率

8. 文化、体育和娱乐业

如图 5-21 所示，重庆市文化、体育和娱乐业投资额由 2007 年[①]的 25.17 亿元增加到 2019 年的 281.11 亿元，增长了 1 016.85%，从文化、体育和娱乐业投资额变动曲线可以看出，整体上该行业的投资额逐渐增加。就各阶段来看，2007~2013年该行业的增长量逐渐提高，而 2014 年和 2016 年却出现大幅度的投资额下降。从增长率变动曲线可以看出，整体上该行业的增长波动幅度越来越大，从各个年份来看，2013 年和 2016 年该行业的增长率出现大幅度下降，主要是随着市场经济的发展，各文化、体育和娱乐业逐渐延伸到社会生产生活的各个领域，已经形成了比较齐全的文化娱乐业，政府不再需要进行大量的投资建造，只需要进行监督管理就能维持市场的繁荣发展。

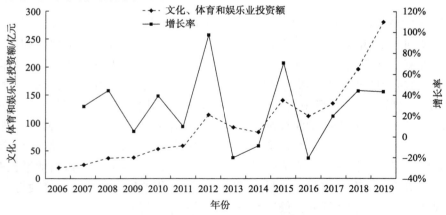

图 5-21　2006~2019 年重庆市文化、体育和娱乐业投资额与增长率

① 2006 年增长率的计算需要 2005 年的数据，而 2005 年的数据缺失，所以增长率是从 2007 年开始计算的。

9. 信息传输、计算机服务和软件业

如图 5-22 所示，重庆市信息传输、计算机服务和软件业投资额由 2007 年[①]的 42.41 亿元逐渐增加到 2019 年的 113.04 亿元。从增长率变动曲线可以看出，2019年的增长率最大，达到 125%，其余年份增长率基本维持在 0 的水平。其中 2012 年出现大幅度的投资额增加，主要是政府提出的交通系统立体化构建过程中采用了大量的智能信息技术，需求的增加刺激了该行业投资额的提高。2019年重庆市信息传输、计算机服务和软件业发展迅速，大数据、云计算等新技术新业态发展势头迅猛，整体态势良好。目前重庆市共有软件企业约 2.5 万家，大数据、云计算、物联网、人工智能、区块链等新技术新业态已逐步成为重庆市软件产业的重要力量。

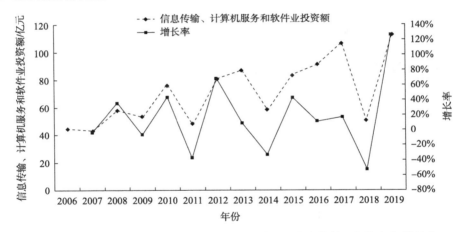

图 5-22　2006~2019 年重庆市信息传输、计算机服务和软件业投资额与增长率

10. 公共管理和社会组织

如图 5-23 所示，从公共管理和社会组织投资额变动曲线可以看出，重庆市公共管理和社会组织投资额整体上呈现倒"U"形。从各阶段来看，2007~2011 年处于该行业的快速发展阶段，2011 年之后，投资额呈现逐渐下降趋势。从增长率变动曲线可以看出，2007~2010 年该行业的增长率波动上升，2010 年之后该行业的增长率呈现曲折式下降现象，两者的增长率变动原因是不同的。2007~2010 年增长率上升主要是现存的基础设施无法满足社会的需求，政府通过增加投资建设来弥补存量的不足，而 2011~2019 年增长率波动下降主要是科技水平、管理效率等软实力的提升所引起的现存基础设施辐射

---

① 2006 年增长率的计算需要 2005 年的数据，而 2005 年的数据缺失，所以增长率是从 2007 年开始计算的。

能力延伸造成的。

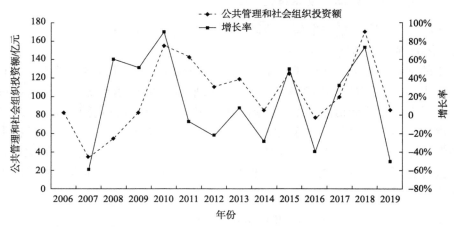

图 5-23   2006~2019 年重庆市公共管理和社会组织投资额与增长率

5.2.2　重庆市基础设施建设重点项目

1. 水利、环境和公共设施管理业概况

重庆市"十二五"规划时期以大江大河防洪工程、中小河流治理工程、山洪灾害防治工程为重点构建生态安全屏障。①大江大河防洪工程、中小河流治理工程。以长江、嘉陵江、乌江等干流河道整治和堤防建设工程为重点，以梁滩河、花溪河、璧北河、竺溪河、龙溪河等流域面积 200 平方千米以上有重点防洪任务的中小河流治理工程为补充，建设长江上游生态文明区。②山洪灾害防治工程。具体包括防洪抗旱指挥，山洪灾害、水文预报预警体系完善工程，暴雨、高温、干旱监测、预警和防御工程，铜梁小北海、璧山盐井河等流域控制性防洪水库建设工程，三峡库区生态环境建设与保护工程，提高防洪减灾应急处理水平，构建生态安全屏障，全面提升生态文明水平。

"十三五"规划时期，以水污染治理工程、生态修复工程、垃圾处理厂升级改造工程为主线加强生态修复、实现绿色发展。①水污染治理工程。以城镇污水处理设施建设工程、污水收集管网完善工程、雨污分流工程为重点，推进工业用水重复利用和污水深度处理技术改造。以地下水污染防治为补充，完善地下水监测网络。②生态修复工程。以长江、嘉陵江、乌江三大水域和大巴山、大娄山、华蓥山、武陵山四大山脉为骨架，以重点生态功能区域为重要支撑，以点状分布的禁止开发区域为重要组成部分，以交通廊道、城市绿地为补充，加强生态保护和修复。③垃圾处理厂升级改造工程。具体包括新增垃圾焚烧发电厂 12 座、改建垃圾处理场渗滤液处理系统 48 座、治理存量垃圾项目 448 个、餐厨垃圾处理项目 9 个，建立 1 919 个行政村生活垃圾治理系统等项目改善环境质量。

2. 交通运输、仓储和邮政业概况

重庆市交通运输、仓储和邮政业投资额所占比例基本保持在 20%以上，其中 2013 年出现较大的变化，为 40%左右，主要是重庆市为了发展成为国家级交通枢纽而加大了建设投资力度，在各项工作规划制定完成后，政府一直在向枢纽建设努力，因此该年份出现反常变化。

"十二五"规划时期，以"一枢纽十一干线"铁路网工程、"三环十射三连线"高速骨架工程为重点建设综合交通枢纽。①"一枢纽十一干线"铁路网工程。具体包括兰渝铁路、渝利铁路、成渝客运专线、渝万客运专线、渝黔铁路新线、遂渝铁路二线、渝怀铁路二线、南涪铁路、三万南铁路、郑万铁路、黔（江）张常铁路十一条干线铁路，推动重庆市铁路交通枢纽建设工程。②"三环十射三连线"高速骨架工程。具体包括重庆内环公路、绕城公路和公路外行三环高速公路项目，重庆至成都、遂宁、南充、西安、武汉、长沙、贵阳、泸州、成都、安康公路十射高速公路项目，垫江至武隆公路、梁平至黔江公路、巫溪至建始公路三连高速公路项目，构建重庆市高速公路枢纽工程。

"十三五"规划时期以"三主两辅"客运枢纽工程、"1+15"铁路货运枢纽工程、"一环八线"城市轨道交通网为重点构建基础设施互联互通体系。①"三主两辅"客运枢纽工程。具体包括重庆北站铁路综合交通枢纽工程、沙坪坝铁路综合交通枢纽工程、重庆西站铁路综合交通枢纽工程三个主要客运枢纽，菜园坝铁路综合交通枢纽工程、重庆东站铁路综合交通枢纽工程两个辅助客运枢纽工程。②"1+15"铁路货运枢纽工程。在兴隆场编组站基础上，建设包括渝万城际、渝黔铁路、三南改造、黔张常铁路、渝怀二线铁路涪陵—梅江段、郑万高铁、枢纽东环线、渝昆高铁、渝西高铁、渝湘高铁（重庆段）、安张铁路、恩黔毕昭铁路、广安至涪陵至柳州铁路、成渝铁路和达万铁路扩能改造工程、达开万城际铁路 15 个铁路货运枢纽工程，缓解重庆站的运输压力。③"一环八线"城市轨道交通网。具体包括轨道 9 号线一期、轨道 9 号线二期、轨道 10 号线二期、轨道 6 号线支线二期、轨道 4 号线二期、轨道延长线璧山至铜梁段、市郊铁路合川至铜梁至大足段、南彭至茶园有轨电车八条线路及轨道环线，增强城市发展新区与主城区城市轨道的有机衔接，构建一体化的轨道交通体系。

5.3　武汉市基础设施建设及发展

5.3.1　武汉市基础设施建设及发展现状

1. 武汉市市政基础设施投资概况

如图 5-24 所示，从 2007~2017 年武汉市市政基础设施投资额及比例变化可以看出，全社会固定资产投资占地区生产总值比例整体上呈先下降再缓慢上升的趋势，在 2011 年和 2016 年分别经历了 4.5 个百分点和 11.33 个百分点的下降；但总体上 10 年，由 2007 年的 55.15%上升到 59.10%，这说明武汉市仍然注重全社会固定资产投资，但其占比的增加速度明显降低了。武汉市 2007~2017 年的市政基础设施投资占全社会固定资产投资比例在 20%~40%的区间内变动，从 2010 年后持续四年，该占比呈直线下降趋势，2014~2017 年，该占比大致维持在每年增长 2 个百分点的速度。由 2007~2017 年的数据可以看出，武汉市全社会固定资产投资金额持续增长，但市政基础设施投资占全社会固定资产投资额比例相对平稳，2014 年后开始逐渐增加，说明武汉市十分注重市政基础设施建设，在不断完善市政基础设施，提升武汉市市民的生活质量，提高市民生活幸福感。

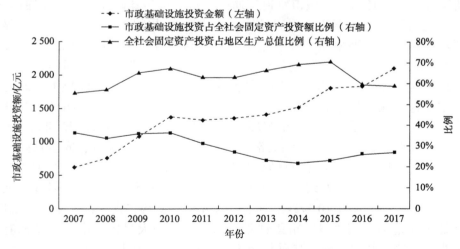

图 5-24　2007~2017 年武汉市市政基础设施投资额及比例变化

根据武汉市地区生产总值、全社会固定资产投资和市政基础设施投资的年均增长率比较可以看出，武汉市"十一五"计划后四年（2007~2010 年）、"十二五"

计划期间（2011~2015 年）全社会固定资产投资每年的平均增长约 4.08%，但"十三五"计划时期（2016 年和 2017 年）全社会固定资产投资占地区生产总值比例在逐年降低。三个时期的市政基础设施投资以平均每年 13.59% 的速度增长。武汉市的市政基础设施建设在不同时期的侧重点将会有所不同。在城市建设初期，主要侧重在完善市民基本生活的基础设施建设项目上。随着城市化发展，武汉市的市政基础设施建设会越来越完善，侧重点需要转移到对原有基础设施进行维修的工作上。相较于对新项目的投资，其维修工作的投资额往往会降低很多，这些变化都是武汉市市政基础设施建设增长率逐年降低的原因之一。

2. 城市公共设施

武汉市在进行城市交通建设的同时，对以往老旧、破损的道路进行了集中改造，从图 5-25 可以看出，整体上武汉市道路长度逐渐增加，其中 2012 年增长幅度最大，主要是在新的五年规划推动下，为了实现规划期内预定的经济发展目标，武汉市完善政府的配套设施，保证经济的发展不会受到硬件设施的制约，从中可以看出武汉市政府对基础设施的重视程度。当前武汉市主要干道基本完成道路网络的建设，未来的发展目标主要针对城市次要干道的疏通及智能化设备的布局，最大限度地提高城市的运行效率。

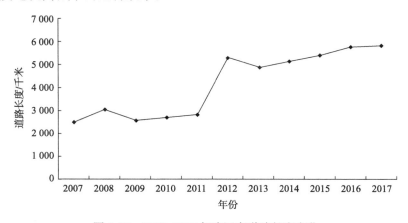

图 5-25　2007~2017 年武汉市道路长度变化

3. 电力、燃气及水的生产和供应业

如图 5-26 所示，武汉市电力、燃气及水的生产和供应业的投资额在 2007~2016 年呈波动变化趋势，在 2014 年达到最大值 124.76 亿元。在 2007~2011 年及 2013~2014 年其投资额在不断上升，并达到最大值；在 2012 年出现大幅度下降，2015 年及 2016 年小幅度下降。2016 年电力、燃气及水的生产和供应业投资额为 89.58 亿元，相比 2007 年的 20.2 亿元增加了 69.38 亿元，增长幅度为 343.47%。2017 年武汉市电力、燃气及水的生产和供应业投资额与增长率均出现了增长，投资总额达到 129.59 亿元，增长率也达到了自 2009 年以后的最大增长幅度。

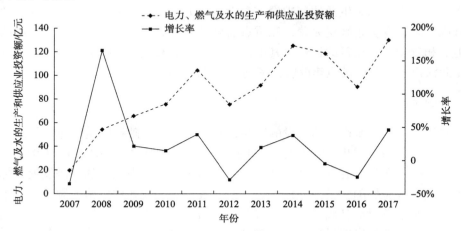

图 5-26　2007~2017 年武汉市电力、燃气及水的生产和供应业投资额与增长率

4. 交通运输、仓储和邮政业

如图 5-27 所示，武汉市交通运输、仓储和邮政业投资额在 2007~2017 年整体呈上升趋势，仅在 2011 年和 2017 年出现小幅度的下降，最大增长幅度出现在 2010 年，相比于 2009 年增长了 38.86%。2007 年交通运输、仓储和邮政业的投资额为 194.24 亿元，2017 年为 655.08 亿元，年均增长率为 12.93%。这说明武汉市对交通运输、仓储和邮政业的发展十分重视，其发展态势良好。

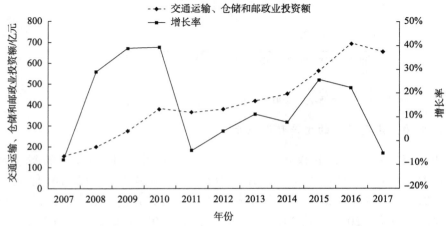

图 5-27　2007~2017 年武汉市交通运输、仓储和邮政业投资额与增长率

5. 信息传输、计算机服务和软件投资业

如图 5-28 所示，武汉市 2007~2017 年信息传输、计算机服务和软件投资业呈波动变化，投资额最大值出现在 2015 年，为 70.45 亿元。从增长率变化来看，2009 年、2011 年、2015 年和 2017 年的上升幅度均较大，而在 2010 年、2013 年、2014 年和 2016 年均出现了负增长。整体来看，武汉市在信息传输、计算机服务和软件投资业投资额较其他行业的投资额较少。因此，武汉市需加大投资力度，促进该行业的发展和完善。

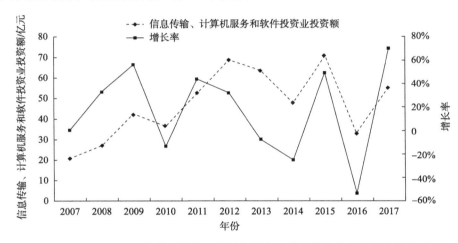

图 5-28　2007~2017 年信息传输、计算机服务和软件投资业投资额与增长率

6. 水利、环境和公共设施管理业

如图 5-29 所示，水利、环境和公共设施管理业的基础设施建设是重大的民生保障性工程，武汉市在 2007~2017 年不断加大力度提高该行业的投资额。只有 2011 年的投资额出现小幅度下降，其余年份均保持不断上升的趋势。水利、环境和公共设施管理业的投资额从 2007 年的 271.47 亿元增长到 2017年的 1 112.95 亿元。从发展速度来看，2007~2017 年平均增长率为 15.15%，2011年后呈现波动上升的发展趋势，整体来看，武汉市在该行业的基础设施建设投资额加大，该行业发展较为完善。

7. 教育

如图 5-30所示，武汉市的教育投资额在 2007~2016 年呈大幅度的波动变化，2007 年和 2016 年两年的投资额基本持平，无明显增长。整体来看，教育行业的基础设施建设投资额变化幅度最大的在 2011~2013 年，2011 年为 48.63 亿元，

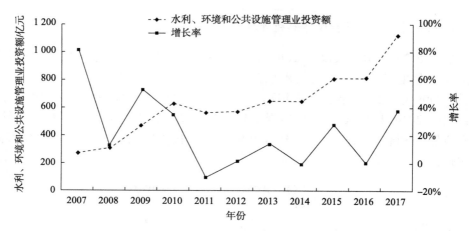

图 5-29　2007~2017 年武汉市水利、环境和公共设施管理业投资额与增长率

2013 年为 41.62 亿元，期间减少的投资额为 7.01 亿元，下降幅度为 14.41%。这说明，武汉市在教育行业的基础设施建设的投资额波动较大，且投资额较其他行业较少，需进一步加大投资力度。

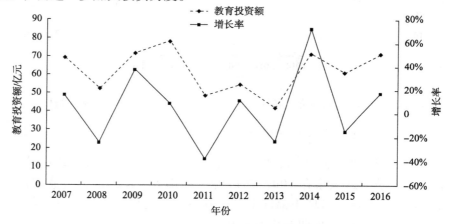

图 5-30　2007~2016 年武汉市教育投资额与增长率

8. 卫生、社会保障和社会福利业

如图 5-31 所示，武汉市 2007~2016 年卫生、社会保障和社会福利业投资额的变化主要分为三部分，第一部分为 2007~2012 年，投资额在不断上涨，只在 2010 年出现小幅度的下降；第二部分为 2012~2014 年，投资额出现大幅度的下降，从 2012 年的 47.91 亿元下降到 2014 年的 6.4 亿元，减少了 41.51 亿元；第三部分为 2014~2016 年，投资额出现大幅度的回升，2016 年武汉市卫生、社会保障和社会福利业投资额为 48.26 亿元。这说明，武汉市在该行业的基础设施建设的投资额变

化幅度较大，需要进一步地完善该行业的发展。

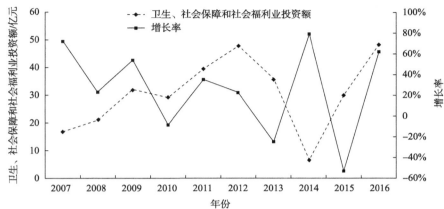

图 5-31　2007~2016 年武汉市卫生、社会保障和社会福利业投资额与增长率

9. 文化、体育和娱乐业

如图 5-32 所示，武汉市 2007~2016 年文化、体育和娱乐业的投资额呈现波浪式的变化趋势。2007~2016 年，其投资额出现三个最大值和三个最小值，投资额最大的两年分别为 2009 年、2012 年和 2015 年，投资额最小的三年分别为 2008 年、2010 年和 2013 年。整体来看，武汉市在 2016 年文化、体育和娱乐业的投资额要低于 2007 年的投资额，出现了小幅度的下降。这说明，2007~2016 年武汉市文化、体育和娱乐业的基础设施建设无明显发展，需要进一步地补充和完善。

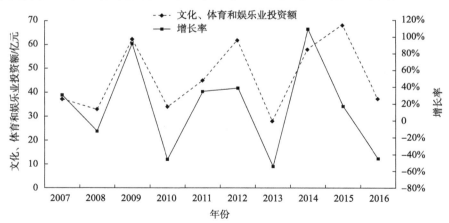

图 5-32　2007~2016 年武汉市文化、体育和娱乐业投资额与增长率

10. 公共管理和社会组织

如图 5-33 所示，武汉市在 2007~2016 年公共管理和社会组织投资额的变化呈

倒"V"形。在2007~2011年，该行业的投资额整体上在不断地上升，仅2009年出现小幅度的下降，2011~2016年该行业投资额呈不断下降趋势，在2011年达到2007~2016年投资额的最大值，为102.88亿元。这说明，武汉市的公共管理和社会组织的发展速度趋慢，需要进一步的完善和发展。

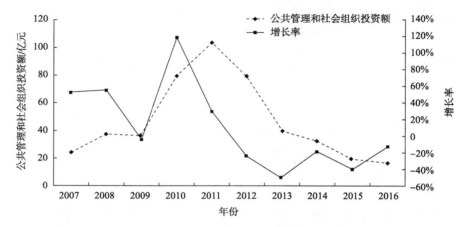

图5-33　2007~2016年武汉市公共管理和社会组织投资额与增长率

11. 科学研究、技术服务和地质勘查业

如图5-34所示，2007~2016年武汉市科学研究、技术服务和地质勘查业投资额呈波浪式变化趋势。其中，2015年和2016年的变化幅度较大，2015年该行业的投资额增加了32.67亿元，同比增长了116.55%，2016年投资额减少了27.16亿元，同比减少了45.13%。整体来看，武汉市在科学研究、技术服务和地质勘查业的投资额变化较大，说明该行业还需进一步地加大投资力度，实现其发展。

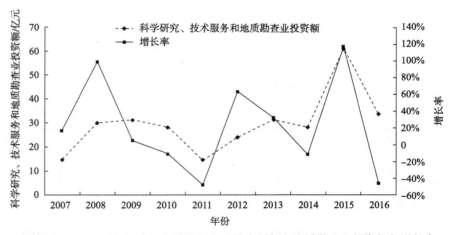

图5-34　2007~2016年武汉市科学研究、技术服务和地质勘查业投资额与增长率

5.3.2　市政基础设施重点项目

1. 市政基础设施建设总体概况

2007~2017 年，武汉市政基础设施建设投资额平均增长 5%左右。根据各行业基础设施投资额所占比例并进行简单算术平均可以看出，水利、环境和公共设施管理业一直是武汉市的重点建设工程，2007~2016 年其占同期基础设施投资额的平均比值为 43.41%，居武汉市市政基础设施投资额中的第一位。2007~2017 年一直处于第二位的交通运输、仓储和邮政业的投资额平均占比 28.78%，且呈现逐年稳步上升的趋势，截至 2016 年所占比重达到 37.7%。居于第三位的电力、燃气及水的生产和供应业平均占同期基础设施投资的 6.15%。这三个行业在 2007~2017 年占武汉市整个基础设施投资的平均比值为 78.34%。

本节主要介绍武汉市 2007~2017 年市政基础设施建设项目取得的成就，在分析总体概况的基础上，对主要行业进行更加详细的分析，以此来探明武汉市 2007~2017 年的基础设施投资主要方向。

2. 水利、环境和公共设施管理业概况

从以上数据可以明显看出，水利、环境和公共设施管理业投资额在 2007~2017 年 10 年均位于同期基础设施投资中第一位，说明了武汉市对该行业的重视程度。

"十二五"规划期间，以生态修复工程、生态林建设工程、垃圾处理工程为重点实施城市环境治理和生态保护工程。①生态修复工程。具体包括荣获联合国气候变化大会 C40 城市奖的金口垃圾填埋场生态修复项目、修复破损山体 4 333.5 亩张公堤城市森林公园项目，极大地推进了武汉市的生态修复工程。②生态林建设工程。具体包括四环线生态林带项目、东湖绿道项目、环汉口绿道项目、环墨水湖绿道项目等工程。③垃圾处理工程。具体包括长山口垃圾焚烧厂二期工程、97 座地埋式垃圾收集站项目工程、117 座公厕改扩建工程等。

"十三五"规划期间，以生态环境保护工程、城市绿网工程为重点进行生态文明建设。①生态环境保护工程。以"两江四岸"江滩生态环境优化提升工程为重点，以四环生态林带建设工程为补充，以三环线内湖泊公园建设工程为依托，打造"两轴五环、六楔多廊、蓝绿织城"的多层次城市生态格局，优化城市生态格局，开展生态环境保护工程。②城市绿网工程。以全市 446 个山体保护为主线，推进 1 300 千米绿道系统建设工程，辅以长江、汉江岸线资源环境整治工程，深化"绿满江城、花开三镇"行动，开展城市绿网工程。

3. 交通运输、仓储和邮政业概况

从武汉市 2007~2017 年的数据可以看出，交通运输、仓储和邮政业投资额基本保持稳定，位于同期基础设施投资额的第二位。

"十二五"规划期间，以中心城区快速路网建设工程、国际空港建设工程、路网体系建设工程为重点巩固武汉市综合交通枢纽地位。①中心城区快速路网建设工程。以武汉大道、二七长江大桥、鹦鹉洲长江大桥、四环线建设工程为主线，加快武汉市中心城区运行效率。②国际空港建设工程。以天河机场建设工程、武汉市长江中游航运中心建设工程、阳逻港建设工程为主线，具体包括阳逻港集装箱三期建设工程、天河机场第二跑道建设工程、机场交通中心主体建设工程，打造国际空港枢纽。③路网体系建设工程。具体包括汉江地铁——3 号线一期建设工程，贯通二环线工程，东湖隧道、江汉六桥、中法友谊大桥建设工程，三环线、中南路、中北路、21 号公路、青王公路、长丰大道等改造工程，轨道交通 5 号线、1 号线径河延长线、蔡甸线等 11 条地铁线建设工程，组建武汉市地铁、快速路网、过江通道立体交通体系。

"十三五"规划期间，以全国高铁中心建设工程、"地铁城市"建设工程、"公交都市"建设工程为主线，提升武汉市全国性综合交通枢纽地位。①全国高铁中心建设工程。以"米"字形高铁网建设工程为主线，推进武汉至西安高铁、沿江高铁、武汉至福州、武汉至杭州、武汉至青岛、武汉至贵阳等高铁建设工程，辅以光谷火车站、新汉阳站、高铁机场站建设工程，打造全国高铁中心。②"地铁城市"建设工程。以"畅通工程"实施为主线，推进13 条轨道交通线建设工程，实现"主城联网、新城通线"，将轨道交通通车总里程提高到 400 千米，努力打造具有世界先进水平的"地铁城市"。③"公交都市"建设工程。具体包括二环三环连接工程、过江越湖快速通道建设工程、四环线与外环东绕建设工程，打造市域快速交通圈，建成"公交都市"示范城市。

4. 电力、燃气及水的生产和供应业概况

通过武汉市 2007~2017 年的数据，本小节主要对武汉市的电力、燃气及水的生产和供应业进行相应分析。

"十二五"规划期间，以排涝治污供水工程为重点，建设城乡一体化的保障体系。①污水治理工程。以 109 千米排水干网建设工程、110 千米污水管网建设工程、30.5 千米供水管道建设工程为主干，以三金潭、汤逊湖、黄浦路一期等污水处理厂改扩建工程为补充，推动城市污水集中处理率 95%以及城市生活垃圾无害化处理率 100%。②供水保障工程。以余家头、琴断口自来水厂改扩建工程为重点，推进农村饮水安全建设工程和 3 506 千米排灌港渠整治工程，实现城乡一体化的供

水保障体系。

　　"十三五"规划期间，以城市蓝网工程为主线，推进武汉市节能低碳循环发展。①城市蓝网工程。以"特高压靠城、超高压进城"工程为主线，优化管道气、液化天然气、压缩天然气等各类燃气设施建设工程，以大东湖、金银湖等生态水网构建为基础，推动中心城区、新城区建成区湖泊全部截污。②国家级循环经济园区建设工程。以青山区循环经济园区建设为重点，推进节能低碳循环发展，辅以钢铁、化工、电力等重点行业节能控碳项目，提高城市环境效益。

第6章　长江三角洲市政基础设施建设及发展

6.1　上海市基础设施建设及发展

6.1.1　上海市基础设施建设及发展现状

1. 上海市市政基础设施投资概况

如图 6-1 所示，上海市市政基础设施投资额由 2007 年的 1 679.87 亿元增长到 2019 年的 2 503 亿元，年均增长率为 3.38%。2007~2019 年上海市全社会固定资产投资占地区生产总值比例呈现逐渐下降趋势，由 2007 年的 35.69% 下降到 2019 年的 21%，反映出上海市的经济结构正在逐渐发生调整。2009~2019 年市政基础设施投资占全社会固定资产投资额比例整体上呈 "U" 形，其中 2014 年占比 25.32%，处于最低点，随后逐渐增加，2015~2019 年维持在 32% 左右。2009 年市政基础设施投资占比达到最大，为 42.5%，主要是为了应对全球性的金融危机。上海市通过基础设施的建设来稳定经济、保持就业。从市政基础设施投资额来看，整体上与该行业占比保持相同的趋势。由此可以看出，基础设施建设不仅能完善一个城市的功能，也可以成为稳定经济的一种手段。2011 年占比和投资额出现最低主要是由于 "十二五" 规划期间对上海市城市建设提出了新的要求，因此政府进行了新一轮的基础设施建设。

"十二五" 规划期间三者增长率最低，主要是由于上海市在 "十二五" 时期进行了一系列的调整经济结构、转换增长动力等政策，完成上述的规划之后，"十三五" 时期增长速度迅速提升，同时经济危机期间建设了大量的基础设施仍然具有充足性，为了保持与经济发展水平的相一致，"十二五" 时期也进行了一部分的存量消化。

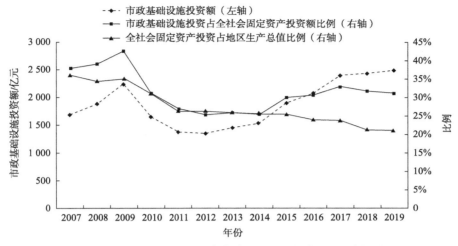

图 6-1　2007~2019 年上海市市政基础设施投资额及比例变化

2. 城市交通设施

1）城市道桥

如图 6-2 所示，从整体来看，城市道路长度和桥梁数量呈现逐渐增长的趋势，但是从阶段性来看，2010 年上海市道路长度增加的幅度明显大于其他几个阶段，主要是上海市为了满足世博会的交通需求，同时缓解中心城区的交通拥堵问题而加大了城市交通的建设，包括换乘枢纽、世博交通等各个方面。另外，上海市的发展重心逐渐由市区向市域调整以及机动车保有量的增加也刺激了城市道路的增长，2014~2019 年的增长速度较 2010~2014 年有所增加，主要是随着中国（上海）自由贸易试验区的发展、物流系统的建设等，社会对于交通道路的需求越来越大导致了城市道桥数量的增加。

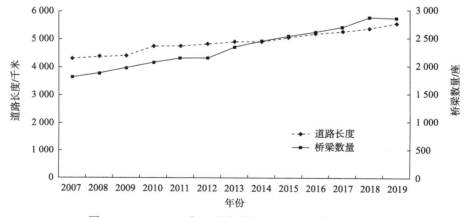

图 6-2　2007~2019 年上海市道路长度与桥梁数量变动图

2）城市道路照明灯

如图 6-3 所示，从整体来看，上海市城市道路照明灯数量呈现逐年增加的趋势，其中，2010 年出现较同期更快的增长，主要是上海市为了构建城乡一体化的交通体系，将城市道路不断外延，加强城市周边区域与市区的联系，因此城市道路照明灯数量表现出大幅度的增加，从 2007 年的 344 595 盏增加到 2019 年的 634 523 盏，年均增长率为 5.22%，近些年城市道路照明灯数量的增加主要是由于上海市进行城市环境建设，逐渐消除城市次微道路及城郊道路无照明灯路段。

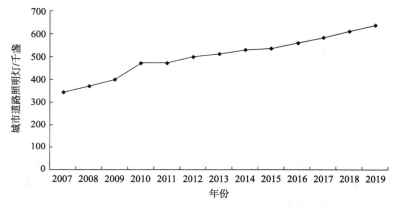

图 6-3　2007~2019 年上海市城市道路照明灯数量

3. 交通运输、仓储和邮政业

如图 6-4 所示，上海市交通运输、仓储和邮政业投资额曲线基本呈现"U"形变动，其中 2009~2014 年呈现逐年下降趋势，2014~2019 年呈现快速增长趋势，前一阶段主要是上海市不断提升道路运行效率的阶段，后一阶段则是上海市不断加快综合交通枢纽建设，增加新道路、新路段的建设阶段。另外，国际物流中心建设工程也导致上海的仓储设施投资额出现大幅度增加。从增长率曲线变动情况可以看出，尽管上海市受到 2008 年国际金融危机的影响，但是上海市稳定的经济和工业基础对同期的上海市经济影响较小，经过 2015 年大幅度的交通运输、仓储和邮政业的投资额增加，该行业又重新达到千亿元的投资规模，说明了上海市对于交通等基础设施的重视。

4. 水利、环境和公共设施管理业

如图 6-5 所示，上海市水利、环境和公共设施管理业投资额在 2006~2009 年以及 2012~2018 年基本处于逐年增加的阶段，2008~2012 年处于逐年减少的阶段，从两个增长阶段的增长率可以看出，前一阶段的增长速度快于后一阶段，主要是

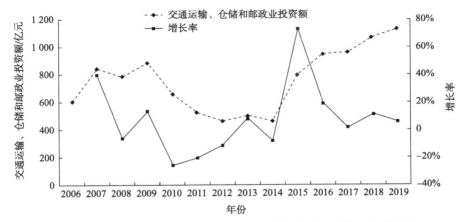

图 6-4　2006~2019 年上海市交通运输、仓储和邮政业投资额与增长率

"十一五"规划时期上海市主要进行水利、环境等基础设施的建设，后一阶段主要进行基础设施体系的构建，更加注重软实力的提升，因此两个阶段的增长速度不同，2008~2012 年的下降主要是上海市提出生态环境的整治工程，因此投资建设的硬件设施减少。

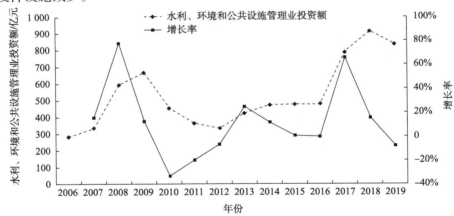

图 6-5　2006~2019 年上海市水利、环境和公共设施管理业投资额与增长率

5. 电力、燃气及水的生产和供应业

如图 6-6 所示，上海市电力、燃气及水的生产和供应业投资额整体上可以分为三个阶段，第一阶段是 2006~2009 年的投资额扩张期，第二阶段是 2009~2011 年的投资额恢复期，第三阶段是 2011~2019 年的投资额稳定期，其中第一阶段投资额的大幅度增加主要是上海市为了建设综合保障体系而进行了大规模的投资，随后逐年减少，2019 年投资额趋于稳定，主要是后期的项目、工程是针对能源结构转换等进行的，因此每年 200 亿元的投资额足以完成改扩建，实现与经济发展的协调一致。

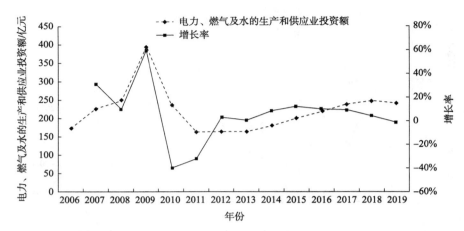

图 6-6   2006~2019 年上海市电力、燃气及水的生产和供应业投资额与增长率

6. 信息传输、计算机服务和软件业

如图 6-7 所示,从上海市信息传输、计算机服务和软件业投资额整体变动曲线来看,该行业投资额基本保持稳定,其中 2011 年和 2018 年出现下降,主要是由于 2011 年为"十二五"开局之年,上海市为了全面开展水利、环境保护工程而优先进行了其他行业的投资。2018 年受外部环境的影响,上海市操作系统、数据库、中间件等领域的基础软件企业受到了严峻挑战,加之受政策红利投机者对产业的影响,该领域的投资有所放缓。

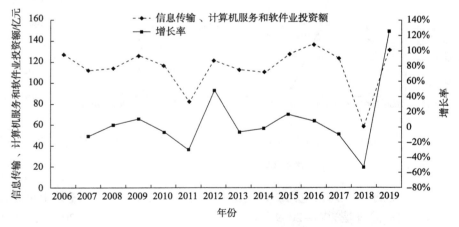

图 6-7   2006~2019 年上海市信息传输、计算机服务和软件业投资额与增长率

7. 教育

如图 6-8 所示,从教育投资额与增长率变动曲线可以看出,2011~2014 年该行

业逐年增加，并在 2014 年投资额达到最大值，为 110 亿元，2015 年出现下降，投资额的增加主要是"十二五"规划期间上海市提出了素质教育建设工程，提供了不同类型的基础设施，满足未来社会发展的需要，2016~2019 年投资额又呈现出波动上升的趋势。

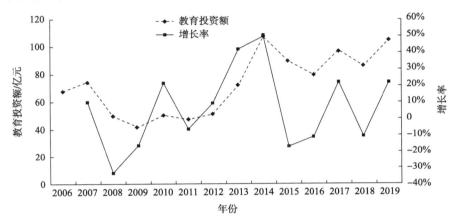

图 6-8　2006~2019 年上海市教育投资额与增长率

8. 卫生、社会保障和社会福利业

如图 6-9 所示，上海市卫生、社会保障和社会福利业投资额整体上呈增加趋势，由 2006 年的 25.9 亿元增加到 2019 年的 66.8 亿元，其中，2008~2011 年的增长速度明显快于 2014~2019 年的增长速度，这说明上海市在努力弥补该行业不足对社会发展的影响，近些年增长率的下降反映出上海市该行业投资扩张期已经基本结束，接下来主要是进行集中提质提效，满足社会日益增长的需求。

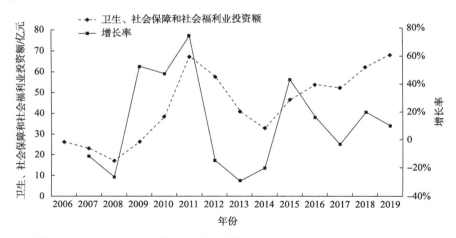

图 6-9　2006~2019 年上海市卫生、社会保障和社会福利业投资额与增长率

6.1.2　上海市基础设施建设重点项目

1. 交通运输、仓储和邮政业概况

"十二五"规划时期，以交通枢纽建设工程、交通加密工程为重点提升城市运行效率。①道路。以 G40 公路、S6 公路、S26 公路东段以及沿江通道浦西段为重点，构建长三角一体化高速公路网。以 S3 公路、S7 公路、北松公路等新改建工程为主线，提升国省干道和主次干道的服务能力。以虹梅南路—金海路越江、沿江通道越江段、辰塔路越江为重点，实施北部地区越江通道加密工程，确保长江西路隧道、龙耀路隧道浦东主线出入口、周家嘴路越江等工程的推进。②公共交通。以 11 号线北段二期、16 号线（原 11 号线南段）、12 号线、13 号线一期、9 号线三期、5 号线二期、17 号线（原青浦线）及 11 号线迪士尼段为依托，使轨道交通的运营里程提升到 600 千米以上，中心城区轨道交通客运量占公交客运总量的 50%。以沪通铁路、沪乍铁路、金山支线、沪湖铁路及上海铁路东站为重点，完善铁路网络，优化铁路枢纽和货场布局。以曹路、徐泾、浦江、真南路等公交停车场项目和浦东大道等公交专用道为重点，构架多层次的地面公交网络，实现服务半径覆盖范围达到中心区内站点 300 米，内外环之间、郊区新城内部和新市镇 500 米。以沪宁城际南翔北站枢纽、5 号线剑川路枢纽、川沙枢纽、金山新城公交次枢纽以及迪士尼枢纽为重点构建综合交通枢纽项目，提升城市运行效率。

"十三五"规划时期，以海空枢纽港建设工程、亚太航空枢纽港建设工程、区域交通一体化工程、综合交通枢纽建设工程为重点构建上海市综合交通体系。①海空枢纽港建设工程。以洋山港四期工程、外高桥港区八期工程、港区支线泊位建设工程等项目为主线，推进内河高级航道整治、外高桥及芦潮港内河集装箱港区建设，以黄浦江中下游货运码头、吴淞口国际邮轮码头二期等工程为补充，提升上海市海空枢纽辐射能力。②亚太航空枢纽港建设工程。以浦东国际机场第五跑道工程、三期扩建工程、虹桥机场 T1 航站楼改配工程等项目为主线，以北翟路快速路、S26 公路入城段、嘉闵高架南段等为配套，提升上海市航空运输能力和机场集疏运系统，提高航空中转率和服务能力，建设亚太航空港枢纽。③区域交通一体化工程。以铁路对外通道和铁路枢纽建设为核心，具体包括沪通铁路建设、浦东铁路复线电气化改造工程、沪杭客专三四线、沪苏湖、沪乍杭铁路，同时推进新城与周边城镇、郊区城镇干线公路建设以及长三角高等级内河航道网建设工程等项目，形成以虹桥站、上海站、上海南站、上海东站、外高桥集装箱中心、上海港等为一体的长三角区域交通体系。④综合交通枢纽建设工程。以构建"主枢纽站+区县骨干站+辅助站"三个层次的公路长途客运枢纽结构为核心，推进轨道交通 13 号线西延伸、19 号线、20 号线、机场快线、嘉闵线、崇明线、21 号线及 23 号线等项目建设，完善多层次轨道交通体系。

2. 水利、环境和公共设施管理业概况

"十二五"规划时期，上海市以河道整治、污水治理和绿化林业为重点开展水利、环境和公共设施方面的市政基础设施建设。①河道整治。以黄浦江上游水源地保护区、崇明岛生态河道建设、崇明南横引河、小涞港等河道养护、引清调水以及区域性骨干河道和界河为重点，辅以中小河道轮疏，实现河道蓄洪、排水、航运、生态、景观等综合功能，推进城乡河道水质稳中有升。②污水治理。以白龙港污水处理厂扩建工程、白龙港片区南线输送干管工程、竹园污水厂污泥处理处置工程以及泰和污水厂一期工程等项目为重点，推进未纳管污染源截污纳管，完善污水收集管网建设，建成全市直排污染源截污纳管。③绿化林业。以滨江森林公园二期、环城绿带补绿、七宝大绿地、顾村公园二期等外环生态专项工程为重点，大力推进吴泾工业区、南大地区、上海化工区环境整治。另外，以淀山湖一期保护工程、南汇东滩湿地公园等工程为补充推进中心城区、新城、新市镇及其他社会绿地建设。

"十三五"规划时期，以防汛应急保障体系建设工程、水源地安全保障建设工程、污水治理工程、农田水利工程建设为重点构建上海市生态保障体系。①防汛应急保障体系建设工程。以治太工程、吴淞江工程、太浦河清水走廊建设工程、大治港上游河道防洪一期工程等为重点，以 60 千米黄浦江和苏州河堤防改造工程、39.5 千米公用岸段海塘达标工程、黄浦江河口建闸保滩工程等为补充，全面推行防洪工程、堤防泵闸达标工程以及城镇排水提标工程，提升防汛安全保障能力。②水源地安全保障建设工程。以黄浦江上游水源地工程和闵奉、青浦、金山、松江原水支线工程等为重点，实现集中式水源地取水。以泰和、金海、车墩、南汇北等 10 余座水厂新改扩建工程为主线，开展杨树浦、长桥、月浦等长江水源水厂深度处理建设，提升供水水质。③污水治理工程。以中心城区石洞口、竹园、白龙港、泰和、虹桥、南翔、松东、崇明城桥等 30 余座城镇污水处理厂改扩建工程为重点，提高污水处理能力与污水输送系统安全保障能力。以"城中村""195"零星工业区块为重点，配套、改扩建污水管网，完善污染源截污纳管，提高污水处理能力。④农田水利建设工程。以"农林水三年行动计划"为主线，以新划定的永久基本农田、农业重点乡镇的农田水利设施建设为重点，完善农田水利设施配套。以松、金、青等低洼地区为重点，更新改造泵站，提升防洪抗旱能力。

3. 电力、燃气及水的生产和供应业概况

"十二五"规划时期，以供水网络建设工程、防汛建设工程、燃气覆盖工程为重点推进上海市城乡保障体系均衡化。①供水网络建设工程。以黄浦江上游水源地保护工程为重点完善原水供应网络，以水厂处理工艺提升为重点推进郊区供水集约化，具体包括青草沙水源地原水工程、青草沙—陈行水库联络管工程、17座水厂以及800千米供水管网建设工程、崇明东风西沙水库及原水管道一期工程、黄浦江上游水源地保护闵奉原水输水、嘉定原水支线工程、28个排水系统工程及徐汇新宛平、龙华机场、杨浦大定海及宝山庙彭等工程建设。②防汛建设工程。以大泖港及上游河道防汛工程、淀山湖环湖堤防工程、30余座堤防加固改建工程以及排涝泵闸和沿江沿海病险水闸排除工程等为重点，实现大汛小灾、小汛无灾，完善千里海塘、千里江堤、区域除涝、城镇排水四道防线。③燃气覆盖工程。以天然气主干管网二期建设工程为主线，辅以石洞口燃气生产、能源安全储备基地以及五号沟液化天然气应急气源扩建二期、崇明三岛天然气主干建设等工程构建资源多元、供应稳定、调度灵活、覆盖面广的主干管网体系。

　　"十三五"规划时期，以清洁能源保障工程、城市电网改造升级工程、物理高质能源建设工程为主线推动上海市能源结构转变。①清洁能源保障工程。以风电田建设工程、光伏发电厂建设工程、物理能源提效工程等项目为重点，推进新能源的生产。具体包括奉贤热电工程、闵行燃机工程、天然气分布式系统工程、临港—上海化工区天然气管道建设工程、五号沟液化天然气二期储罐扩建工程、分布式光伏发电工程等项目，保证上海市清洁能源的供给、运输与储存。②城市电网改造升级工程。以500千伏输变电工程、220千伏输变电工程、110千伏输变电工程以及35千伏输变电工程和智能电网建设工程为主线，具体包括虹杨站、崇明站、川沙站建设工程，崇明岛智能电网集成示范工程等项目推进上海市电力设施保障体系加密建设。③物理高质能源建设工程。以核电反应堆型的开发研制为主线，拓展核电服务链，实现数字化核能利用保护控制系统建设工程。

6.2　杭州市基础设施建设及发展

6.2.1　杭州市基础设施建设及发展现状

1. 杭州市市政基础设施投资概况

　　如图6-10所示，杭州市由于经济发展结构的调整，全社会固定资产投资占地区生产总值比例在2015年开始出现下降，而市政基础设施投资额则在经历10年的持续增长后在2016年出现了下降。从市政基础设施投资占全社会固定资产投资额比例来看，2007~2017 年基本维持在 30%左右，说明杭州市十分重视为企业发展提供服务，及时更新配套基础设施，并不断完善基础设施的功能，使之更加贴近市场发展趋势、市民生活需求。随着 2016 年 G20 峰会举办地落户杭州，在打造"美丽杭州"，建设"两美浙江"示范区行动计划的基础上，杭州市市政基础设施建设也步入快速发展的阶段。2018 年是杭州亚运会筹办的重要之年，围绕新场馆建设、市场开发、亚运宣传等方面工作开展了一系列重要市政基础设施项目建设，地铁、管廊、轻轨等工程以飞快的速度在推进，全面提升了杭州市市政基础设施水平。

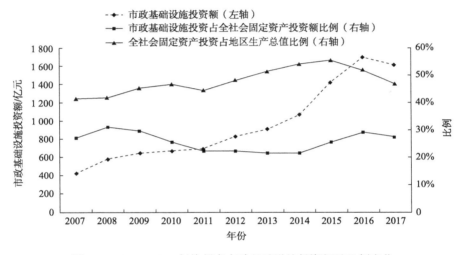

图 6-10　2007~2017 年杭州市市政基础设施投资额及比例变化

从杭州市地区生产总值、固定资产投资和市政基础设施投资的年均增长率比较可以看出，杭州市近些年在大力发展经济的同时，也在不断提高市民的生活质量，从侧面反映出杭州市基础设施建设起步较晚。虽然杭州市基础设施建设起步较晚，但得益于政府投资的稳定增长，经过十几年的发展，杭州市基础设施已逐渐趋于完善，市民生活质量明显提升。

2. 城市道路

杭州市近年来以建设整个市区的交通功能为目标，重点进行了中心城区的道路建设，对现有城市道路进行新建延长。如图 6-11 所示，其中道路长度在2007~2016 年出现了大幅度增长，且基本保持稳定增加，这主要是由于杭州市基础设施建设发展较晚，处于道路建设的初期阶段。2008~2009 年出现的快速增长一方面是政府为了应对经济危机而采取的刺激性财政政策，完善了城市道路交通，另一方面也是为了鼓励引导新兴电商产业的发展而进行的配套设施的补充。同时，杭州市于 2008 年加快了产业升级转型的步伐，大量交通枢纽、物流节点、仓储中心的建设为打造"国际电商中心"空间格局创造了先导性条件，也进一步促进了城市道路的深度发展。从图 6-11 中杭州市的道路长度和桥梁数量保持稳定增长可以看出，道路和桥梁的建设还有很大的发展空间，同时新兴产业的发展也进一步刺激基础设施的需求，这种状况与杭州市基础设施建设起步较晚和产业结构转变有关。经过进一步的建设，杭州市的产业、功能区、园区、科技城等一大批基础设施现阶段仍无法满足城市新的发展以及实现产业升级转型，这都需要政府进行长期的规划建设，不断为城市未来发展提供配套设施。

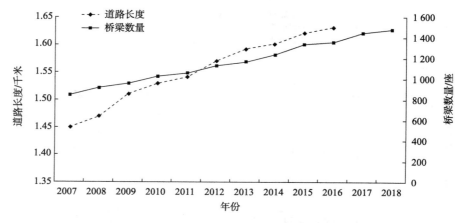

图 6-11　2007~2018 年杭州市道路长度与桥梁数量变动

3. 水利、环境和公共设施管理业

如图 6-12 所示，杭州市水利、环境和公共设施管理业投资额由 2007 年的 174.86 亿元增加到 2018 年的 659.92 亿元，年均增长率为 12.83%，说明随着市民基本生活需求的满足，市民对优质生活与精神境界的需求越来越大。从水利、环境和公共设施管理业投资额变动曲线可以得出，2009~2012 年该行业投资额基本保持稳定状态，而 2012~2016 年均出现较高速度的增长，特别是 2008 年和 2015 年、2016 年增长幅度尤为明显。从整体上看，增长曲线呈现指数型的增长模式。从增长率可以看出，该行业增长速度基本保持"U"形增长模式，出现这种现象主要是 2008 年进行河道综合保障工程、"两口两线"工程等城市综合体建设以及为了响应北京奥运会的召开而进行了环境、水源、河道等各方面的治理，使得投资额急剧增加，2015 年主要是进行"六条生态带"修复工程、"黄金水道"建设等生态修复工程。另外，为了实现国家园林城市建设而进行了大量的水利基础设施投资，2016 年虽然增长率有所下降，但仍然保持在 35% 左右的高速状态，主要是进行了污水、垃圾、能源等生态环境治理工程。2017 年以来杭州市委、市政府高度重视扩大有效投资工作，有效投资呈现"四快一降"的特征，即"民间投资增长加快，制造业投资增长加快，工业技改投资增长加快，科学研发投资增长加快，基础设施投资大幅回落"，尤其是水利、环境和公共设施管理业投资，呈现出大幅度下降。从现实整体上来看，杭州市的水利、环境等各方面的实际状况也反映出杭州市对于该行业的建设力度。

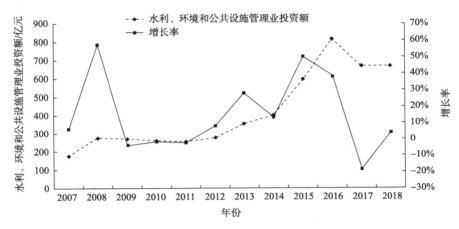

图 6-12　2007~2018 年水利、环境和公共设施管理业投资额与增长率

4. 交通运输、仓储和邮政业

如图 6-13 所示，杭州市交通运输、仓储和邮政业投资额由 2007 年的 103.8 亿元增加到 2018 年的 509.05 亿元，年均增长率为 15.55%。从该投资额增长曲线整体上来看，该行业处于不断发展的状态，从投资额增长幅度来看，2007~2010 年以及 2013~2018 年该行业处于蓬勃发展阶段。从增长率曲线可以看出，杭州市在"十一五"规划期间的投资增长速度大于其余两个时期，达到了 40% 左右，而"十二五"规划时期前三年该行业投资额基本保持稳定，直至 2014 年才出现新的增长，增长率大概为 30%，2016 年基本保持同 2015 年的投资水平，2017 年再次出现快速增长，这反映出杭州市正处于城市化快速发展阶段，市民对交通、仓储、邮政等各方面的需求在不断增加，以往的基础设施存量无法满足人们的需求，需要政府连续地进行基础设施建设。

5. 电力、燃气及水的生产和供应业

如图 6-14 所示，杭州市电力、燃气及水的生产和供应业投资额由 2007 年的 64.73 亿元增长到 2018 年的 150.06 亿元，年均增长率为 7.94%。从该投资额变动

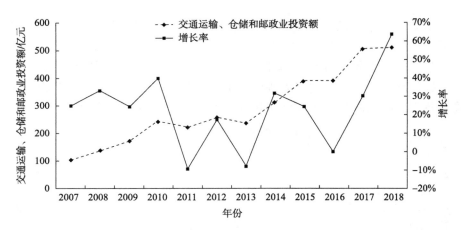

图 6-13　2007~2018 年杭州市交通运输、仓储和邮政业投资额与增长率

曲线整体上来看，该行业处于增长趋势，但该行业的增长具有阶段性，具体表现是 2010~2012 年以及 2014~2016 年是该行业投资额集中增加的年份，其余年份基本保持同期水平。从增长率曲线来看，该行业投资额增长率较高的年份主要是 2009年、2012 年和 2015 年，其余年份基本保持在 0 的水平。其中 2009 年出现增长主要是受"阳光屋顶"计划、"21421"工程、"数字城管"一期工程等低碳城市建设项目的影响，2012 年及 2015 年主要是"十二五"规划时期清洁能源和可再生能源工程、城市水电气保障工程等调整能源消费结构项目的影响。另外，从图 6-14中还可以得出，调整能源消费结构带来的基础设施增长量明显高于基础设施存量加密工程带来的增长。

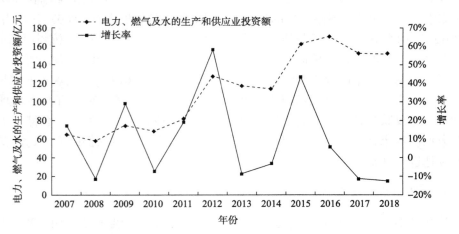

图 6-14　2007~2018 年杭州市电力、燃气及水的生产和供应业投资额与增长率

6. 信息传输、计算机服务和软件业

如图 6-15 所示，杭州市信息传输、计算机服务和软件业投资额由 2007 年的 19.94 亿元发展到 2018 年的 22.99 亿元，年均增长率为 1.30%，最高投资额出现在 2009 年，为 36.21 亿元，其他年份发展速度较为稳定。该行业的投资过程反映出杭州市曾对该行业进行过集中建设，从该投资额曲线可以看出，投资额在 2009 年达到最大值，之后 2011 年回落到最低点，然后又出现逐渐增加的现象。从增长率曲线整体来看，该行业增长率表现出"Z"形模式，中间年份的高速增长为后期发展带来了基础，之所以出现这种现象，主要是"十一五"规划时期政府提出的"数字杭州"建设带来的信息计算机的发展，推动了投资额的大幅增加。

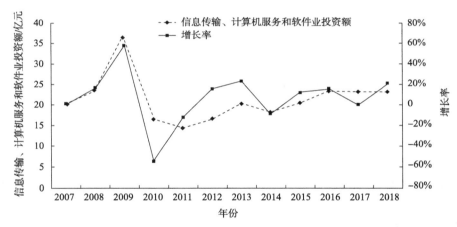

图 6-15　2007~2018 年杭州市信息传输、计算机服务和软件业投资额与增长率

7. 教育

如图 6-16 所示，杭州市教育投资额由 2007 年的 26.1 亿元增长到 2018 年的 162.89 亿元，年均增长率为 18.11%，反映出在现代社会竞争体制中教育对于城市竞争力的影响，也说明了杭州市对于教育的重视程度。从投资额变动曲线可以看出，杭州市 2007~2018 年的投资曲线近似于呈现出指数形式，反映出教育等软实力的提升，在达到高位之后，出现量的提升更加困难，其投入资金的边际收益是逐渐递减的。从增长率变动曲线可以看出，在 2008 年及 2010 年之后，特别是 2012 年及 2014~2016 年，该行业一直处于 30% 左右的高速发展状态，说明杭州市在完成基本教育硬件设施建设之后，开始着力提升硬实力的科技水平以及教育软实力的水平，另外，杭州市打造"动漫之都"目标的提出也促进了教育行业的发展。

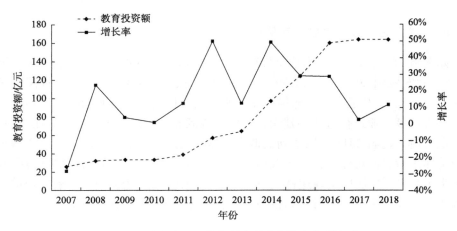

图 6-16 2007~2018 年杭州市教育投资额与增长率

8. 文化、体育和娱乐业

如图 6-17 所示,杭州市文化、体育和娱乐业投资额由 2007 年的 7.48 亿元增长到 2018 年的 57.8 亿元,年均增长率为 20.43%,从投资额曲线可以看出,整体上该行业呈现出逐年增长的状态,但是增长的幅度越来越小,增长幅度最大的年份是 2009 年。从增长率曲线来看,2007~2009 年处于高增长率水平,之后总体上呈现出增长率逐渐下降,甚至在 2010 年、2016 年、2018 年表现出负增长率。其中 2009 年的高增长率主要是得益于杭州市"动漫之都"的提出,政府进行了许多相关产业的建设,使投资额激增,其余年份增速放缓主要是为了保持同国民经济发展水平相一致的步伐。

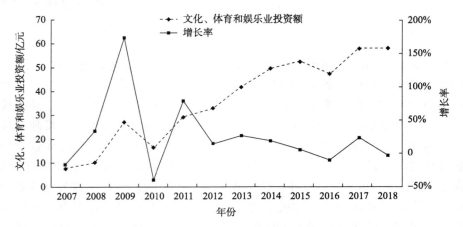

图 6-17 2007~2018 年杭州市文化、体育和娱乐业投资额与增长率

9. 科学研究、技术服务和地质勘查业

如图 6-18 所示，杭州市科学研究、技术服务和地质勘查业投资额由 2007 年的 3.55 亿元增加到 2016 年的 25.9 亿元，年均增长率为 24.71%，从该行业投资额曲线来看，总体上呈现出逐年增加的现象，其中 2007~2013 年处于投资额不断增加的状态，2014 年基本保持同期水平，2015 年出现一定程度的下降。从增长率曲线可以看出，整体上增长率曲线逐渐减小。

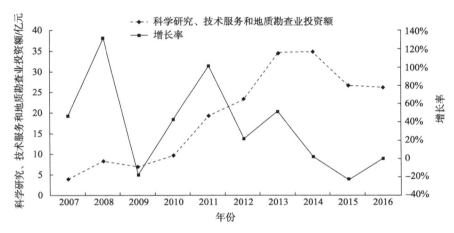

图 6-18　2007~2016 年杭州市科学研究、技术服务和地质勘查业投资额与增长率

6.2.2　市政基础设施建设重点项目

1. 水利、环境和公共设施管理业

"十二五"规划时期，以水利综合保障工程、"黄金水道"建设工程以及"六条生态带"修复工程为主线推进生态环境改善。①水利综合保障工程。以山塘水库除险加固为基础，具体包括三堡排涝工程和钱塘江、富春江干堤加固工程等水利基础设施，提高区域防洪排涝能力，提高城乡防灾减灾能力。另外，以闲林水库、三堡排涝等备用水源为重点水利工程，以钱塘江、苕溪饮用水源地综合整治和水体管理为基础，推进千岛湖水质和青山湖综合保障工程，统筹区域战略水源开发，完善城乡供水体系。②"黄金水道"建设工程。以运河二通道、富春江船闸扩建改造、江东航道网等重大项目为重点，实施"黄金水道"建设工程，全线贯通杭甬运河（杭州段），完善水路交通网络。③"六条生态带"修复工程。以"三江两岸"、大江东湿地等生态景观保护与建设为主线，以西湖、西溪、市区河道等综合保障工程以及城西污水处理厂（一期）为具体项目，全面推进市区河

道综合保障和城市内河水质改善工程，开展小流域整治。

"十三五"规划时期，以强库、固堤、扩排工程，污水治理工程，生态环境质量改善工程及"菜篮子"建设工程为重点开展生态治理工程。①强库、固堤、扩排工程。以城区十年一遇、重点区域二十年一遇防涝标准为红线，推进钱塘江、苕溪流域干流治理和海塘加固，辅以钱塘江两岸城市排涝工程及管网建设，开展杭州第二水源千岛湖配水工程、城区分质供配水管网建设工程、闲林水库和湘湖备用水源扩建工程、滨江白马湖备用水源建设工程等，强化饮用水源安全保障。②污水治理工程。以工业污水、城镇生活污水截污纳管和达标排放为具体措施，以钱塘江、苕溪上游地区重污染高风险行业严禁准入为原则，以消灭城市断头河、消除黑臭河及省市控劣Ⅴ类水质断面，开展城市河道综合整治和生态治理，确保实现县（市）全域可游泳、城区污水零直排、农村生活污水治理设施全覆盖。③生态环境质量改善工程。贯彻"渗、滞、蓄、净、用、排"六字方针，建设自然积存、自然渗透、自然净化的海绵城市。④"菜篮子"建设工程。以农业"两区"农田水利基础设施建设工程和农田水利标准化建设工程为基础，建设稳产高产粮食（杂粮）生产功能区，推进粮食生产功能区建设。

2. 交通运输、仓储和邮政业

"十二五"规划时期，以轨道交通延伸工程、城乡综合运输网络完善工程、萧山国际机场扩建工程为重点构建综合交通运输体系。①轨道交通延伸工程。以轨道交通向五县（市）和杭州都市经济圈延伸为主线，在地铁1号线建成运营的基础上继续下沙延伸段工程建设，完成13座车站主体结构的2号线东南段开通运营，4号线首通段5个车站主体工程完工，继续2号线、4号线和1号线延伸段的工程建设，地铁建设力度不断加大。②城乡综合运输网络完善工程。以紫之隧道、东湖路、文一路下穿隧道城市道路为框架，以秋石快速路三期主线、紫金港隧道、余杭塘路为主干，借助机场高速、杭长客运专线、杭新景高速（建德段）、沪杭高速（抬升）等对外快速通道及杭黄铁路、千黄高速（淳安段）、临金高速（国高网段）、绕城西复线等铁路通道，构建便捷、安全、高效的综合交通运输系统。另外，借助钱江通道、杭长高铁、杭黄高铁等重大工程，协调推进都市高速（绕城西复线）、临金高速、千黄高速、运河二通道等项目，构建"三纵五横"城市快速路网骨架，使杭州市成为重要的铁路枢纽城市。③萧山国际机场扩建工程。以萧山国际机场航站楼和第二跑道建设工程为重点，辅以地铁二期工程，同时完成临金高速、千黄高速、绕城西复线等工程，借助秋石二期高架主线、九堡大桥等项目、风情大道南延伸段、彩虹快速路滨江段、德胜东路改造提升、延安路综合整治等工程、紫之隧道、秋石三期、钱江通道、运河二通道、大江东航道、富春江船闸扩建改造等工程，支持萧山国际机场扩建工程建设，积极争取增辟国际航线，初步形成杭州综合交通运输体系。

　　"十三五"规划时期，以轨道交通骨架网络工程、杭州综合枢纽建设工程、杭州南站综合交通枢纽建设工程和全社会智慧停车工程为重点构建杭州市公铁水空一体化综合运输体系。①轨道交通骨架网络工程。以大江东、未来科技城和富阳区有轨电车项目为基础，完成城市快速轨道交通一期、二期以及市域轨道富阳线、临安线建设。②杭州综合枢纽建设工程。打造覆盖空、铁、水、公全行业的国际门户，提档杭州机场空港枢纽能级，强化空铁联运、空轨联运，高效衔接上海港、宁波—舟山港的"公—铁—水"联运系统和中欧班列枢纽节点，服务"一带一路"及国际贸易高效畅通。③杭州南站综合交通枢纽建设工程。以铁路杭州西站或江东站综合交通枢纽为主线，建设新汽车南站、萧山客运总站、汽车西站扩建、汽车北站扩建、江东综合交通客运中心等项目，以城市公共客运枢纽、轨道交通站点"P+R"换乘、入城口和景区四大类型停车场（库）为重点，完成机场快速路改建、文一路地下通道、天目—环北—艮山快速路、东湖快速路、石祥路提升、留石快速路西延、紫金港路提升、紫之隧道、之浦路提升、望江路过江隧道，推进建设艮山东路过江隧道、青年路过江隧道建设，建成铁路杭州南站综合交通枢纽。④实施全社会智慧停车工程。推广实施停车诱导系统和标识标牌建设，推动停车场（库）错时共享，提高停车泊位利用率，以轨道交通和快速公交为骨架、常规公交为主体、以出租车、公共自行车、水上巴士等为补充，优化完善公交线网，实施公交提速，推动"智慧公交"升级，深化出租车行业改革，推进余杭、萧山、富阳、城西、大江东等地与主城区一体化发展。

　　3. 电力、燃气及水的生产和供应业

　　"十二五"规划时期，以清洁能源和可再生能源工程、城市水电气保障工程和无燃煤区建设工程为主促进能源消费结构的调整。①清洁能源和可再生能源工程。清洁能源的引进和相应配套工程建设解决了杭州市的清洁能源供应问题，垃圾焚烧、污水处理及配套管网等项目以及西湖景区机动车环保行动、九峰环境能源项目、绿能发电等垃圾焚烧设施建设和提标改造推动了杭州市能源消费零污染。②城市水电气保障工程。推进第二水源千岛湖配水工程及其配套的"一厂三线"工程，推行分质供水。有序推进电网补强，着力推进市域 220 千伏、110 千伏输变电布点建设，提高区域电网和供电能力。完善天然气管网输配体系，实现全市中高压主干网向县（市）的全覆盖、管道天然气县县通。③无燃煤区建设工程。以杭钢转型升级、半山和萧山电厂燃煤机组关停项目为基础，实施燃煤热电企业清洁排放技术改造和高污染锅炉改造工程，开展合同能源管理和社会节能工作，使杭州市单位生产总值能耗下降 6.4% 以上，规上工业单位增加值能耗下降7.9%，城市建成区实现"无燃煤区"建设。

"十三五"规划时期，主要依靠能源智能化工程、水源综合保障工程、"一环四向"电网工程的实施构建能源保障体系。①能源智能化工程。新建线江变、萧东变、杭州变等 3 座 500 千伏变电所及配套送出工程，形成 500 千伏"一环四向"核心主网架结构，再配合国家西电东送战略，开展新能源微电网智能化应用试点建设工程，构筑安全、高效、智能电网。②水源综合保障工程。以杭州市第二水源千岛湖配水工程、城区分质供配水管网工程、应急备用水源建设工程、城市河道综合保障工程、钱塘江和苕溪流域治理工程、污水处理设施建设工程、城市排涝工程、供水安全保障工程为基础进行水源综合保障工程，保证城市用水的安全。③"一环四向"电网工程。以"无燃煤区"建设工程、天然气利用工程、工业园区（产业集聚区）集中供热工程、公共交通清洁能源改造工程、液化天然气加气站（码头）和充电设施建设工程、燃油品质提升工程、分布式光伏发电工程、浅层地温能示范应用工程、生物质能开发利用工程、大气污染区域联防联控工程、燃煤炉窑清洁化改造工程、挥发性有机物治理工程、城市扬尘防治工程等为重点推进天然气利用工程，以成品油库、加油站和输油管网建设工程，诸暨-桐庐成品油管道建设工程，桐庐白云源、建德乌龙山等抽水蓄能电站建设工程，天然气应急气源站和液化天然气接收站合作建设工程等为重点提升天然气供应和储备工程。

6.3　南京市基础设施建设及发展

6.3.1　南京市基础设施建设及发展现状

1. 南京市市政基础设施投资概况

如图 6-19 所示，南京市市政基础设施投资额由 2007 年的 375.55 亿元增加到 2019 年的 4 114.21 亿元，年均增长率为 22.08%。南京市全社会固定资产投资占地区生产总值比例由 2008 年的 57%增加到 2013 年的 65%，主要是受 2008年经济危机的冲击。南京市为稳定金融环境、保障就业而进行了一系列的固定资产投资来刺激经济，2013 年后市政基础设施投资占地区生产总值比例处于逐年降低的趋势，说明南京市在逐渐转变经济发展方式，由以往投资拉动转变为科技驱动，更加注重环保和绿色地区生产总值。南京市市政基础设施投资占全社会固定资产投资额比例在 2014 年达到了最高的 67.79%，主要是南京市"十二五"规划期间对老旧基础设施所进行的更新替换，之后又重现回落到正常比例内。

从 2007~2019 年的数据可以看出，南京市即使在进行经济结构的转换，也一直没有停止对市政基础设施的升级改造，说明南京市十分重视基础设施为市民带来的极大便利，因此不断提高基础设施的覆盖率。

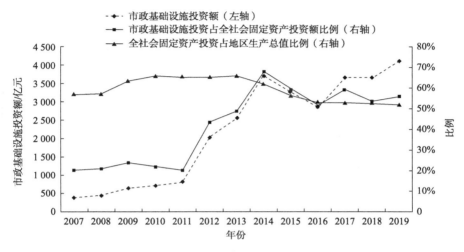

图 6-19　2007~2019 年南京市市政基础设施投资额及比例变化

　　根据南京市地区生产总值、固定资产投资和市政基础设施投资的年均增长率比较可以看出，南京市"十一五"计划后四年（2007~2010 年）、"十二五"计划期间（2011~2015 年）和"十三五"计划开局之年（2016 年）地区生产总值的年均增长率分别为 16.35%、13.70%、8.05%（数据来源于《南京统计年鉴 2008—2020》），增长速度呈现逐渐下降的趋势，这主要是因为南京市拥有完善的工业体系逐渐不符合近些年我国的发展理念，因此进行产业改造升级，提前布局绿色地区生产总值产业导致的换挡时期的增速下降，这与目前我国的经济发展状况基本一致。固定资产投资的年均增长率分别为 18.78%、10.93%、0.90%（数据来源于《南京统计年鉴 2008—2020》），同样增长率呈现逐年下降的趋势，主要是因为南京市改变以往通过投资拉动经济增长的发展模式，逐渐向技术驱动转变。南京市市政基础设施投资经过"十一五"计划后四年和"十二五"期间共九年的大力发展，特别是"十二五"规划时期，基础设施年均增长率远远高于同期地区生产总值和固定资产投资，已经基本完成了对现存老旧基础设施的更新替换，所以才表现出"十三五"计划开局之年增长率为-4.04%，这主要得益于南京市比较完善的市政基础设施，未来南京市可能会逐渐增加对市政基础设施智能化的建设力度，不断提高市民生活质量。

2. 城市交通设施

1）城市道桥

如图 6-20 所示，根据 2007~2018 年南京市道路长度可以看出，2007~2011 年与 2012~2018 年表现出不同的增长速度，其中 2012~2018 年的增长速度明显快于 2007~2011 年，主要是由于"十二五"规划时期南京市紧紧把握国际产业结构变革、区域经济加速一体化推进、国家综合交通枢纽建设以及国家创新型城市建设等重大发展机遇，同时成功举办 2013 年亚洲青年运动会和 2014 年青年奥林匹克运动会，带动了南京市市政基础设施的建设和品质的提升，使得 2012~2018 年基础设施建设增长速度加快。另外，从城市桥梁数量可以看出，为了缩小南京市江南和江北的发展差距，南京市政府通过打造水上陆地的策略，加强两岸之间的联系，致使城市桥梁数量表现出快速增加的现象。从图 6-20 中可以看出，南京市的道路建设仍保持快速的增长。虽然基础设施建设起步较早，但为了积极融入长江三角洲经济圈以及提升城市交通承载能力，南京市仍在大力进行道路基础设施的建设以及智能化的升级改造工程。

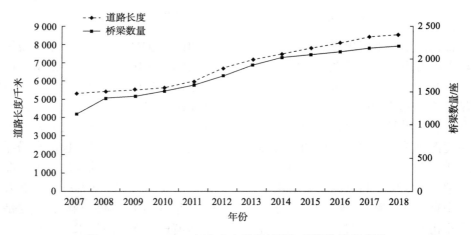

图 6-20　2007~2018 年南京市道路长度与桥梁数量变动图

2）城市道路照明灯

如图 6-21 所示，南京市城市道路照明灯数量在不同时期表现出不同的增长速度，其中 2012~2014 年增长速度明显快于其他年份，主要是南京市为举办 2013 年亚洲青年运动会和 2014 年青年奥林匹克运动会进行了大量环保节能灯的建设。此后，南京市继续推进城区道路微循环建设，补充完善老旧道路的照明灯加密工程，使城市道路照明灯数量一直在持续增加。按照南京"十四五"规划来看，未来将会陆续使用环保节能灯替换高能耗的白炽灯，与经济发展潮流保持一致。

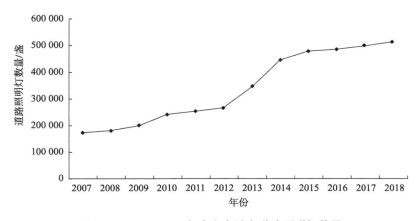

图 6-21　2007~2018 年南京市城市道路照明灯数量

3. 水利、环境和公共设施管理业

如图 6-22 所示,南京市水利、环境和公共设施管理业投资额由 2006 年的 141.75 亿元增加到 2019 年的 1 514.18 亿元,年均增长率为 19.99%,从投资额变动曲线可以看出,南京市整体上在逐渐增加对该行业的投资。从各阶段来看,2006~2019 年只有 2015 年、2016 年和 2018 年投资额出现下降。从增长率曲线可以看出,2007~2009 年的增长率一直处于增长状态,说明该阶段该行业的增长速度越来越快,而 2009~2011 年增长率有所下降,2012 年后的增长率波动幅度较大,波动的发展变化主要是南京市一直致力于水利设施的现代化提升及流域治理,因此出现增长速度的波动,但从投资额来看,2016 年后投资力度不断加大,仅在 2018年有小幅度下降,这也反映出南京市对于水利、环境和公共设施管理业的关注。

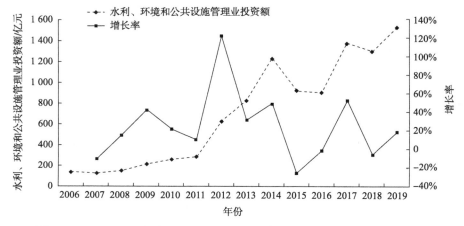

图 6-22　2006~2019 年南京市水利、环境和公共设施管理业投资额与增长率

4. 交通运输、仓储和邮政业

如图 6-23 所示，从投资额变动曲线可以看出，南京市对于交通运输、仓储和邮政业的投资额在 2007~2014 年一直处于增长的状态，并在 2014 年达到最高点，而 2015 年后呈现波动下降的变化。从增长率变动曲线可以看出，2012 年出现了快速增长的变化，此后呈现出了波动下降的变化趋势。2014 年之前南京市主要进行国家综合交通枢纽建设以及五大体系的构建，2016 年开始进行公交系统提速工程，只需要针对原有交通设施存量进行升级而不再需要重新大量建设，因此减少了交通基础设施的投资。2017 年南京市交通运输行业在打造交通快速通道，方便群众交通出行，强化海港枢纽功能，打造科技绿色交通，深化文明交通建设等方面全面发力，进一步提升该领域的基础设施能力，并获得"国家公交都市示范城市"称号。

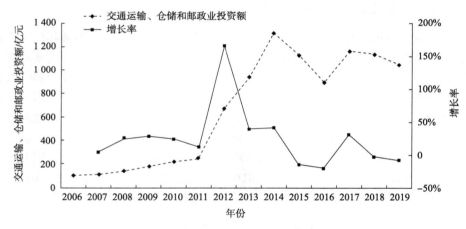

图 6-23　2006~2019 年南京市交通运输、仓储和邮政业投资额与增长率

5. 电力、燃气及水的生产和供应业

如图 6-24 所示，可以看出南京市电力、燃气及水的生产和供应业投资额由 2006 年的 49.74 亿元发展到 2019 年的 108.85 亿元，其中在 2012 年达到了 171.64 亿元。从总体上来看，该行业投资额经过了两个阶段的变动，即 2006~2012 年的波动增加阶段以及 2012~2018 年的波动下降阶段。从增长率可以看出，该曲线基本呈现"W"形变动，即该行业在每一五年规划中期开始出现大量的投资，而前期主要是进行勘验、规划和论证，这也说明了南京市对于该行业的发展具有一个统一的规划。其中 2009 年的反常大幅度增加主要是南京市在市区范围内开展了电气水升级改造工程，为推动能源消费结构转型、提高清洁能源使用而进行了大量的节能环保管网建设。

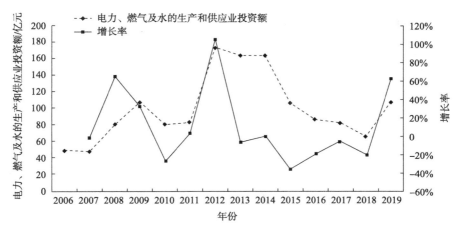

图 6-24　2006~2019 年南京市电力、燃气及水的生产和供应业投资额与增长率

6. 文化、体育和娱乐业

如图 6-25 所示，可以看出南京市文化、体育和娱乐业投资额由 2006 年的 5.63 亿元增加到 2019 年的 320.77 亿元，年均增长率为 36.47%，说明市民对于文体的需求越来越大。从增长率曲线可以看出，2012 年为南京市该行业增长率的分水岭，2012 年前增长率波动增长，2012 年后波动下降。虽然增长率的变化过程较为波动，但南京市在公共财政预算支出中对该领域的投入一直在持续增加，2018 年末，文化、体育和娱乐业企业法人单位资产总计 1 098.34 亿元，比 2013 年增长 88.3%，负债合计 674.35 亿元，全年实现营业收入 252.75 亿元（数据来源于《南京统计年鉴 2019》）。

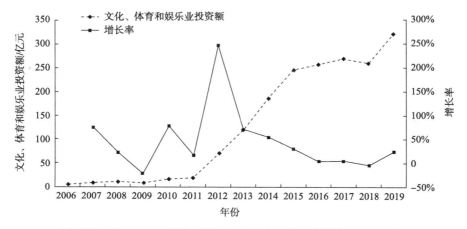

图 6-25　2006~2019 年南京市文化、体育和娱乐业投资额与增长率

7. 信息传输、计算机服务和软件业

如图 6-26 所示,可以看出南京市信息传输、计算机服务和软件业投资额由 2006 年的 21.63 亿元增加到 2019 年的 225.95 亿元,年均增长率为 19.78%。从该投资额变动曲线可以看出,2006~2015 年该行业投资额呈波动增长趋势,2016 年和 2017 年该领域的投资额出现回落,2017 年后继续增长。从阶段性投资额变动状况可以看出,该行业基本呈现阶梯性增加。从增长率曲线可以看出,该行业增长率在 2009 年和 2012 年出现两个增长率峰值后逐渐放缓,2013 年后变化较为平稳,这主要是前期过快的增长速度使得该行业的基础设施存量大大超过了与之相匹配的经济水平,2014 年后的增长率逐渐回落,属于正常范围内的调整。

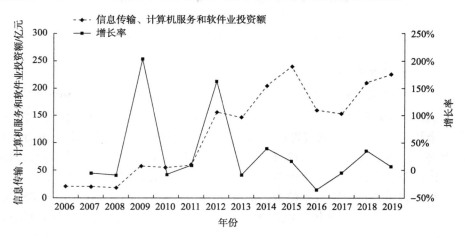

图 6-26　2006~2019 年南京市信息传输、计算机服务和软件业投资额与增长率

8. 科学研究、技术服务和地质勘查业

如图 6-27 所示,可以看出南京市科学研究、技术服务和地质勘查业投资额曲线在 2006~2014 年近似呈现指数增长,但在 2014~2018 年基本维持在 300 亿元, 2019 年南京市该行业的投资额为 484.5 亿元,相当于 2006 年的 108 倍。从增长率变动曲线可以看出,2007~2012 年该行业基本呈波动增长趋势,2012~2018 年呈波动下降趋势,年均增长率约为 61%。近年来相对较为稳定的增长率变化主要是目前的基础性科学研究暂时未取得重大的技术理论革新,导致科技设备的更新换代受阻,这种回落现象也从侧面反映出目前南京市的科技水平已经基本实现和经济的协调一致。

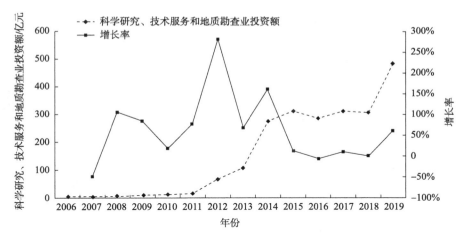

图 6-27　2006~2019 年南京市科学研究、技术服务和地质勘查业投资额与增长率

6.3.2　南京市基础设施建设重点项目

1. 水利、环境和公共设施管理业概况

　　"十二五"规划时期，以长江干堤防洪能力提升工程、中小河流和重要支流治理、防汛防旱信息系统工程建设、水资源管理信息系统一期工程为依托，完善城乡水利设施，实现水利设施现代化。①长江干堤防洪能力提升工程。以长江、滁河、水阳江、秦淮河等干流防洪能力工程为重点，推进 105 千米郊区公共段、48 千米城区及企业段江堤加固工程，长江新济洲河段 20.24 千米河道整治工程，长江大胜关、94679 部队等重点岸段应急加固工程，滁河干流堤防 126 千米加固工程，马汊河、岳子河、划子口河等分洪道 19.2 千米整治工程，水阳江防洪治理工程，水碧桥至甘家拐段 10.44 千米堤防退建、加固工程，全面提升流域防洪能力。②中小河流和重要支流治理、防汛防旱信息系统工程。以胥河、溧水河、皂河等17 条中小河流（河段）治理工程为主线，推进朱家山河沿滁圩区段治理等工程，新禹河等 6 条河道 16.4 千米水利血防治理工程，板桥河闸改扩建和句容河上段、八百河铁路圩段、城南河堤防加固以及便民河整治一期等工程，流域治理成效显著。③水资源管理信息系统一期工程。以对全市 113 个水功能区、列入省级水源地名录的集中式饮用水源地、深层地下水、区界断面和入河排污口的水质全覆盖监测和定期发布水质通报为基础，新建秦淮新河铁心桥、夹江、燕子矶水质自动监测站，改造天生桥闸水质自动监测站，完成省水资源管理信息系统一期工程南京市分中心、江宁区分中心及配套工程项目建设，实现全市取水测站、测点实时在线监测，使河湖水质监测能力进一步提高。④水利设施现代化。以 24 个中央财

政农田水利重点县项目和 25 个市级农田水利连片治理项目为着力点,以横溪河、金牛、湫湖、山湖 4 座中型灌区改造,400 座农村小型灌排泵站更新改造和 16 条小型翻水线改造为具体实施地,完成农村河塘河道疏浚土方 1.67 亿立方米,其中疏浚区级河道 19 条、长度 74.88 千米,疏浚镇街级河道 1 109 条、长度 2 246 千米,疏浚村庄河塘 10 342 座,8 个中小河流治理重点县综合整治项目区建设,完成朱门等 26 个小流域综合治理,使农村河网水系进一步优化,城乡水利设施更加完善。

"十三五"规划时期,以长江河道堤防治理与应急工程、秦淮河干流防洪工程、农田水利连片治理工程为重点构建城乡一体现代化水务综合保障体系。①长江河道堤防治理与应急工程。通过长江干流河道整治和重要节点加固工程,促进长江新济洲河段新建和加固护岸 27.3 千米整治工程,推动长江八卦洲汉道段河道整治工程和 46 千米长江干流崩岸应急治理工程,完善长江干流防洪工程体系。②秦淮河干流防洪工程。以秦淮河干流堤防薄弱环节为重点,推动秦淮河江宁区西北村—上坊门桥段、秦淮区上坊门桥—中和桥段约 21 千米干流河道疏浚整治和堤防加固提升建设,以秦淮东河先导段九乡河应急治理工程为重点,提高仙林副城防洪排涝能力。③农田水利连片治理工程。围绕全市农田水利"三带九片二十七个核心区"发展目标,以小型农田水利重点县、农田水利重点片区等项目为抓手,全面完成 142 万亩农田水利连片治理任务,建成 27 个以高标准农田、高效节水灌溉、现代农业园区水利配套为核心的农田水利连片治理示范区,以中央财政小型农田水利重点县和市级农田水利重点片项目区为集中点,完成江宁河等 5 个重点中型灌区现代化改造、约 50 座重点泵站更新改造,每年实施 50 座村级泵站、5 座小型翻水线更新改造,全面完成农田水利连片治理建设。

2. 交通运输、仓储和邮政业概况

"十二五"规划时期,以物流区域中心建设工程、禄口机场扩建升级工程、"井字加外环"快速路系统工程为中心建设多式联运体系、区域集并体系、专业物资交易集散体系、区域配送体系、物流信息化体系五大体系。①物流区域中心建设工程。以长江航道疏浚为契机,推动江海联运港、铁路枢纽港和禄口航空港建设工程,促进综合物流中心、专业物流中心和配送中心建设工程,形成以信息化为支撑的集货、分销和配送物流体系。②禄口机场扩建升级工程。以禄口机场二期扩建工程为基础,推动禄口机场从 4E 级提升到 4F 级,同时推动六合马鞍机场建设工程、大校场机场、土山机场搬迁工程,提升南京区域性大型航空枢纽港地位。③"井字加外环"快速路系统工程。以"两环两横十四射"的高速公路网及国省干线公路网建设工程为基本面,以长江四桥、纬三路等过江通道为补充,贯通南京绕越高速公路,连接都市圈的江六、溧马、淳芜等城市,构建沪宁杭合"1 小时"交通圈,以绕城公路城市化改造、模范西路快速化改造以及纬七路东进工程等项目为重点，改善南京快速路系统。

"十三五"规划时期，以公共交通互联建设工程、轨道交通升级工程、公共交通补充系统、公共交通系统提速工程为重点，推动公共交通系统提速。①公共交通互联建设工程。以百度基于位置服务开放平台的服务接口、南京交通出行网为技术支持，提供公共交通、区域交通、交通服务、交通设施等各方面的交通信息服务，并实现包括公交、地铁、公共自行车和步行在内的公共交通出行综合路径规划、实时公交信息查询、实时路况查询等功能，构建线上公共交通体系。②轨道交通升级工程。以 1 号线北延、2 号线西延、3 号线三期、5 号线、6 号线、7 号线、9 号线一期、10 号线二期、4 号线二期、11 号线等城市轨道交通建设为基本，将城市轨道交通运营里程提高到 420 千米以上。③公共交通补充工程。以轨道交通较为薄弱的地区为重点，发展中运量公交系统，具体包括麒麟有轨电车 1 号线，江心洲有轨电车线路及浦口、板桥、铁心桥、河西—下关、麒麟地区 5 条快速公交走廊。④公共交通系统提速工程。将中心城区公交专用车道设置比例提高至 30%，主城区以双向 6 车道（或单向 3 车道）及以上、高峰小时单向公交车流量 60 辆以上的干道为主要载体，设置公交专用道，新建、改建的城市快速路、主次干道同步配置公交专用道。城市发展轴、公交主通道、关键走廊上的道路优先安排公交专用道，设置路中专用道，使公交专用道发挥更大效率，全面提升公交运行车速。

6.4　苏州市基础设施建设及发展

6.4.1　苏州市基础设施建设及发展现状

1. 苏州市市政基础设施投资概况

如图 6-28 所示，可以看出 2007~2018 年苏州市市政基础设施投资占全社会固定资产投资额比例以及全社会固定资产投资占地区生产总值比例的变化趋势。2007~2018 年，苏州市市政基础设施投资占全社会固定资产投资额比例最大值为 25.77%，全社会固定资产投资占地区生产总值比例基本在 40%上下波动。全社会固定资产投资占地区生产总值比例在 2008~2013 年整体呈上涨趋势，说明该阶段苏州市经济正在快速发展，处于资本密集型发展阶段，这与苏州市政府吸引外资的政策密不可分。然而，全社会固定资产投资占地区生产总值比例在 2013 年以后呈下降趋势，这说明苏州市的经济正在进行转型，由资本密集型产业向技术密集型产业转换，这与苏州市引进外来人才，发展高新技术产业有着密切关系，2017 年苏州市的高新技术产业已经达到 4 469 家（数据来源于《苏州统计年鉴 2018》）。苏州市市政基础设施投资占全社会固定资产投资额比例变化较为平稳，基本维持在 20%左右，但自 2015 年后开始缓慢下降。2015 年后苏州市不断提升市政基础设施质量，着力增强城市综合承载能力，完善城市功能改善人居环境，清晰展现了建设"更有序、更干净、更宜居"城市的新蓝图。

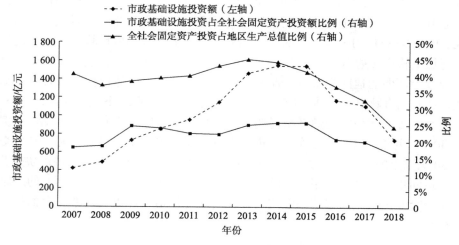

图 6-28   2007~2018 年苏州市市政基础设施投资额及比例变化

如图 6-28 所示，根据苏州市地区生产总值、固定资产投资以及基础设施年增长率的变化可以看出，在"十一五"计划后四年（2007~2010 年）以及"十二五"计划整个时期，该地区的三项平均指标都在快速增长，增长率基本都保持在 10%以上，并且在"十一五"期间市政基础设施的年均增长率接近 30%，这些与苏州市的经济发展以及基础设施建设薄弱密不可分。在 2001 年 12 月份中国加入世界贸易组织后，苏州市抓住发展机遇，对外大力吸引外资，对内引纳人才、加大创新力度，经济取得了跨越式的发展。一个城市的经济发展必然会带动其基础设施的建设与完善，再加上苏州市建设薄弱以及发展起步较晚等原因，使得"十一五"计划后四年基础设施的投资增长率很高。然而，进入"十三五"计划开局之年（2016年），固定资产投资以及市政基础设施投资额出现了负增长，且市政基础设施的投资下降幅度远远高于固定资产的投资下降幅度，在 25%左右。

2. 市政基础设施

1）城市道桥

如图 6-29 所示，苏州市城市道桥总体上出现增加的趋势，其中道路长度从

2007 年的 2 668 千米增长到 2018 年的 9 994 千米,年均增长率为 22.88%。城市桥梁数量从 2007 年的 2 179 座增长到 2018 年的 3 882 座,年均增长率为 6.51%。城市道桥的发展过程表明南京市侧重加强河道两岸及区域之间的交通连接,积极融入长江三角洲经济圈,完善城市的交通网络,加快资源的流通。

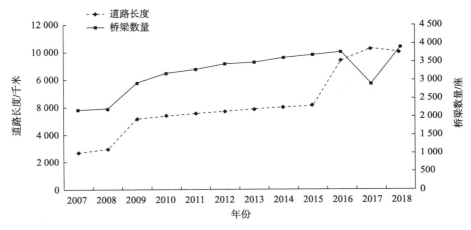

图 6-29　2007~2018 年苏州市道路长度与桥梁数量变动图

2）城市道路照明灯

如图 6-30 所示,苏州市城市道路照明灯从 2007 年的 193 000 盏增加到 2018 年的 642 484 盏,年均增长率为 19.41%。苏州市城市道路照明灯快速增加的原因如下:一方面,苏州市经济在不断地发展,对市政基础设施建设的重视程度也在不断地加深;另一方面,2009 年常昆高速公路、苏锡高速公路建成通车,318 国道苏州段改建完工,227 省道吴江段改建基本完成,实有道路长度较 2008 年增长 2 242 千米(数据来源于《苏州统计年鉴 2010》),道路的增加带来了大量的道路照明灯的需求,综上两点原因,使苏州市城市道路照明灯的增加数量较多。2008 年城市道路照明灯的数量有所减少,主要由于科学发展观的实施,推进了资源节约型和环境友好型社会建设,加快城市节能环保建设。

3）城市公共交通

苏州市轨道交通发展起步虽然晚,但发展速度快,在"十二五"期间,主要是在 2012 年以后,苏州市的城市轨道交通如雨后春笋一般地发展起来,截至 2016 年苏州市开通了城市轨道交通 2 号线、城市轨道交通 2 号线延伸线以及城市轨道交通 4 号线,总运营里长达 310.3 千米。2015 年苏州市城市轨道交通的运营里数有所减少,这与轨道交通 2 号线延伸线以及 3 号线、5 号线的建设有很大的关系。可以说,"十二五"时期以来苏州市城市轨道交通从无到有,从有到多,取得了巨大的发展,并且具有很强的继续发展趋势。

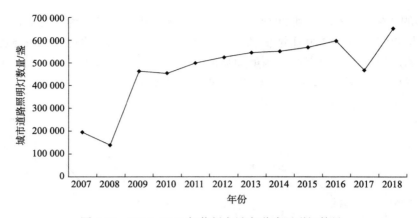

图 6-30　2007~2018 年苏州市城市道路照明灯数量

苏州市 2007~2016 年城市轨道交通发展迅猛，但并没有影响到城市公交的发展。近 10 年来，苏州市城市公交线路在逐年增长，从 2007 年的 185 条公交线路增长到 2016 年的 376 条，平均每年增加 19 余条，2016 年公交运客总量累计达到 5.63 亿人次，比 2007 年增长 33.1%。苏州市城市交通快速发展的原因主要有两方面：一方面，苏州市近 10 年来经济不断发展，2016 年苏州市地区生产总值达到 15 475.09 亿元，是 2007 年的 2.65 倍。经济总量的不断提高，为市政基础设施建设提供良好的财力基础，苏州市政府有能力建设城市交通系统。另一方面，城市公共交通是适应人口增长所导致的需求而产生的，苏州市 2016 年常住人口达到 1 062.57 万人，其中户籍人口达到 678.2 万人（数据来源于《苏州统计年鉴 2008—2017》）。伴随着城市人口的不断增长，不但城市公共交通发展所需的客流量得以保证，而且人们对便利迅捷的交通工具需求也更加迫切。综上所述，这些是促进苏州市城市公共交通发展的重要原因。

3. 水利、环境和公共设施管理业

如图 6-31 所示，苏州市水利、环境和公共设施管理业投资额在 2006~2014 年处于持续增长阶段，2014 年后投资额呈下降趋势。2014 年投资额达到 634.8 亿元，2016 年该行业投资额出现大幅度的减少。从增长率变动曲线可以看出，整体上该行业的增长速度呈现逐渐减小的趋势，从各个阶段来看，2010~2014 年该行业基本保持 10%左右的增长速度，而 2014~2016 年增长速度急剧下降，出现负增长，在 2017 年出现反弹后，2018 年增长速度再次呈现负增长。其中 2014~2016 年出现下降主要是由于苏州市实行生态优化和生态修复工程，大量的水电开发建设项目减少是引起投资额和增长速度下降的主要原因。

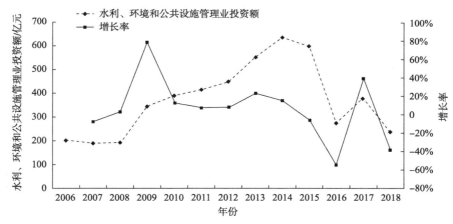

图 6-31　2006~2018 年苏州市水利、环境和公共设施管理业投资额与增长率

4. 交通运输、仓储和邮政业

如图 6-32 所示，苏州市交通运输、仓储和邮政业投资额由 2006 年的 82.1 亿元增加到 2014 年的 353 亿元的峰值后发展到 2018 年的 214.7 亿元，年均增长率为 8.34%。从投资额变动曲线可以看出，2006~2014 年该行业呈现逐年增加的趋势，2014 年后投资额逐年降低。从增长率变动曲线可以看出，2007~2013 年曲线呈上扬趋势，2013 年之后该行业的增长率迅速下降，2015 年后增长率均为负值。2013 年之后增长率放缓主要是苏州市提出的构建综合交通体系战略，不仅仅是针对该行业的基础设施进行投资，还包括对现有的基础设施存量进行质量的提升，最终达到了提高运行效率的目标，总体上满足了社会的需要，因此引起该行业的新增投资减少。另外也说明目前苏州市每年的投资总量已经逐渐满足了社会需求的增加，二者之间的协调有利于促进经济的良性发展。

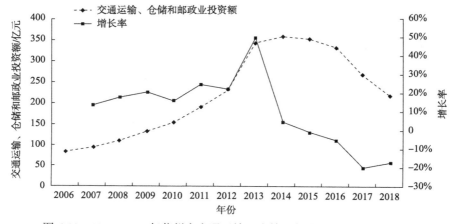

图 6-32　2006~2018 年苏州市交通运输、仓储和邮政业投资额与增长率

5. 电力、燃气及水的生产和供应业

如图 6-33 可以看出，苏州市电力、燃气及水的生产和供应业投资额波动性较强，2007~2013 年呈增长趋势，2013 年投资额达到峰值，为 167.5 亿元。2014 年和 2018 年苏州市该领域的投资额下降幅度较大，2018 年投资额基本与 2007 年投资额持平。从增长率变动曲线可以看出，增长率的波动幅度较大，其中 2007 年、2014 年和 2018 年的跌幅均超过了 50%，且在 2015 年后出现了显著的下降趋势。出现这种现象的原因主要是 2007 年苏州市决定继续加强和改善宏观调控，有效防止经济增长由偏快转向过热，为此政府出台了一系列政策加强和改善宏观调控，进行能源效率提升工程，采用质量的提升弥补数量不足的问题，因此该年的投资额减少。2014~2018 年，面对经济增长从高速转入中高速增长新形势、新常态，苏州市把提升投资质量和效益放在突出位置，大规模的投资开始逐步放缓。

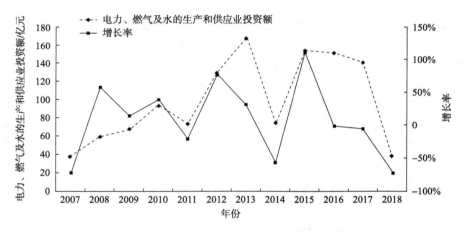

图 6-33　2007~2018 年苏州市电力、燃气及水的生产和供应业投资额与增长率

6. 卫生、社会保障和社会福利业

如图 6-34 所示，苏州市卫生、社会保障和社会福利业投资额于 2007~2015 年呈增长趋势，2015 年后呈现波动下降。从增长率变动曲线可以看出，该领域的固定资产投资增长时间段集中在国家五年规划的中间时期，说明苏州市希望通过前期规划、中期建设、后期维护来发挥基础设施的作用，具有科学的管理依据。

7. 信息传输、软件和信息技术服务业

如图 6-35 所示，从投资额变动曲线可以看出，整体上呈现增长幅度加大的趋

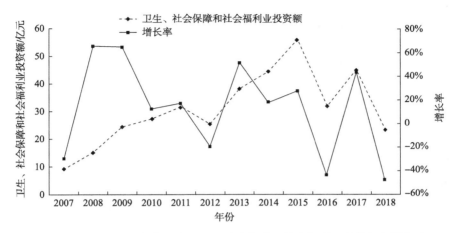

图 6-34　2007~2018 年苏州市卫生、社会保障和社会福利业投资额与增长率

势，特别是 2010~2013 年，该行业呈现线性增长变化。从增长率变动曲线可以看出，2007~2011 年该行业的增长率变化幅度较大，而 2011~2018 年变化较为平稳。其中"十一五"规划期间的大幅度增速提高是苏州市进行基础设施智能化工程所引起的。

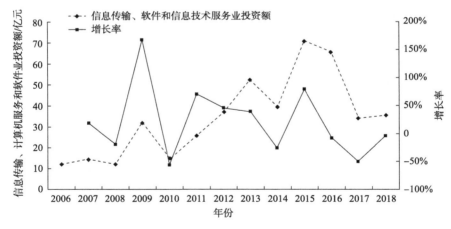

图 6-35　2006~2018 年苏州市信息传输、软件和信息技术服务业投资额与增长率

8. 教育

如图 6-36 所示，苏州市教育投资额基本可以划分为两个时期，即 2006~2014 年的投资增长期以及 2014 后的波动变化完善期，年均增长率为 21.64%。从增长率变动曲线可以看出，2007~2012 年增长率呈下降趋势，2012 年后的增长率变化波动

性增强。投资额与增长率的变动，主要与政府的发展理念相关，苏州市前期进行了大量的教育设施投资，为城市发展培养人才，随着建设的推进，基础设施趋于完善，政府逐渐减少对该行业的新增投资，转而提升现有教育资源的服务效率来满足社会需求。

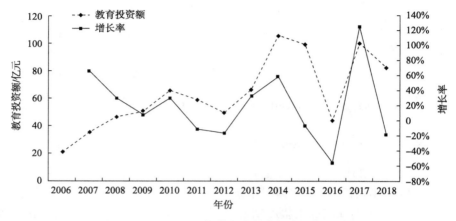

图 6-36 2006~2018 年苏州市教育投资额与增长率

9. 公共管理和社会组织

如图 6-37 所示，苏州市公共管理和社会组织投资额由 2006 年的 13.5 亿元增加到 2016 年的 84.1 亿元峰值后出现大幅度降低，2018 年苏州市该行业的固定资产投资额为 7.84 亿元，为考察期内的投资额最低值。从增长率变动曲线可以看出，除 2009 年和 2016 年增长率出现反弹外，整体呈逐渐下降趋势。苏州市该领域前期投资增加主要是对城市现存的基础设施进行管理，实现其功能的运行，而 2016 年增长速度和投资额的增加主要是为了改变城市的环境状况，实行智能化检测而进行了大量的基础设施建设，是为了提高城市的服务质量，与前期的投资目的完全不同。

10. 科学研究、技术服务和地质勘查业

如图 6-38 所示，苏州市科学研究、技术服务和地质勘查业投资额与增长率变动曲线呈现很明显的特征，其中投资额在 2006~2014 年呈现快速增长的趋势，说明政府正在加大对该行业的投资，弥补该行业的不足，而 2014~2018 年出现投资额下降的现象，主要是政府的前期投资正在使用期，已经足以满足社会发展的需要。从增长率变动曲线可以看出，该行业的投资额增长率越来越低，特别是 2008 年

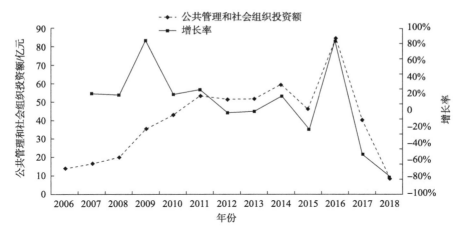

图 6-37　2006~2018 年苏州市公共管理和社会组织投资额与增长率

出现了增长率的大幅度下降，主要是受到 2008 年社会经济的影响，该行业的投资额出现大幅度减少。

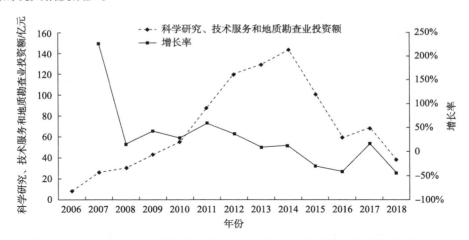

图 6-38　2006~2018 年苏州市科学研究、技术服务和地质勘查业投资额与增长率

11. 文化、体育和娱乐业

如图 6-39 所示，从投资额变动曲线可以看出，该行业总体呈上升趋势，说明随着社会经济的发展，人民生活水平的提升，对该行业的需求也越来越大。从增长率变动曲线可以看出，该行业增长速度呈现剧烈的波动，说明受同期其他因素影响比较严重，这也反映出社会不是没有需求，而是缺乏相应的保障体系，导致社会需求无法释放。

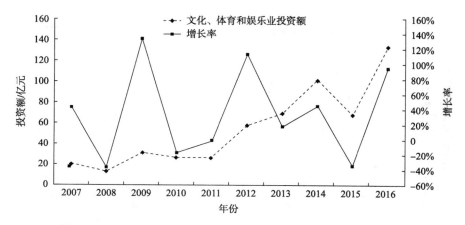

图 6-39　2007~2016 年苏州市文化、体育和娱乐业投资额与增长率

6.4.2　苏州市基础设施建设重点项目

2007~2016 年苏州市基础设施建设投资额变动的总趋势，在 2007~2015 年，苏州市基础设施建设投资额呈现出了持续的上升变化，2015~2016 年则出现了一定的下降。这一变化的原因在上文中有所提及，主要是水利、设施和公共管理业投资额出现大幅度的下降所导致的。在"十二五"期间，水利、环境和基础设施管理业的投资额在不断增加，经过几年的大规模投资建设，苏州市的水利、环境和公共设施管理业基本达到饱和程度，无须再进行大型项目的建设，导致 2015 年市政基础设建设投资出现一定程度的下降。从各个行业的投资额来看，水利、环境和基础设施管理业的投资额最高，十年来共计投资 4 036.8 亿元，年均投资 403.68 亿元。在"十一五"期间，水利、环境和基础设施管理业年均增幅为 21.38%，"十二五"期间年均增幅为 9.39%，而在"十三五"计划开局之年就出现了负增长。虽然水利、环境和基础设施管理业的投资增加幅度在不断地下降，乃至出现了负增长，但是其总体投资额还是稳居各个行业的第一名。另外一个投资数额较大的是交通运输、仓储和邮政业，十年来总计投资 2 266.3 亿元，年均投资 226.63 亿元。在"十一五"期间，投资年均增幅为 16.46%，"十二五"期间年均增长幅度为 19.46%，它和水利、环境和基础设施管理业一样，在"十三五"计划开局之年出现了负增长，但下降幅度较小。交通运输、仓储和邮政业投资额增长幅度较大为 2013 年，增幅高达 49.1%，其次为 2011 年、2009 年和 2012 年。

1. 水利、环境和基础设施管理业概况

2007~2015 年，水利、环境和基础设施管理业投资额位居各个行业的第一名，且远远高于位于第二名的交通运输、仓储和服务业。在 2016 年投资额出现大幅度的下降，投资总额被交通运输、仓储和邮政业赶超，说明苏州市对水利、环境和基础设施管理业的建设是非常重视的。

　　"十二五"规划期间，以堤防护坎加固工程、水系综合整治工程、中小河流治理工程为重点提升城市水利保障能力。①堤防护坎加固工程。具体包括长江张家港段 8.7 千米江堤改建加固工程、太仓段 4.1 千米堤防护坎加固工程，以及六干河闸、段山港闸、五节桥港泵站等新改建工程，全面提升苏州市堤防安全保障能力。②水系综合整治工程和中小河流治理工程。以列入国家专项计划的 19 条 25 段中小河流治理工程为主线，包括七浦塘、杨林塘、一干河、七干河等一批区域骨干和县域骨干河道的整治为补充，全面推进水系综合整治。

　　"十三五"规划期间，以水源保障工程、湖河整治工程、生态修复工程为主要任务，全面推进苏州市生态优化与修复。①水源保障工程。具体包括吴江区庙港、苏州工业园区阳澄湖、吴中区金庭白塔湾水源地达标建设工程，张家港市一干河水源地迁建工程，吴中区第二水源建设工程，苏州相城水厂双水源建设工程项目，提高苏州市水源保障体系建设。②湖河整治工程。以河势控制、护岸加固、边滩整治为主线，推进吴江、吴中区东太湖综合整治后续工程以及吴中区大缺港河道整治、堤防加固工程，提高城市排水防涝能力。③生态修复工程。以阳澄湖生态优化提升工程为重点，具体包括疏浚整治 169 条、195 千米阳澄湖周边河道，黄埭和浒关片区水系整治项目，阳澄中—西湖水量交换项目，后周家浜河道拓宽整治项目，阳澄中—东湖抛石挑流丁坝建设项目，另外吴江区以 9 个省保护名录湖泊为重点，推进境内湖泊群落综合整治工程。

2. 交通运输、仓储和邮政业概况

　　通过 2006~2018 年苏州市各行业基础设施建设投资可以得出，交通运输、仓储和邮政业的投资额在 2007~2015 年一直处于第二名，到 2016 年赶超水利、环境和基础设施管理业，间接体现了苏州市政府对交通运输、仓储和邮政业的重视程度。

　　"十二五"期间，以公铁空港联结工程为主线，构建苏州市综合交通体系。①以太仓疏港高速、张家港疏港高速、常嘉高速、312 国道、苏虞张公路、苏震桃等项目建设工程为重点，推动干线公路网运行效能提升，以北广场汽车客运站等项目为补充，完善以市区客运站为主枢纽、各市（县）客运站为中心站的高等级标准化客运站网络格局。②以港口物流园区和物流公共信息平台为基础，完善港口物流体系，利用公铁联运、海陆联运等运输组织方式构建联运体系，具体包括"苏满欧"铁路集装箱班列项目、太仓港国际陆海联运项目以及苏州物流中心虚拟空港项目，另外与顺丰、圆通、申通等快递企业合作开展快递干线运输业务线路建设，推动城市物流体系发展。

"十三五"规划期间,以"三横一纵"快速铁路网建设工程、"一纵三横一环五射三联"高速公路网络建设工程、轨道交通建设工程为主线,构建苏州市综合交通枢纽。①"三横一纵"快速铁路网建设工程。以沪通铁路一期、南沿江铁路及太仓港疏港铁路建设为重点,以通苏嘉铁路、沪通铁路二期为补充,构建"丰"字形快速铁路网。②"一纵三横一环五射三联"高速公路网络建设工程。具体包括常嘉高速昆山至吴江段、张家港疏港高速、无锡至南通过江通道公路南接线工程,苏州绕城高速公路太湖新城互通连接线、常合高速常熟北互通连接线、临沪大道等项目,加强干线公路与城市道路的衔接,完善苏州港集疏运道路体系,实现路网的快速转换。③轨道交通建设工程。以轨道交通1号线、2号线为基础,以4号线及支线、2号线延伸线、3号线为补充,构建轨道站点周边的地面换乘设施。

第7章 京津冀市政基础设施建设及发展

7.1 京津冀协同发展机制及路径

关于京津冀协同发展动力机制，学术界普遍认为包括动力生成机制和动力驱动机制两个主要内容。在动力生成机制方面，主要包括基础支撑、政策引导、创新驱动、文化推动四个方面。在动力驱动机制方面，主要是对协同效用的评价，即进行协同价值与预期价值的比较。

7.1.1 京津冀协同发展动力生成机制

1. 基础支撑

基础设施和社会设施的完善是实现区域内人口合理流动和产业转移的前提，具体包括公共服务基础设施和交通基础设施。在公共服务基础设施方面，如医院、学校等这些都能有效地引导人口的合理流动和企业的跨区域转移。在交通基础设施方面，优化城市道路网，加强微循环和支路网建设、打通区域内的断头路、加快建设城际铁路和市域（郊）铁路建设等，通过提升区域运输服务能力，实现区域内人口的合理流动和产业空间布局优化。例如，在市郊铁路方面，2015 年 4 月，津蓟铁路市郊客运列车正式通车，作为京津冀首条区域快线的平谷线已在 2016 年开工建设。在城际铁路方面，开通了两条城际线路，分别是京蓟城际铁路和京津城际的延长线，天津滨海新区位于家堡站。在高铁方面，津保铁路、张唐铁路和长大高铁都已开通。在京津冀交通一体化进程中，三地总投资近 1 000 亿元，支持 28 个重点公路项目建设，已在 2017 年打通京津冀国家高速公路所有的断头路，2015 年 12 月 25 日，北京、天津、石家庄、邯郸、保定、沧州和承德率先实现一卡通，并在 2017 年，三地所有公共交通都已实现一卡通。

2. 政策引导

政策引导就是通过政策来实现协同价值的放大，从而激发区域协同主体的协同需求，促使主体的自发协同，即通过政策鼓励的方式改变京津冀三地过去不合理的分配机制，使得区域发展的利益实现更合理的分配，将北京的部分利益转移给河北，增加河北利益的同时减少北京过多追求利益所产生的高额社会和环境成本，实现协同价值。政策引导所涵盖的领域主要包括经济协同发展、社会协同发展和环境协同发展，各领域之间又相互交叉。例如，社会协同方面不仅包括基础设施建设的整体协同，更重要的是经济协同领域的财政补贴和税收政策，财税优惠是扩大协同价值的直接体现，是吸引区域发展主体参与协同发展的重要动力源之一。在经济发展方面，根据区域产业结构和产业布局规划制定引导性的财税优惠政策，这对于企业的跨区域投资和产业的跨区域转移有事半功倍的效果，这将实现协同价值的成倍扩大，同时促进区域经济资源的合理配置。在资源利用和生态环境保护方面，对主动提高资源利用率和有效减少污染物排放的企业给予税收优惠，对污染超标的企业征收高额排污税，增加企业的污染成本，形成负反馈，从而减少这一类行为的活动量，在很大程度上实现经济发展的同时，保护了环境。

3. 创新驱动

实施创新驱动是推动区域协同发展的战略选择和根本动力。创新驱动主要是依靠科学技术创新带来高收益，从而实现经济的高效率增长。区域创新驱动就是在明确区域内不同主体的科技创新优先领域，整合区域创新资源，形成区域创新公共体，从而实现区域内创新的合理分工和有序协作，形成区域创新发展格局，完善区域创新体系建设。在创新驱动方面，北京要主动承担起推进京津冀协同发展的职责，发挥其政治和文化中心的核心功能，消除影响区域合作的体制机制壁垒，充分发挥其科技与人才等优势，服务于京津冀协同发展大局。天津要在加快自身经济建设的同时，积极主动寻求合作，从而形成双中心的区域空间发展格局，并充分发挥其港口和技术辐射的功能，切实发挥区域经济中心的辐射作用，带动整个区域经济的发展。河北要立足自身发展，通过强化自身经济实力，积极融入京津的发展体系，积极承接京、津两市的产业转移。

4. 文化推动

协同文化是协同发展高级阶段的动力源，同时文化也是动力生成机制，起到动力助推器的作用，能够给物质生产、交换、分配、消费以思想、理论、舆论的引导，在一定程度上影响了经济发展的方向和发展方式，具有社会导向作用。

7.1.2　京津冀协同发展动力驱动机制

1. 区域主体参与协同发展的目的在于获得增值效应

企业参与协同发展的期望效用主要表现为，能够全面利用区域发展资源（如土地资源、人才资源、科技资源等），降低企业发展成本，提高企业收益，促进企业的长远发展。公民个人参与协同发展的期望效用主要为，增加个人发展机会，提高生活质量和生活水平，实现人生价值。政府参与协同发展的目标收益为，增加税收收入，提高就业率、完善基础设施建设，实现经济持续平稳健康发展及社会稳定，增加政府绩效。

2. 政府决策取决于协同的实际值与期望值对比

政府制定效用评价标准，确定效用评价函数，在每个经济年度计算协同发展过程中的区域经济、社会和生态环境实际效用情况，与期望效用指标相比较。当出现效用溢出时，排除可能的偶然因素，判断效用的可持续性。如果溢出效用低于预期时，通过偏差分析，分析出现偏差的原因，并根据原因修改经济社会发展政策，以修正发展偏差。

7.1.3　京津冀协同发展的实现路径

不同学者对京津冀协同发展的认识不同，在京津冀协同发展的实现路径上难免有一定的分歧。例如，在对北京疏解非首都核心功能的认识上基本没有差异，但在对北京、天津和河北的地位与作用的认识上还存在不同看法，有的主张发挥北京的核心引领带动作用，有的主张京津冀互动，有的主张京津冀平等协商，并适当向弱势一方的河北倾斜。

本书认为，北京在推进京津冀协同发展中应发挥核心引领带动作用。一是在"瘦身"中实现"强体"，即通过非首都核心功能疏解，突破长期制约北京发展的瓶颈，更好地保障首都核心功能的发挥，在区域合作中实现"增能"，通过京津冀区域合作，提升北京的影响力和控制力，在"输出"中实现"带动"，通过产业技术的区域扩散转移，促进京津冀产业整合、布局优化和链接融合，促进区域一体化发展。二是构建科技与产业的区域对接平台，探索区域资源整合与资本运营新模式，充分发挥北京的科技引领与带动作用。三是通过疏解北京的部分行政性、事业性、服务性机构和社会公共服务功能，带动北京周边新城及河北大中小城市发展。京津冀协同发展要以中央的决策为指引，以京、津、冀三地的共存、共兴、共荣为动力。北京要发挥主导作用，天津要发挥辅助作用，京津要互动发展，河北可以作为腹地，以构建京畿大首都圈作为要旨，从环首都近圈梯次推进合作，逐渐辐射京津冀全域，最终实现整个区域的高水平、一体化与可持续发展。

1. 重大基础设施建设实现路径

功能疏解属于重大工程，要落实到位需要加大中央财政转移支付力度，按照四类非首都核心功能疏解路径，对一般性制造业、区域性物流、教育医疗和公共服务等重大设施、重大项目布局和项目审批或核准等方面给予河北省倾斜性支持，可以将北京新机场、北京与天津合作共建的滨海-中关村科技园、北京与唐山合作的曹妃甸工业区、北京与张家口共同申办的 2022 年冬奥会以及区域交通一体化项目等作为具体抓手。

2. 土地利用实现路径

非首都功能疏解涉及土地问题。北京和河北必须出台一系列土地利用政策措施。一是耕地保护补偿机制，凡是在功能疏解过程中，占用的耕地一定要补偿到位。二是推进工矿废弃地复垦调整开发，鼓励未利用地进行功能疏解开发利用。三是对北京城区污染企业搬迁和纺织等传统产业功能疏解提供土地优惠政策和专项补助。四是对疏解功能用地有序开展土地利用总体规划定期评估和适时修改，对符合国家产业政策、土地利用总体规划并通过社会稳定风险评估的重大疏解项目，在项目审批、核准等方面优先安排。京津冀应该加快构建基于三地平等伙伴合作关系的利益协调机制，包括利益表达、利益分配及利益保障机制等，并适当向弱势一方的河北倾斜。要把京、津、冀三地交通基础设施互通互联作为重要抓手，依托交通合作、旅游合作和环境治理合作，逐渐向生产要素协同、产业协同和财税协同等方向发展。例如，"飞地经济"利益分配机制。河北发展空间较大，既能承接北京高端优质产业转移，也能承接北京传统产业转移。双方可探索共同发展"飞地经济"。强化政府调控手段，畅通大项目落户"飞地工业"园区的绿色通道。本着利益共享的原则，双方可就功能疏解和承接过程中的责任划定、税收分成、耕地占补平衡等方面做出明确规定，推行双方都能够接受的利益分配机制。

3. 产业空间实现路径

北京非首都功能疏解说到底是个产业优化升级、资源优化配置的过程。为保障功能疏解顺利地进行，北京要与河北共同谋划产业对接项目，弥合发展差距，贯通产业链条，重组区域资源，用互补和共享的产业政策和创新举措，共同托举疏解项目，实现产业政策与发展优势的无缝对接。同时，产业发展和市场兴衰应该服从市场规律，为此要本着互利共赢的原则，由中央和京、津、冀三地及三地所辖地方政府，按一定比例从各自财政收入中拿出一部分筹建产业发展和市场培育扶植基金，并统筹制定规划、供地和税收等具体政策。

7.2　北京市基础设施建设及发展

7.2.1　北京市基础设施建设及发展现状

1. 北京市市政基础设施投资概况

如图 7-1 所示，北京市市政基础设施投资额由 2007 年的 1 376.29 亿元增加到 2018 年的 2 664.89 亿元，年均增长率为 6.19%。同期北京市全社会固定资产投资占地区生产总值比例总体上呈现逐渐下降的趋势，由 2007 年的 40% 下降到 2018 年的 24.35%；北京市市政基础设施投资占全社会固定资产投资比例变化较为稳定，占比在 25%~35% 内波动，其中 2008 年出现的巨幅上涨主要是金融危机的影响，传统的房地产行业受到巨大冲击，政府进行投资资本的政策引导进行市政基础设施建设的投资，使得 2008 年市政基础设施投资出现变动，2008 年之后经济逐渐复苏，投资结构又恢复到危机前的比例。根据 11 年的数据可以看出，北京市由于经济发展结构的调整，全社会固定资产投资增长速度正在逐渐下降，但市政基础设施建设投资保持在合理的增长区间内，说明北京市十分重视基础设施建设，并不断完善基础设施的功能，使之更加贴近市民的生活。

图 7-1　2007~2018 年北京市市政基础设施投资额及比例变化

根据北京市地区生产总值、固定资产投资、市政基础设施投资年均增长率比较可以得出，北京市"十一五"计划后四年（2007~2010 年）、"十二五"计划期间（2011~2015 年）和"十三五"计划开局之年（2016 年）全社会固定资产投资和市政基础设施投资每年平均保持在 8.81%和 8.59%的速度增长，但增长速度逐年递减，这可能与北京市基础设施建设起步较早有很大关系。在城市发展初期，基础设施投资主要针对的是一些最基本、与市民生活关系密切的项目。随着时间的推移，北京市的基础设施建设越来越完善，新增的基础设施投资主要配套城市的新功能，这些变化表现在数据上就是增长率的逐年递减。

2. 城市道路

北京市近年来以完善整个市区的交通功能为目标，重点进行了非中心区的道路建设，对现有城市道路进行完善。如图 7-2 所示，道路长度和桥梁数量均在2012 年出现大幅度增长，而其他年份基本保持稳定。这主要是由于北京市基础设施建设发展较早，基本已经完成了道路建设，总体的增长过程一方面是由于政府为了应对经济危机而采取的刺激性财政政策，另一方面是为了更加完善城市道路交通。2012 年的增长主要是北京市为了推动产业升级，加快建设国家现代农业科技城等一大批基础设施，打造"一城多园"的空间格局，运用现代技术提升流通业的现代化，建造了大量交通枢纽、物流节点，同时为了支持疏解核心区人口和改造城乡接合部而进行城市功能区向郊区转移，进行了大量基础设施建设的引导，打造"两城两带"。一系列的基础设施建设是 2011 年道路长度大幅增长的主要原因。从图 7-2 中的北京市道路长度基本保持稳定可以看出，市区的道路已基本实现全覆盖，很少有再进一步增长的空间，这种状况与北京市基础设施建设起步较早有关。经过进一步的建设，北京市的产业、功能区、园区等一大批基础设施足以支持城市新的发展，实现产业升级转型，同时有效缓解了核心功能区的拥堵问题，不失为一种良好策略。

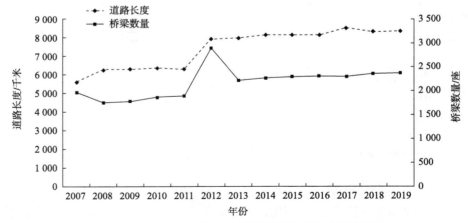

图 7-2　2007~2019 年北京市道路长度与桥梁数量变动图

3. 城市道路照明灯

如图 7-3 所示，"十二五"期间城市道路照明灯数量平均在 250 000 盏，而"十一五"和"十三五"期间数量平均在 300 000 千盏，城市道路照明灯在"十二五"规划时期处于相对较低水平，主要是北京市实施的"绿色北京"战略，推进资源节约型和环境友好型社会建设，加快形成绿色生活体系，因此北京市政府拆除、换装了一批更加绿色环保的城市道路照明灯。根据"十二五"规划安排，"绿色北京"战略需在 2015 年完成，因此城市道路照明灯在此期间相比之下减少，这说明北京市早已实现城市道路照明灯的全面覆盖，此次数量变动主要是追求更高品质的产品，这和天津市城市道路照明灯数量变动的原因截然不同。

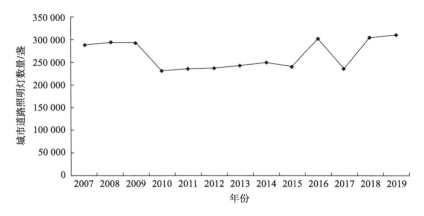

图 7-3　2007~2019 年北京市城市道路照明灯数量

4. 电力、燃气及水的生产和供应业

如图 7-4 所示，北京市电力、燃气及水的生产和供应业投资额由 2007 年的 120.9 亿元波动发展到 2018 年的 274 亿元，年均增长率为 7.72%，其中 2008 年增长率出现剧烈变化，主要是受北京市"立足华北、强化本地、多条通道、多向受电"原则的影响，北京市为提升电力安全保障和应急处置能力加大了投资额。2013~2015 年出现较大幅度的投资额增长，主要是北京市为了适应绿色发展要求和特大型城市能源运行特点，规划实施了"五大方向、十大通道"的外部电力接收项目，使得本地的供电可靠度接近 99.999%。2016 年和 2018 年出现大幅度的投资额下降，主要是北京市实行了能源转型工程（如华能三期工程），大幅度削减了传统能源结构的占比，转而使用更加清洁的可再生能源（如地热能、太阳能等清洁能源）。另外，北京市通过雨污分流工程实现了水的循环多次利用，因此虽然减小了传统能源的投资力度，但是仍能保证社会的正常生产生活。

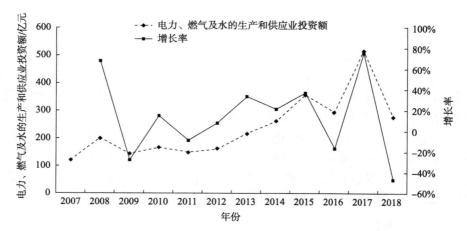

图 7-4　2007~2018 年北京市电力、燃气及水的生产和供应业投资额与增长率

5. 交通运输、仓储和邮政业

如图 7-5 所示，北京市交通运输、仓储和邮政业投资额在整个考察期呈增长趋势，2011 年、2013 年和 2015 年出现小幅度下降主要是由于同期北京市为了提高城市的信息化水平，将该行业的投资额应用于信息传输、计算机服务和软件业，二者在对应年份表现出相反的增长趋势，之后年份交通运输、仓储和邮政业投资额逐渐恢复到 2012 年的水平并保持增长趋势。从近年来该行业的投资额可以得出，北京市一直比较重视城市交通所发挥的作用，虽然一些特殊年份表现反常，但仍然不能改变北京市在该行业的投资增长趋势。

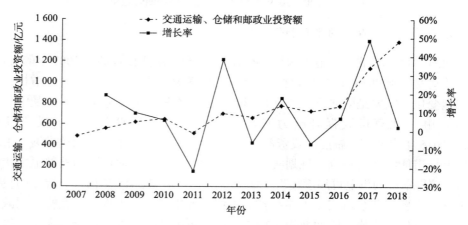

图 7-5　2007~2018 年北京市交通运输、仓储和邮政业投资额与增长率

6. 信息传输、计算机服务和软件业

如图 7-6 所示,与交通运输、仓储和邮政业的投资变化过程类似,北京市信息传输、计算机服务和软件业投资额同样在考察期呈增长趋势,仅在 2011 年、2014 年和 2016 年出现了小幅度下降,这种波动主要是在这期间北京市实行了"科技北京百名领军人才培养工程",力图通过项目带动、国际交流等形式,以北京市的发展需求为立足点,引领和带动北京市战略性新兴产业的形成和发展,构建一批由科技领军人才领衔的成熟、稳定、高效的科技创新团队,因此进行了大量的项目投资建设。从图 7-6 中还可以看出,该行业的投资额与增长率基本保持相同的变动趋势,并且 2016 年后出现了明显的增加变化,说明北京市在进行大量资金投入之后仍在进行前期项目的跟踪,力图从长期来推动北京市科技水平的提高。

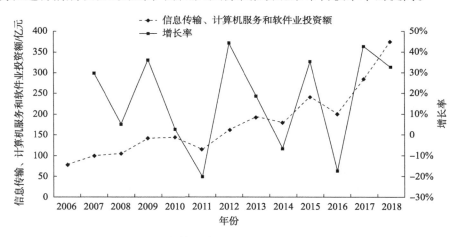

图 7-6 2006~2018 年北京市信息传输、计算机服务和软件业投资额与增长率

7. 水利、环境和公共设施管理业

如图 7-7 所示,可以看出北京市水利、环境和公共设施管理业投资额由 2006 年的 221.32 亿元发展到 2018 年的 745.42 亿元,年均增长率为 10.65%,这表明北京市越来越重视水资源、环境等方面的治理。从增长率变动曲线可以看出,该曲线呈现出波动变化,该行业在 2011 年前后的增长率变化幅度较大,主要是北京市实行了生态重建和经济转型两大主线任务,以永定河绿色生态发展带为其中一个重点进行了大量的污水治理、生态修复及南水北调配套等工程,使得该年份的投资额出现大幅度增加。2016 年北京市建设全国科技创新中心,构建"高精尖"经济结构,建设新机场、新首钢,治理大城市病,京津冀协同发展等涌现的城市需求为投资发展提供了内生动力,水利、环境和公共设施管理业发展平稳向好。

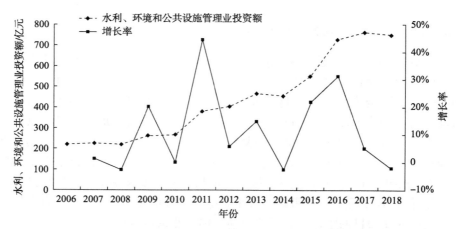

图 7-7　2006~2018 年北京市水利、环境和公共设施管理业投资额与增长率

8. 教育

如图 7-8 所示，教育投资额在 2007 年、2012 年、2014 年及 2016 年、2017 年、2018 年出现下降，其余年份均保持增长的状态，且在 2007~2011 年增长的速度越来越快。2012 年北京市教育投资额与增长率均出现了明显的下降，主要是北京市为了顺利实施"科技北京百名领军人才培养工程"而暂时性地将资金投入信息传输、计算机服务和软件业。2014 年出现下降主要是由于为了实现科技北京的长期发展而进行了相关的配套工程建设，如道路、电力设施等行业，之后的 2015 年在上述工程基本建成投产后，北京市将资金迅速补充到教育行业。另外，从教育投资额增长率曲线可以看出，虽然增长率出现大幅度下降甚至负增长现象，但由于北京市本身的教育投资基数较大，从整体上来看其教育投资规模呈上升趋势。

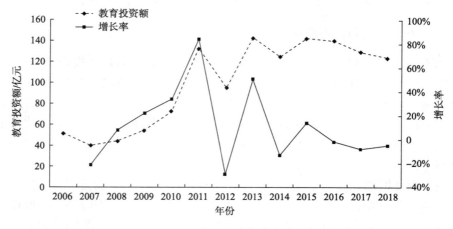

图 7-8　2006~2018 年北京市教育投资额与增长率

9. 文化、体育和娱乐业

如图 7-9 所示，从文化、体育和娱乐业投资额曲线可以看出，2011~2013 年、2014~2016 年投资额呈现大幅度上涨趋势，而 2007~2011 年、2014 年和 2017 年该行业投资额同比下降。北京市文化、体育和娱乐业发展主要得益于北京奥运会的举行，北京市的文化、体育行业得到了政府及社会各界的大力支持，已经成为提升北京市文化软实力的重要途径。虽然从投资额与增长率的变化来看波动性较强，但北京市该行业的发展延续了良好的发展态势，2017 年以来北京市不断扩大开放的深度，文化贸易发展呈现出服务化、数字化趋势，在娱乐业聚集的特定区域，允许外商投资设立演出场所经营单位、娱乐场所，不设投资比例限制。选择文化娱乐业聚集的特定区域，允许设立外商独资演出经纪机构并在全国范围内提供服务。在广播、电视、电影、音像业领域，北京市将允许外商投资音像制品制作业务。

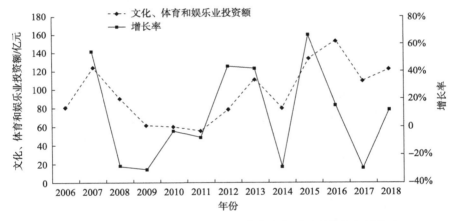

图 7-9　2006~2018 年北京市文化、体育和娱乐业投资额与增长率

7.2.2　北京市基础设施建设重点项目

1. 交通运输、仓储和邮政业概况

"十一五"规划期间，北京市通过提高基础设施承载能力，新建交通线路，构建综合交通体系。①城市轨道交通。地铁 4 号线、5 号线、10 号线一期、奥运支线、首都机场轨道交通线全面建成投入运营，建成地铁 9 号线、10 号线二期和亦庄轻轨线，完成了地铁 1 号线、2 号线改造，使最小发车间隔时间缩短到 2 分 30 秒，全市轨道交通线网运营总里程达到 270 千米以上。②城市公共交通。优化调整公共汽（电）车线网和场站布局，继续扩展公交专用道网络，大容量快速公

共汽车系统运营里程达到 40 千米以上，中心城公共客运系统承担全日出行量比例达到 40%以上。建成东直门、一亩园等综合客运枢纽，形成与道路交通容量相匹配的停车系统，基本实现停车位"一车一位"，公共停车位总量达到汽车保有量的 10%以上。③城际交通。以城市轨道、城际铁路、高速公路为骨干，使得京津冀地区和市域内连接中心城、新城、中心镇的快速交通网络构建完成，建成京津第二通道、机场北线、机场南线、京承高速（北京段）、京平高速、京包高速（北京段）和六环路等项目，高速公路里程累计达到 900 千米，完成首都机场第二高速公路的可行性研究。初步形成与国家公路干线和环渤海地区公路干线有机衔接的高速公路网络，市域公路累计达到 16 000 千米，每个远郊区县与中心城由一条快速通道连接，平原区重要中心镇都直接与高速公路走廊相连接，市域范围内公路网覆盖全市所有村镇。完成马驹桥、阎村、十八里店等一、二级货运枢纽建设项目，改造和扩充北京铁路枢纽的客货运输集散能力，改建北京北站及北京南站，修建北京站与北京西站之间地下直径线，完成首都机场扩建任务，完成第二机场选址前期工作并开工建设。④现代物流园区。完成了顺义空港、通州马驹桥等公共物流园区建设，形成了物流基地、物流中心和配送中心互为补充、协调发展的物流基础设施格局。另外，以信息技术和供应链管理技术为核心，通过提升物流企业的专业化、信息化和社会化水平，使国际物流和航空物流得到大力发展，同时也推动了城市配送物流的显著提升。

"十二五"规划期间，通过立体交通加密工程，提高城市运行效率。①城市公共交通。加快交通基础设施建设，形成以轨道交通为骨干、地面公交为主体，换乘高效的立体化公共交通网络，公交快速通勤道路达到 660 千米，建成阜石路、广渠路等大容量快速公交线路，在中心城快速路、主干路等主要客流走廊上施划公交专用道，总里程达到 450 千米以上，提高了通勤高峰期公交出行效率。建成 5 处综合交通枢纽，5 处公交中心站和 25 个公交首末站，改善了地面交通间、轨道交通间、轨道与地面间的公交换乘条件，同时随轨道交通线网同步建设"P+R"停车设施。建成广渠路二期、西外大街西延二期、京包路（四环—五环）、姚家园路、京顺路（四环—五环）等快速路，新增快速路约 40 千米，累计达到 300 千米，五环内城市主干路网以南北向主干路、西南部干道网和功能区周边路网的建设为重点，进行集中加密工程，中心城公共交通出行比例达到 50%，市域公路总里程达到 21 500 千米，通过中心城轨道交通加密工程、微循环道路建设、路网连通性和通达性提高工程，优化立体化公交换乘条件。②智能交通系统。五环路内实现全覆盖，实现交通信号的智能控制。全面实现轨道交通、地面公交和出租车的智能化调度，及时发布路况、停车等动态交通信息，引导社会车辆交通出行，扩大电子收费覆盖范围，实现高速收费路口快速通行，推行人性化智能交通管理，提高通行效率。③城际交通。建成京台高速北京段、京昆高速、京新高速（五六环段）、密涿高速北京段、110 国道二期、109 国道、京密高速等高速公路，推进环首都大外环高速公路建设，削减过境交通，新增高速公路通车里程 200 千米，市域高速公路通车总里程达到 1 100 千米，形成了以北京为中心的"三环、十二放射"高速公路网络，实现所有重点镇、重点功能区域与高速公路互联互通。建成京沪高铁、京石客专、京沈客专、京张城际、京唐城际等实现北京与周边主要城市间高速通达，改扩建丰台火车站，建设星火站和新北京东站，形成 7 个主要铁路客运枢纽格局，建成北京新机场一期，新增航空旅客吞吐能力 4 000 万人次，2015年全市航空旅客吞吐能力超过 1.2 亿人次，同时通过高速公路、城际铁路加强了新机场和首都国际机场、中心城之间的交通联系，实现了新机场半小时通达中心城区，进一步巩固了全国铁路、公路、航空交通枢纽地位，推动北京市由设施建设向功能建设转变。

　　"十三五"规划时期，通过便捷的公共交通，解决城市拥堵问题。①城市轨道交通。构建以轨道交通为骨架、地上地下相协调的公共交通体系，加密轨道交通线网，实施北京市轨道交通第二期建设规划，将运营总里程提高到 900 千米以上，实现区区通轨道。推进 3 号线、12 号线、17 号线、19 号线一期等中心城骨干线路建设，提升中心城线网密度，中心城轨道交通站点 750 米覆盖率达到 90%，商务中心区等重点功能区线网密度达到世界城市核心区水平。建成 S1 线、京沈客专、轨道交通平谷线，实现门头沟、怀柔、密云、平谷等新城与中心城的快速轨道交通联系，建设清河、丰台、新北京东站等火车站，缓解北京北站、北京西站、北京站压力。②完善公共交通设施体系。以轨道交通为骨架，推进地面公共交通与轨道交通"两网融合"和一体化服务，围绕轨道交通站点大力发展微循环公共交通系统，提升交通站点集散效率，根据轨道交通能力优化公共交通线路，加强公共交通专用道施划力度，构建公共交通快速通勤系统，建设一体化、集约型的公共交通枢纽，优化节点衔接，改善公共交通站点出入口与公共建筑、住宅小区的连接，推广通勤班车、商务班车等定制公共交通，加开点对点通勤公共交通线路，提高公共交通出行效率，另外五环路内建成 3 200 千米连续成网的自行车道路系统，促进自行车、步行交通和公共交通无缝衔接，建成姚家园路、丽泽路等快速路。③深化智能交通建设应用。推动交通管理资源整合，升级拓展智能交通系统功能，优化交通信号配时，实施"绿波"工程，提升公共交通调度智能化水平，提高城市交通运行效率，推进交通信息数据共享和"互联网+"应用，为市民提供及时、精准的智能交通信息服务。④城际交通。构建京津保唐"一小时交通圈"，以京唐、京滨、京石、城际铁路联络线（S6 线）等城际铁路为主，以京沈客专、京霸铁路、京张铁路等干线铁路为辅，建设高效密集的铁路交通网。建成京台、兴延、京秦等高速公路、109 国道提级改造成高速公路工程，推进承平高速（北京段），完成京开高速拓宽改造，打通高速公路"断头路"，形成完善的区域高速公路网，推进国省道公路系统提级改造，消除干线公路"瓶颈路段"，构建互联通畅区域公路交通网络。

2. 水利、环境和公共设施管理业概况

从北京 2006~2018 年的数据可以看出，水利、环境和公共设施管理业投资额基本保持稳定，位于同期基础设施投资额第二位。

"十一五"规划时期为提高水源供应能力，积极采取各种措施，解决和应对水资源紧缺问题。①北京市实施"引黄入晋济京"跨流域调水工程和天津海水淡化产业化工程，建立专项资金，支持密云、官厅水库上游地区水利设施建设、水环境治理和节水产业发展。②完成南水北调市内配套工程建设，主要进行了团城湖至第九水厂输水管线、南干渠及调蓄库等主要项目，推进南水北调中线工程建设，使京石应急段具备通水条件。③第十水厂、丰台水厂和现有水厂改扩建工程等项目的完成，基本形成比较完善的水资源保障。④清河、北小河、吴家村、小红门、卢沟桥再生水厂及配套管线的完成，使再生水成为工业、城市绿化、河湖环境等重要水源，将中心城再生水利用率提高到50%以上，全市年再生水利用量6亿立方米。⑤永定河、北运河、潮白河防洪工程提高了沿线新城的防洪能力，综合治理永定河河道，建设西郊蓄洪回灌工程，保护怀柔、平谷、房山应急水源地，建设昌平马池口水源地工程，以密云水库蓄水和富水区的地下水为基础，全面完成病险水库除险加固工程，初步建成立足本地的水资源储备和应急体系。

"十二五"规划期间围绕生态重建这一主线。①以永定河绿色生态发展带建设为重点工程，推进永定河生态治理，保障水资源供应安全。②全面完成南水北调配套工程，保证外调水送得进、用得出，提升南水北调来水消纳能力，确保了城乡供水安全。③中心城区污水处理厂升级改造、新建污水处理厂按再生水厂标准一步建成全面完成，再生水生产能力超过 10 亿立方米，全市再生水利用率达到75%。④郭公庄水厂和第十水厂等主力水厂建设，新增集中供水能力143万立方米/日，中心城高峰供水安全保障系数提高到 1.25，建设和改造城市供水管网工程，使自来水管网漏失率下降到 14%，同时开展新重大项目节水评估，建立严格的产业节水准入制度，制定完善的节水器具认证体系，城市居民家庭节水器具普及率达到95%以上。

"十三五"规划期间以建立区域生态和体系为目标。①实施密云水库上游张承两市五县 600 平方千米生态清洁小流域治理工程与 50 万亩京冀生态水源林工程，在张承地区实施10万亩农业节水工程和坝上地区退化林分改造试点工程，筑牢北部张承生态功能区生态屏障。②推动京东南大型生态林带建设，重点加强北京新机场临空经济区周边绿化，在通州、大兴、武清、廊坊等跨界地区集中连片实施退耕还湿、退耕还林工程，在南部地区形成大尺度的绿色开敞空间。③利用廊坊北三县供水工程，推进河北廊涿干渠与北京市南水北调配套工程的连通，实现联合调度和相互调剂，共同保障东南部新城和河北环京市县供水安全。以永定河为轴线，加强流域综合治理，恢复流域生态功能，实现永定河全流域治理。打通西部地区生态廊道，建设河西、通州、大兴等支线工程，将南水北调供水范围向部分郊区新城拓展，减少当地地下水开采。利用潮白河等地下水源地和昌平、平谷、怀柔等应急水源地保护和设施维护工程，加强水源涵养，减少开采规模，将年地下水开采规模控制在 17 亿立方米以内，保障应急水源地功能，并以潮白河、北运河为轴线，加强流域森林湿地建设，在东部地区构筑与廊坊北三县相连接的绿化生态带。④通过清河、凉水河、温榆河、通惠河等河流水环境治理工程，提高城市河湖水质，构建"一核、三横、四纵"的湿地总体布局，恢复湿地 8 000 公顷，新增湿地 3 000 公顷，全市湿地面积增加 5%以上。⑤以妫水河—官厅水库、翠湖—温榆河、潮白河、沟河为重点的北部地区及以房山长沟—琉璃河、大兴长子营、通州马驹桥—于家务为节点的南部地区，借助生态湿地与绿地公园推动了湿地的恢复和建设，构建"东西南北多向连通、河湖路网多廊衔接、森林湿地环绕"的生态格局，共筑区域生态屏障。

　　3. 电力、燃气及水的生产和供应业概况

　　"十一五"规划期间，以完善能源保障体系，满足社会基本生产生活为目标。①完善北京 500 千伏电网结构，建成太阳宫、郑常庄等燃气电厂，使本地电源自给率保持在 1/3 左右，搞好 220 千伏、110 千伏城市高压配电网建设，增强本市电网供电能力，以大区联网和多向、多条通道受电的方式保证电力供应和电网安全，加强受电通道和京津唐环网建设。②实施陕北气田和塔里木气田的天然气利用工程、唐山曹妃甸液化天然气工程和国外管道天然气引进工程。③推进管道天然气向新城和重点城镇发展，加快郊区能源结构调整，实施六环路高压输配工程、中心城输配系统扩建工程。④利用团城湖至第九水厂输水管线、南干渠及调蓄库南水北调市内配套工程建设，第十水厂、丰台水厂和现有水厂改扩建工程等项目，加强水资源供应能力建设。⑤推进中心镇污水处理设施建设工程，建成中心城 5 座污水处理厂，完善新城污水处理厂及配套污水管网。

　　"十二五"规划时期为适应特大型城市能源运行特点和绿色发展要求，保证能源供给体系的系统性。①建成 5 个方向、10 大通道高压环网工程，使北京的外电接收能力达到 2 500 万千瓦，本地电源比例达到 35%左右，新建、扩建变电设施，五环内变电站双方向电源比例提高到 80%，城市供电可靠性达到 99.995%，城市核心区和重要功能区供电可靠性接近 99.999%。②完成三大燃煤电厂和 63 座大型燃煤锅炉天然气改造工程，显著提升天然气、电力、新能源和可再生能源利用水平，2015 年优质能源占能源消费总量比重达到 80%以上，基本实现五环内供热无煤化。③建成陕京四线、唐山液化天然气、大唐煤制气等重点气源工程，实现气源多方向供应，大幅提升天然气供应保障能力，新建高压外围大环、六环路二期等市内输配管网干线工程，新建西沙屯、高丽营等门站，建成"三种气源、六条通道、两大环线、九座门站"的天然气供应保障系统，天然气年接收能力超过200亿立方米，全部门站日接收总能力达到2.4亿立方米。④建设五环路与六环路联通线、四大热电中心专用供气管线等工程，10个郊区新城全部接通管道天然气，重点镇基本实现燃气管道化。⑤积极推进太阳能、地温能、生物质能等新能源和可再生能源的开发利用，建设地下储气设施，增强调峰应急能力。

"十三五"规划期间基本实现能源清洁转型。①华能三期建成并投入运营，关停最后一台燃煤发电机组，推行低氮燃烧技术应用工程，基本完成各类燃气设施脱硝治理，城六区全境、远郊各区新城建成区的80%区域和市级及以上开发区建成禁燃区，实现无煤化。②实施郊区燃煤设施清洁能源改造和城乡接合部与农村地区散煤治理工程，着力加快推进农村采暖用能清洁化，平原地区所有村庄实现无煤化。③实施城乡接合部和城中村污水管网建设工程，建成清河第二、槐房等中心城污水处理厂，中心城污水处理率达到99%，新建、改造污水管线1 000千米，基本实现中心城污水全收集、污水管网全覆盖。加强污泥处置设施建设，污泥处理能力达到每天6 400吨，基本实现无害化、资源化处理。

7.3 天津市基础设施建设及发展

7.3.1 天津市基础设施建设及发展现状

1. 天津市市政基础设施投资总体概况

如图7-10所示，天津市全社会固定资产投资占地区生产总值比例在2007~2010年呈现出逐渐上升的趋势，2010~2016年整体变化较为平稳，2018年达到最大值，可以看出天津市政府近年来将市政基础设施作为建设重点进行了优先安排，发展势头很好。

天津市"十一五"计划后四年（2007~2010年）、"十二五"计划期间（2011~2015年）和"十三五"计划开局之年（2016年）全社会固定资产投资不断加大，特别是市政公共基础设施投资，其中"十一五"计划后四年全社会固定资产投资年均增长速度为41.7%，"十二五"计划期间投资年均增长速度为13.5%，"十三五"计划开局之年投资增长8%，可以看出天津市全社会固定资产投资经过高峰期的投资发展，进入了不断完善的阶段，增长速度逐渐下降。"十一五"计

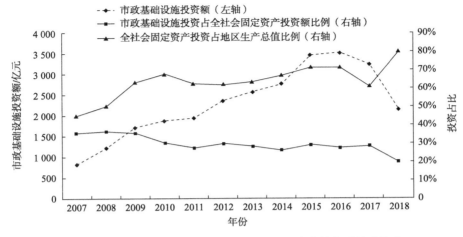

图 7-10　2007~2018 年天津市市政基础设施建成投产项目及构成

划后四年市政基础设施建设投资年均增长速度为 44%，"十二五"计划期间投资年均增长速度为 9.5%，"十三五"计划开局之年投资增长 24.4%。如图 7-10 所示，将同期全社会固定资产投资、地区生产总值和市政基础设施建设投资增长速度对比可以看出，"十一五"计划时期和"十三五"计划时期市政基础设施投资年均增长速度远远高于同期全社会固定资产投资和地区生产总值增长速度，"十二五"计划时期市政基础设施建设投资略低于同期全社会固定资产投资，主要是和 2008年金融危机期间政府刺激全社会固定资产投资计划有关。

2. 城市交通设施

1）城市道桥

天津市近年来以改善交通功能，方便群众出行为目标，重点进行了城市快速路建设和道路改造工程建设。如图 7-11 所示，其中道路长度（包括铁路、公路、内河航道）逐年增加，由 2007 年的 5 679 千米增加到 2019 年的 8 927 千米，城市桥梁数量由 2007 年的 395 座增加到 2019 年的 1 151 座，道路通行能力得到了提升，有效地缓解了交通压力。天津市城市道桥的发展有效地应对了城市化进程中的拥堵问题。从数量曲线还可以看出，二者整体呈增长趋势，但是城市桥梁数量的增长速度快于城市道路的增长速度，这主要是由于天津市市域内拥有丰富的水资源，途经天津市的河流包括海河、子牙河、南北大运河、永定河等四大主要河流以及数量众多的支流、湖泊，这也使得天津市在路网建设过程中，桥梁的建设数量不断增加。从图 7-11 中的发展趋势可以看出，天津市对于城市道桥等基础交通设施在社会经济发展中所发挥的作用具有深刻的理解。

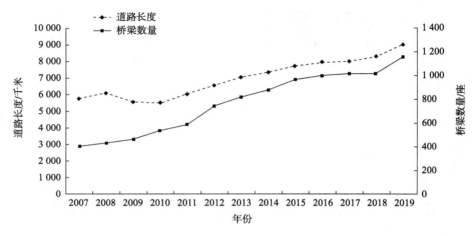

图 7-11　2007~2019 年天津市道路长度与桥梁数量变动

2）城市道路照明灯

2007~2019 年，天津市路灯行业配合市政道路改造，瞄准世界一流夜景灯光刻苦奋战，如图 7-12 所示，城市道路照明灯由 2007 年的 217 626 盏增加到 2019 年的 377 468 盏，路灯总数增加达到 73.4%，基本消灭无灯市政道路。另外，海河沿线增加了新型路灯，为津门夜色添彩。在天津市路灯总数中，第二、三代光源所占比例上升到 90%以上，全市市政道路基本消灭了白炽灯和"有路无灯"，全市道路照度均达到或超过了国家城市道路照明标准。

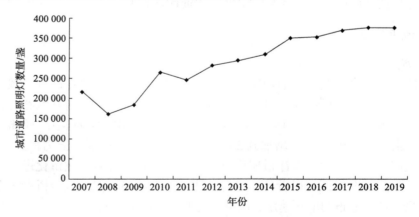

图 7-12　2007~2019 年天津市城市道路照明灯数量

3. 交通运输、仓储和邮政业

如图 7-13 所示，从增长率曲线可以看出，2007 年与 2009 年两年的投资额增长处于高速状态，其余年份基本保持低速增长的稳定状态。天津市交通运输、仓储和邮政业的快速发展主要是天津市实施了现代综合交通体系构建工程。例如，京津轨道交通、城际铁路的建设、京沪高铁天津段、津秦轨道交通等建设以及中心城区轨道交通线路和天津站交通枢纽等一系列重大交通运输项目的建设，使得天津市在该行业的投资额出现剧烈增加，最终形成了天津现代城市交通网络和京津半小时城市圈的格局，在上述工程建成投产之后的两年出现小幅度的下降是为了缓解前期巨大资金投入带来的财政问题。随着天津市经济水平的发展，交通运输投资额又恢复到和经济发展水平相一致的水平，但是可以看出 2014~2017 年增长率整体呈下降趋势，主要是因为天津市已经形成了发达的交通设施网络，基本形成了主要道路干线、支线的区区通格局。

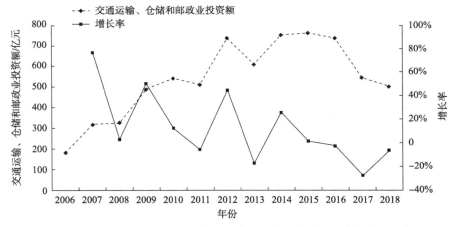

图 7-13　2006~2018 年天津市交通运输、仓储和邮政业投资额与增长率

4. 电力、热力生产和供应业

如图 7-14 所示，从增长率曲线来看，天津市在 2007 年关于电力、热力生产和供应业增长率处于 12 年中最高位，主要是 2005 年天津市滨海新区获得国务院批准成为国家级新区之后，经过两年的规划论证，天津市开始着手建设滨海新区电网，提高滨海新区供电能力，如新建北疆、大港二站等大型电厂，新增发电装机容量 640 万千瓦时，使得输送配电设施主变容量达到 12 768 兆伏安，容载比达到 2.19，实现巨大的提升。2011~2012 年又出现大幅度增长，主要是为了推动清洁能源使用，实现了绿色发展，天津市进行了沿海及海上风电工程，如沙井子及马棚口二期。另外，建设光伏发电项目，如中新天津生态城建设工程等，能源的转型利用导致了该时期电力投资额的增加，之后又逐渐恢复到以往的增长率水平。从投资额曲线可以看出，天津市电力、热力生产和供应业投资额由 2007 年[①]的 163.23

---

① 2006 年增长率的计算需要 2005 年的数据，而 2005 年的数据缺失，所以增长率是从 2007 年开始计算的。

亿元增加到 2018 年的 307.27 亿元，年均增长率为 5.92%，这说明天津市社会经济的快速发展，使得社会生产生活对于能源的需求越来越大，这也是 2006~2018 年天津市基本保持投资额度每年逐渐增加的原因，即能源设施的充足供给保证了天津市的快速发展。

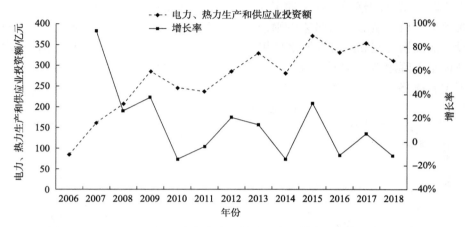

图 7-14   2006~2018 年天津市电力、热力生产和供应业投资额与增长率

5. 燃气生产和供应业

如图 7-15 所示，从天津市燃气生产和供应业增长率变动曲线可以看出，除去 2016 年投资额出现剧烈下降，降幅达到 50%外，其余年份均保持逐年增加的现象，特别是 2013 年出现了大幅度增长，增长率达到 150%左右，主要是因为"十二五"规划期间天津市实施清洁能源改建工程。例如，北疆电厂二期、南疆热电厂、北郊热电厂等燃气—电力联产项目，使得热电联产电力组新增 800万千瓦时至 1 000 万千瓦时。2016 年出现的投资额大幅度下降主要是因为天津市实施传统能源关停工程，推进太阳能、风能、地热能等清洁能源替代工程项目。例如，关停陈塘庄第一热电厂、永利电厂等火电项目，推进无燃煤区工程，积极开发清洁新能源，如天津大神堂风电场项目工程等，显著提高了能源清洁率。另外，天津市塘沽风电场、汉沽风电场、大港沿海风电场等项目陆续开工建设，使得燃气的投资额呈现出大幅度下降现象，这些都是天津市推进清洁能源所产生的正常现象。

6. 水的生产和供应业

如图 7-16 所示，由天津市水的生产和供应业投资额曲线可以看出，在2007~2015 年，该行业投资额基本上维持上涨趋势，根据增速时间分布可以得

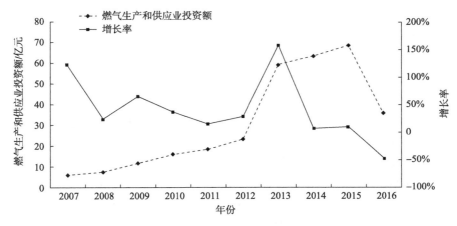

图 7-15　2007~2016 年天津市燃气生产和供应业投资额与增长率

出，每个五年规划的中间年份都是该行业集中建设、发展的年份。例如，
2008~2010 年基本上维持 20%以上的高速增长，而"十一五"规划的其他年份
均出现同比下降的现象，这反映出天津市前期进行了大量的验证勘验准备工作，
以五年规划的总体目标为依据来分步实现目标任务。同样的"十二五"规划期
内也表现出相同的增长趋势，2016 年投资额出现大幅度下降，增长率跌至研究
期内的最低值。主要是因为经过近 10 年的建设发展，天津市已经形成了大量的
水资源供应设施，现有的设施存量能够满足市民的基本需求，因此政府为了进
一步提高水的生产和供应，不再仅仅依靠提高存量，而是借助管理水平的提高
来提升运行效率，充分发挥工程效益。

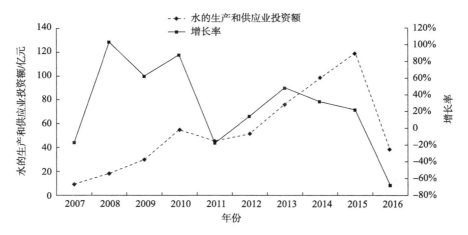

图 7-16　2007~2016 年天津市水的生产和供应业投资额与增长率

7. 电信、广播电视和卫星传输服务业

如图 7-17 所示，从电信、广播电视和卫星传输服务业投资额可以看出，2007~2012 年该行业基本保持增加的趋势。2012 年达到最大值后，总体上呈现下降趋势，其中 2016 年出现较大幅度的下跌。从整体来看，该行业在 2012 年之前呈增加趋势，2012 年之后逐渐萎缩，主要是随着移动互联网设备的兴起及普及，广播、电视、固定电话等传统交流沟通媒介逐渐失去了发展潜力，并迅速被新兴技术所替代，这点从 2016 年降低约 50%的投资额可以看出，但是传统产业的衰落代表着新兴的朝阳产业正在崛起。例如，量子科技的应用、量子计算机的研发等高科技项目具有广阔的应用空间，但是该行业发展所必需的基础设施还在研发当中，因此该行业并不是消失了，而是通过另一种形式表现出来。

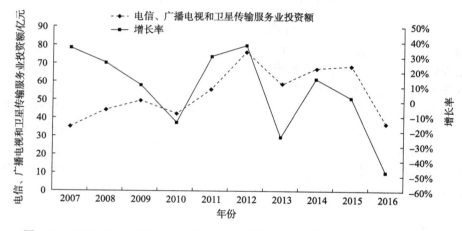

图 7-17　2007~2016 年天津市电信、广播电视和卫星传输服务业投资额与增长率

8. 公共设施管理业

如图 7-18 所示，从公共设施管理业投资额曲线可以得出，该行业投资额从 2007 年的 195.33 亿元增加到 2016 年的 1 510.05 亿元，9 年增长了 7.73 倍，足以说明天津市对于该行业的重视程度。从增长率曲线可以看出，2008 年增长率处于绝对的高水平，主要是随着滨海新区被批准为国家级新区以及天津市综合交通体系构建工程的推进，极大地提高了天津市的基础设施存量。为了保证现存设施的正常运行，需要大量的工程科技人员以及基层工作人员对设施进行维护和运营，这也从侧面反映出，天津市建设基础设施不仅仅是为了提高数量，更加注重人们在使用过程中的质的问题，其余年份基本保持较为稳定的增长幅度。另外，公共设施管理业不仅对市政基础设施进行维护运营，还包括城市环境卫生、水域清洁、

公园及游乐设施维护等众多方面，连年增长的明显趋势表明天津市在满足市民生产生活基本需求的同时，更加注重精神文明建设，改善城市环境，提升市民的满足感和获得感等现代化城市所必须具备的基本要求。

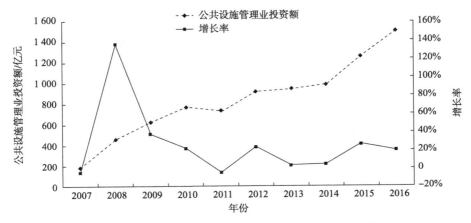

图 7-18　2007~2016 年天津市公共设施管理业投资额与增长率

7.3.2　天津市基础设施建设重点项目

1. 水利、环境和公共设施管理业概况

天津市水利、环境和公共设施管理业建成投产项目位于同期基础设施投资建成投产项目第一位，平均占比为 46.5%，在任一时期都远远高于其他行业，足以说明天津市对水利、环境和公共设施管理业的重视程度。

"十一五"规划期间，通过"两港两路"工程、防汛指挥系统工程、应急水源工程和南水北调中线工程来提高天津市水资源效益。①水利运输工程。天津港25万吨级深水航道、30万吨级原油码头的建成使得天津市货物吞吐量突破3亿吨，集装箱吞吐量超过1 000 万标准箱。②防汛指挥系统工程。以永定河泛区水文自动测报系统建设工程和天津市防汛指挥系统工程的建设为主要依托，以国家防汛抗旱指挥系统工程天津市水情分中心建设为补充，近些年已建成 6 处水位、降水量遥测设施，新增水文站站点 9 处，包括 14 个水位遥测设施、8 个降水量遥测设施，形成一批测验手段全新，能够跟上时代发展和现代化城市建设需要的监测站。③应急水源工程。西龙虎峪应急水源工程、蓟县杨庄截潜工程及武清应急水源工程、塘沽城市供水等一批水源地工程，既保证了城区等缺水地区的水源供给，又保证了水源地水资源的开发利用。④南水北调中线工程。以南水北调中线工程为主线，辅以永定新河治理、独流减河治理、大型灌区改造和农业节水工程，带动海河旅游带开发，形成 12 大旅游主题板块，建成一批标志性旅游景点。

"十二五"规划期间，通过南水北调中线配套工程、蓄滞洪区安全建设工程、水资源综合治理工程、供水保障体系建设工程，构建天津市供水、防洪、再利用综合保障体系。①南水北调中线配套工程。构建以一横（引江工程）、一纵（引滦、应急引黄工程）为骨架的水资源配置和城市供水工程体系建设。②蓄滞洪区安全建设工程。改造桥涵闸 87 座，水务信息化建设目标 96 座，建立防汛信息采集及会商系统，完善地下水自动桥涵闸维修改造工程，重点针对运河西工业区、运西农业区、三角淀治涝区、永新北工业区及农业区等，进行安全建设工程，提升防汛减灾能力。③水资源综合治理工程。针对北运河进行截污、清淤、护岸和亲水平台综合治理工程，重点对丰产河、淀南引河、永清渠等二级河道推进治理工程，进行全市河道治理改造。④供水保障体系建设工程。构建以引江、引滦双水源为保证，以污水处理与再生水、雨水重复利用为手段，以增加河道调蓄能力和地表水调配工程为具体项目，构建城镇供水保障体系和农业供水保障体系。

"十三五"规划期间，以南水北调中线市内配套工程、水库互联工程、清水河道行动等项目为依托，推动天津市海绵城市建设。①南水北调中线市内配套工程。新建王庆坨水库工程，水库总容量 2 000 万立方米，调节库容 1 500 万立方米，主要建设内容包括围坝、泵站、饮水箱涵、退水闸等。完善北塘水库工程，调蓄库容 2 000 万立方米，主要建设内容包括供水泵站 2 座，入库闸 1 座。建设南水北调中线工程自动化管理系统，包括管理用房及计算机监测、视频、报警等自动化系统。建设引滦入津输水工程，新建尔王庄水库至武清输水管线 34 千米，至宁河、汉沽输水管线 57.8 千米，于桥水库至蓟县水厂输水管线 4 千米。引滦明渠高八庄至宝坻水厂输水管线 4.8 千米。新建滨海新区供水大港支线工程，建设柴新庄泵站至大港水厂的引江管线，和南水北调东线工程，推动东线水进津步伐，实施北大港水库分库工程，完善河道治理工程，治理南运河、马厂减河、马圈引河等输水河道。②水库互联工程。水库联络管线，实现多源联调、原水互备，考虑引江、引滦外调水源的互联设备，建设王庆坨水库至尔王庄水库之间的联络管线工程。实施除洪除涝减灾工程，高标准提升防洪圈，建设蓄滞洪区工程，实施病险水闸除险加固工程。新建蓟县、武清、宁河、大港水厂 4 座，扩建凌庄、汉沽、宝坻水厂 3 座，规划新建供水管网，改造老旧管网，完善城乡供水布局。③清水河道行动。新扩建污水处理厂 30 座，新建建制镇污水处理设施 40 座，在主要河道入河排水口进行监控系统建设，推动潘大水库网箱治理工程，完成于桥水路入库河口湿地工程，完成黎河综合治理工程，开展于桥水库大坝除险加固及安全监测系统工程，实施河湖水系连通工程，修复河湖湿地水体生态，开展污染源治理。

2. 电力、燃气及水的生产和供应业概况

从 2007~2016 年天津市电力、燃气及水的生产和供应业相关数据以及天津市发展规划可以看出，其年均项目数量占同期项目数量的 12%，并大致保持在稳定比例，这说明天津市政府十分重视保障市民基本生活资源的维持及生活质量，下面主要从电力方面进行分析。近些年国家不断进行产业结构优化升级，要求在满足生产和生活需要的基础上，实现绿色发展。天津市大力优化能源结构，推广使用清洁能源，更多新能源将以低成本、高效率的优势逐渐走进千家万户，减少环境污染。

"十一五"规划期间，天津市以滨海新区电网建设工程与铁路配套工程及大型电厂建设工程为主线，构建安全稳定的能源供给保障体系。①滨海新区电网建设工程与铁路配套工程。以滨海新区电网建设工程为主线，建设天津地区 35 千伏、110 千伏电网，扩大电网的供电能力，结合 220 千伏电源点建设，建设必要的联络通道，提高装备水平，消除老旧设备的安全隐患，新建项目 66 项，扩建项目 10 项，重建项目 7 项，升压项目 2 项，津沪铁路配套工程 4 项、津秦沈铁路配套工程 3 项，开工项目 2010 年仅安排土建部分 9 项，新增变电容量 7 404 兆伏安。②大型电厂建设工程。新建北疆和大港二站等大型电厂，新增发电装机容量 640 万千瓦，完善输配电设施使主变容量共 12 768 兆伏安，容载比达到 2.19。

"十二五"规划期间，以太阳能、生物质能建设工程，风能开发利用工程，热电联产项目建设，绿色煤电项目工程为重点，推动清洁能源开发利用，降低传统煤的使用。①太阳能、生物质能建设工程。以蔡家堡、塘沽、东疆保税港区、沙井子及马棚口二期等沿海及海上风电项目建设为依托，借助地（水）源热泵、生物质能利用、太阳能等新能源相关技术的综合开发和应用，建设中新天津市生态城等光伏发电项目，推动太阳能开发利用。②风能开发利用工程。天津大神堂风电场是天津第一个风电场，是国内第一例采用国际先进的分布式上网的风电场，每年可提供 5 213 万千瓦时的绿色电能，能最大限度地减少电网输送环节的消耗，显著提高能源的利用效率，是国内第一个建设在 8 级地震烈度地区的风电场，为地质条件恶劣地区的风电场建设积累了宝贵的经验，大神堂项目每年为国家节约标准煤 1.9 万吨，节水 3.04 万吨，年减排二氧化碳 6 万吨、氮氧化物 88 吨、烟尘 10.4 吨、二氧化硫 39.2 吨。③热电联产项目建设。推动北疆电厂二期、南疆热电厂、北郊热电厂等热电联产项目建设工程，新增热电联产电力机组 800 万千瓦至 1 000 万千瓦，集中供热系统中热电联产比重达到 40% 以上，并依托北疆电厂、临港经济区和南港工业区绿色煤电项目，大力发展整体煤气化燃气—蒸汽联合循环等先进燃煤发电技术，通过热电联产机组的建设调整优化火电项目，逐步实现天津市供热锅炉改燃或热电联产替代。④绿色煤电项目工程。陈塘庄热电厂外迁和第一热电厂、永利电厂等小火电关停工程及 10 吨以下单体燃煤锅炉改燃或拆除并网工程的交互使用，推进燃煤锅炉改燃或拆除并网工程。

3. 交通运输、仓储和邮政业概况

通过数据可以看出，天津市交通运输、仓储和邮政业在 2007~2016 年保持年均 9.9%的增长率，由于仓储、邮政与交通运输关系密切，下面主要介绍交通运输重大项目。

"十一五"规划期间，以京津城际轨道交通工程、高速铁路建设工程、地铁 2 号线、3 号线、9 号线和天津站交通枢纽建设工程为依托构建天津市现代综合交通体系。①京津城际轨道交通工程。京津城际轨道交通项目的建成并投入运营，提高了京津之间的联系，缩短了通勤时间，使天津真正意义上融入北京发展的半小时经济圈，半小时即可直达的京津城际轨道交通、双向八车道的京津塘高速公路二线、天津滨海国际机场改扩建等重大工程，并延长至滨海新区核心区，对于天津交通枢纽格局的形成产生了深远影响。②高速铁路建设工程。以京沪高速铁路天津段、津秦轨道交通、津保铁路工程，中心城区地铁 2 号线、3 号线、9 号线和天津站交通枢纽建设工程以及城市快速路、快速公交线路为依托，形成了现代城市交通网络。

"十二五"规划期间，通过陆路交通建设工程和航线加密工程等来推进天津市城市路网建设工程。①陆路交通建设工程。借助地铁 6 号线轨道交通项目，天津市新增通车里程 28 千米，地铁 1 号线、4 号线、5 号线、10 号线东延工程以及大北环铁路、西南环线工程，全市公路里程 16 764 千米，新增 214 千米，其中，高速公路 1 208 千米，推动了南北货运大通道的形成。②航线加密工程。天津机场新增通航城市 21 个，新增加密航线 87 条。

"十三五"规划期间，以津石高速公路工程及地铁 8 号线、Z2 线一期工程为主要依托，构建区域交通一体化建设。①津石高速公路工程。津石高速公路天津西段项目东起天津滨海新区南港，向西途经滨海新区、静海、河北省廊坊（大城）、保定（任丘、高阳）、石家庄（安国、市区），与石家庄绕城高速公路衔接，全长 295 千米，项目静态总投资 28.89 亿元，与河北省段津石高速公路实现同步通车。②地铁 8 号线、Z2 线一期工程。地铁 8 号线沿线设站 25 座，均为地下站，计划于 2022 年建成通车。滨海新区轨道交通 Z2 线一期项目，计划建设车站 12 座，届时天津市将有 8 条轨道交通线路投入运营，将极大地改善天津市的交通状况。

4. 教育概况

"十一五"规划期间，以义务教育免收学杂费制度为主要措施，完善义务教育经费保障机制，加快推进教育现代化，以各级各类教育协调发展为重点，建设学习型社会，推动义务教育阶段学校基本达到现代化办学标准。通过基础教育均衡发展，全面推进素质教育，着力培养学生创新精神和实践能力，完善"工学结合"的职业教育模式，与教育部共同建好国家职业教育改革试验区，紧密结合经济社会发展，加快高水平大学和重点学科建设。新增劳动力平均受教育年限达到 15 年，实施人才强市战略，加大各类人才的培养和引进力度。

"十二五"规划期间，以教育优先发展战略为支撑点，实施全市中长期教育改革和发展规划纲要，实现素质教育。以海河教育园区为模板，建设国家职业教育改革创新示范区，以南开大学、天津大学新校区建设为"985 工程"和"211 工程"建设基地创建国际高水平大学，建成一批高质量有特色的大学，以"院士重点后备人选资助扶持计划""131"创新型人才培养工程来落实国家重大人才培养计划，以天津健康产业园区建设为基点优化专业结构，加强高校人才培养、科学研究、服务社会能力建设。

"十三五"规划时期，以"绿色评价"指标体系为依据，结合天津市教育实际，实施义务教育学校资源建设、学校文化建设、信息技术与课程深度融合、教师全员培训和教学设施设备提升等重点项目，实现城乡义务教育一体化与现代化发展。以内涵建设和特色发展为重点，实施普通高中学校文化建设、创新实验室建设、特色课程建设、开放学堂建设等重点项目，实现学生多样化、个性化发展。以内涵建设和质量提升为重点，紧贴区域经济社会发展需求，采取"一校一策"的办法，重点建设 100 个对接天津市的优势主导产业和战略性新兴产业的特色学科专业，打造 10 个世界一流学科、50 个国内一流水平学科群，全面提升高校综合实力和核心竞争力。

7.4　河北省基础设施建设及发展

7.4.1　交通运输、仓储和邮政业概况

2007~2013 年该行业投资比例基本稳定在 30%~40%，说明了河北省对于该行业的重视，但是在 2013 年之后出现了连续下降，一方面可能是经过多年的建设，河北省实现了该行业的基本功能的运转，但是其他行业与之相比确实相当的落后，因此进行了其他行业的集中建设；另一方面国家进行的绿色发展战略对传统的高耗能、高污染行业进行了限制。

　　"十一五"规划期间，以交通管理智能化建设工程、现代物流建设工程、公路提升工程为主线，提升河北省基础设施容量。①交通管理智能化建设工程。以交通运输信息化为重点，结合交通综合运行分析、交通应急处理、公众出行信息服务等应用系统，掌控交通行业的运行态势，减少突发事件对公众造成的影响，提供较完善的出行信息服务，推进智能卡收费、微机售检票、车载定位等信息技术的应用，实现交通管理的智能化，建设智能交通综合信息系统，提升基建设施运行效率，扩大基础设施容量。②现代物流建设工程。以石家庄、唐山、廊坊、邯郸、张家口五大物流枢纽城市、十大物流园区和三十大专业物流（配送）项目为主要工程，形成覆盖全省、融合京津、连接国际的现代物流服务网络，推动现代物流业的发展。③公路提升工程。包括青兰高速邯郸西至涉县段，承朝高速公路、承唐高速公路，石家庄市二环快速路提升工程，南堡经济开发区管委会四方物流一期工程，邯郸（邢台）至黄骅港铁路、张家口至唐山铁路、承秦高速公路秦皇岛段、大广高速公路固安至深州段和深州至大名段、石黄高速公路等工程。

　　"十二五"规划时期，以铁路网络建设工程、现代物流网络建设工程为重点，推动全省经济绿色发展。①铁路网络建设工程。以环北京的"一小时交通圈"、以环石家庄为中心的"两小时交通圈"建设为主线，借助西柏坡高速、承赤高速、京港澳高速公路改扩建工程和滨海大道等项目建设，京石、石武、京沪等客运专线和石家庄南站、正定机场高铁站建设，黄骅港二期工程、秦唐沧港口群综合功能构建工程建设，构建陆海空运相衔接相配套的综合立体交通体系。②现代物流网络建设工程。以环首都6个现代物流园区和16个省级物流聚集区建设工程为重点，通过培育发展第三方物流企业，构建覆盖面广、高效畅通的现代物流网络。借助蔬菜产业示范县和环首都蔬菜物流配送中心建设工程，搭建河北省现代物流网络。

　　"十三五"规划时期，以"一带一路"东部北方起点工程、交通网络完善工程为主线，建设河北省现代化综合立体交通网络，打造"南北贯通、东出西联"的大交通格局。①"一带一路"东部北方起点工程。具体包括京唐、京衡、石济等快速铁路建设工程，太行山、津石、京秦等高速公路建设工程，城际铁路和城市轨道交通建设工程，"石—新—欧""冀—蒙—俄"国际货运班列建设工程，拓展现代基础设施建设新空间，借助"一带一路"提升河北省基建水平。②交通网络完善工程。具体包括北京平谷线等京津市域铁路和城市轨道交通延伸工程，亦庄至廊坊、房山至涿州、大兴至固安、通州至燕郊轻轨项目建设工程，辅以中心城市与卫星城半小时交通圈、京津冀核心区域1小时交通圈、相邻城市间1.5小时交通圈建设工程，完善河北省交通网络，形成区域一体化交通。

7.4.2　水利、环境和公共设施管理业概况

"十一五"时期，以水利设施维护工程、碧海行动计划、清洁能源替换工程为重点，推动河北省水资源基本保障功能的实现。①水利设施维护工程。具体包括岗南、庙宫、闪电河、水胡同、老虎沟、黄土梁、八一 7 座水库建设工程和石板水库下闸蓄水项目，玉田蓟运河泵站、丰润还乡河泵站、霸州中亭堤泵站、唐山农场泵站、丰南津唐运河泵站、安新淀北泵站和任丘淀边泵站 7 处大型泵站更新改造工程，桃林口水库、黄壁庄水库等 15 座水库、23 处河段的堤防险工整修工程，充分发挥工程效益。②碧海行动计划。主要包括 48 座城镇污水处理厂新建工程、77 座小火电机组关停工程、海河流域水污染防治工程、秦皇岛市北戴河综合治理二期工程、溢阳河武强县武强桥重建工程、溢阳河中游上段治理 2009 年应急工程、溢阳河武强县城段整治工程等河道治理工程，提高河北省流域质量。③清洁能源替换工程。具体包括 8 个张家口—百万千瓦级风电基地建设工程、承德风电基地建设工程，单侯、宣东等项目以及闲置废弃放射源和库存多年的多氯联苯的清运工程，推动可再生能源发展步伐。

"十二五"规划期间，以引黄入冀补淀工程、可再生能源推动工程为重点，提升河北省水源、环境质量。①引黄入冀补淀工程。主要包括 109 座小型病险水库的除险加固工程、94 条（段）中小河流治理项目、8 条山洪沟治理工程、51 个抗旱应急水源工程，同时借助子牙新河整治工程、定州市唐河治理工程、涿鹿桑干河治理工程和蓟运河坏乡河分洪道治理工程，提升河北省水资源效益。②可再生能源推动工程。以唐山湾新城、黄骅新城、正定新区、北戴河新区四个生态示范新城（新区）建设工程为重点，推进建筑节能和绿色建筑，以保定国家新能源、邢台光伏发电、张承风力发电等项目为主线，推进新能源产业发展，借助产学研促进河北省新能源发展。

"十三五"规划时期，通过河道治理工程、饮水安全巩固提升工程，构建河北省现代水网体系。①河道治理工程。以马颊河大名县段治理、大清河新盖房分洪道治理、大清河千里堤治理和 23 条（段）中小河流治理等工程，辅以 33 座小型病险水库除险加固工程、8 个蓄滞洪区工程与安全建设项目、张家口市乌拉哈达水利枢纽工程等项目为重点，推动河北省水网治理。②饮水安全巩固提升工程。以潘家口、岗南、黄壁庄等饮用水源地保护工程，永定河、滦河、大清河、滹沱河、滏阳河等重点河流水生态保护与修复工程，白洋淀、衡水湖等重点湖泊综合治理工程等为重点，提升河北省饮水安全。

7.4.3 电力、燃气及水的生产和供应业概况

"十一五"规划时期，以高新能源技术产业发展工程、农村电网完善工程为主线，提升河北省新能源供给水平。①高新能源技术产业发展工程。以国电河北龙山发电有限公司建设项目、三河发电厂二期工程、唐山开滦东方发电有限责任公司建设项目、保定中泰新能源有限公司多晶硅太阳能电池产业链建设工程、曹妃甸激光显示核心产业基地建设工程、英利能源（中国）有限公司年产 300 兆瓦单晶硅太阳能电池项目建设工程、邯郸青苹果新能源电力公司太阳能级硅材料制造建设工程等项目为重点，促进了高新技术产业的发展。②农村电网完善工程。以 48 座、546 千米新建改造 35 千伏变电站工程，河北国华沧东发电有限责任公司黄骅发电厂二期工程，河北国华电厂定州发电有限公司扩建二期工程，河北承德围场御道口牧场 150 兆瓦风电场建设项目，沽源县东辛营建投能源 20 万千瓦风场项目，河北亿隆公司年产 5 万吨发电机主轴制造项目，英利能源（中国）有限公司年产 300 兆瓦单晶硅太阳能电池项目等工程为重点，推动河北省农村电网工程完善。

"十二五"规划时期，以供热管网改造工程、供水水质保障工程为主线，实现河北省基本生活保障功能。①供热管网改造工程。通过热电联产集中供热工程，使得设区市集中供热普及率达到 74%，借助清洁能源和可再生能源，推进供热保障。②供水水质保障工程。借助城市供水水质督察工程推进污水处理设施建设，通过生活垃圾分类工程实现废弃物收集、运输、处置，实现水质达标。

"十三五"规划时期，以清洁河北建设工程、污水资源化工程为主线，实现河北省资源结构优化。①清洁河北建设工程。以风电、核电、光伏发电等可再生能源和清洁能源为重点，推行集中供热和清洁能源供热，借助煤炭清洁高效利用，推进农村清洁能源开发利用工程。②污水资源化工程。以污水处理厂升级改造项目为主线，辅以污水管网全覆盖、污水全收集与全处理，大力开展重污染河流治理，加强重点区域水污染防治，实现稳定化、无害化和资源化。

第8章 河北省市政基础设施投资效率研究

8.1 河北省市政基础设施投资与发展现状

8.1.1 运输和邮电

如图 8-1 所示，河北省公路通车里程从 2007 年的 14.7 万千米增长到 2018 年的 19.3 万千米，12 年增长了 31.29%，这表明，随着河北省社会经济的快速发展，对于公路通车里程的社会需求总量在不断扩大。在此背景下，河北省交通基础设施建设在快速推进。从占比看，高速公路里程比例从 2007 年的 1.94% 增长到 2018 年的 3.77%，表明河北省高速公路的网络化程度和可靠性程度均得到稳定的提升。河北省高速公路建设坚持走可持续发展道路，坚持不断完善交通网络结构，2018 年全省高速公路总里程达到 7 279 千米，交通运输固定资产投资完成 891.6 亿元，有力地促进了河北省交通运输体系的协调发展。

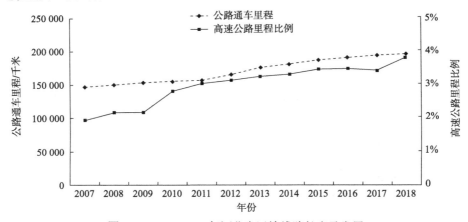

图 8-1 2007~2018 年河北省运输线路长度及发展

　　如图 8-2 和图 8-3 所示，从客运量发展变化过程来看，2007~2018 年河北省总客运量呈现出波动下降趋势，其中 2009~2012 年呈上升趋势，2012 年后呈现出显著下降趋势。河北省客运方式以公路为主，公路客运量占总客运量比例一直处于较高水平，2007~2018 年均值为 86.3%，但在 2013 年后呈下降趋势，2016 年占比为 78%，由此也造成了总客运量的显著下降。与此对应，铁路客运量和民航客运量均呈现上升趋势，2007~2018 年分别增长 95.8% 和 1 457.0%。2018 年，全省营业性公路客运量和旅客周转量分别完成 3.51 亿人次和 227.61 亿人千米。机场旅客吞吐量达到 1 390.9 万人次，同比增长 17.3%。

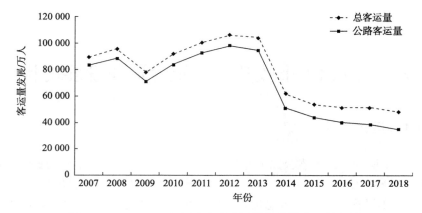

图 8-2　2007~2018 年河北省总客运量与公路客运量发展

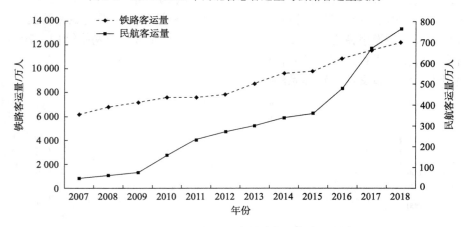

图 8-3　2007~2018 年河北省铁路与民航客运量发展

　　如图 8-4 所示，从货运量发展过程来看，2007~2013 年河北省货运总量呈现显著的增长趋势，此过程增长了 166.7%，2013 年后出现一定幅度的下降。从构成来看，公路货运占比最高，且呈现出上升变化，其次为铁路货运占比，但近年来呈现下降趋势，其他货运方式占比均呈现稳定发展变化，且占比均不高。截至2018 年，河北省货运量和货物周转量完成 24.97 亿吨和 13 876.7 亿吨千米，同比增长 8.9%和 3.7%；港口货物吞吐量达到 11.56 亿吨，同比增长 6.2%。另外，汽车拥有量、客运量、货运量均是影响公路里程合理规模发展的重要因素，这些指标的不断增加对高速公路的开发建设提出更高要求。

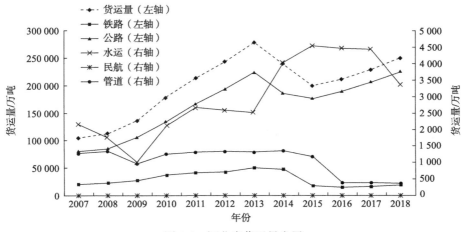

图 8-4　河北省货运量发展

8.1.2　电力、热力、燃气及水生产和供应业

电力、热力、燃气及水生产和供应业是国民经济基础产业，是城市化建设的必要保障，也是满足社会发展与稳定需求的重要前提条件。如图 8-5 和图 8-6 所示，2007~2017 年河北省电力、热力生产和供应业的年度完成投资额呈现出显著的增长趋势，11 年增长了 289.7%。新增固定资产与固定资产交付使用率具有相似的变化轨迹，其中固定资产交付使用率除 2015 年超过 100%外，其他年份均小于 100%，其中 2007~2011 年呈波动变化，2011~2015 年呈上升趋势。固定资产交付使用率是衡量建设过程中宏观投资效果的综合指标，用于反映较长时期内固定资产的动用情况。上述变化过程表明，河北省电力、热力生产与供应业固定资产投资在 2015 年不仅完成全部的当期投资，还出现大量固定资产工程在当年完成的现象，而其他年份均出现期末未完成工程数量大于期初未完成工程数量的现象。固定资产交付使用率较为理想的结果是接近 100%，即当期的投资大部分在当期完成，因此提高固定资产交付使用率有利于缩短电力、热力生产与供应业的施工工期，提高建设效用，既能保证生产建设和人民生活对固定资产投资的需求，又能使投资规模和国民经济的承受能力相适应，以保持适度的投资规模。另外，固定资产交付使用率的提高也有利于合理控制固定资产投资规模和促进市场商品的供需平衡。

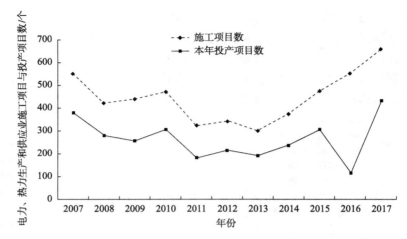

图 8-5　2007~2017 年河北省电力、热力生产和供应业施工项目与投产项目数

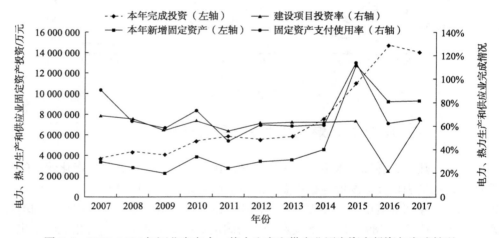

图 8-6　2007~2017 年河北省电力、热力生产和供应业固定资产投资与完成情况

河北省用电结构较为单调，电力生产受原煤资源影响较大。如图 8-7 所示，2008~2012 年原煤生产总量呈现逐渐上升趋势，随着国家煤改气政策的大力实施，2012 年后河北省原煤生产受到一定影响，产量呈现下降趋势，同时原煤占能源生产总量比重呈现出波动下降趋势。

如图 8-8 和图 8-9 所示，2007~2017 年，河北省燃气生产和供应业的年度完成投资和年度新增固定资产均呈现出显著的上升趋势，说明河北省燃气生产与供应业的投资效果在逐年提高，建设项目投资率和固定资产交付使用率在 2011 年前呈现波动变化，2011 年后呈现上升变化，说明 2011 年后河北省燃气生产和供应业固定资产投资交付使用进度在逐渐加快，投资效果在逐年改善。

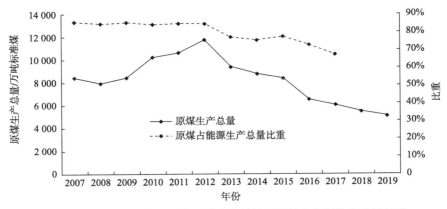

图 8-7　2007~2019 年河北省原煤生产总量及原煤占能源生产总量比重

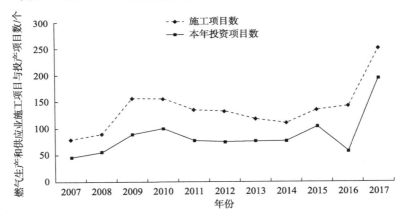

图 8-8　2007~2017 年河北省燃气生产和供应业施工项目与投产项目数

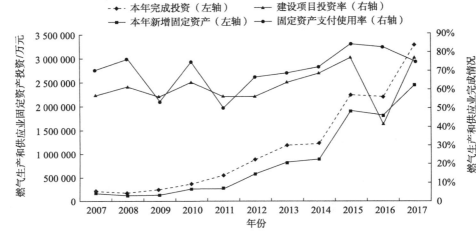

图 8-9　2007~2017 年河北省燃气生产和供应业固定资产投资与完成情况

燃气生产与供应在优化能源结构、改善城市环境、加速城市现代化建设和提高人民生活水平等方面发挥着突出作用。如图 8-10 所示,河北省 2007~2014 年天然气生产总量呈现出上升趋势,2014 年后呈现大幅度下降。在能源生产总量方面的占比处于较低水平,维持在 1.3%~3.4%,低于全国 5.9%的平均水平,河北省天然气发展尚有较大的提升空间。天然气作为一种清洁、环保、安全的气体,将成为河北省燃气的发展方向,根据《河北省天然气发展"十三五"规划》,将大力推进城镇燃气、天然气发电、工业燃料和交通运输四大领域天然气消费占比,重点推进保定、廊坊禁煤区气代煤工程,加快燃煤锅炉天然气替代以及城市、乡镇生活燃料以气代煤,加快推进"气化河北"工程,早日实现"县县通气"。

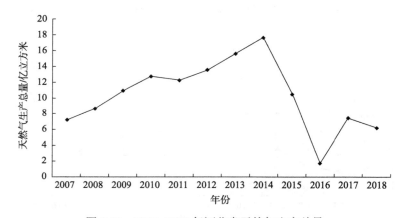

图 8-10   2007~2018 年河北省天然气生产总量

随着河北省城市化进程的不断加快,水的生产和供应业的重要性日益凸显,目前河北省已基本形成政府监管力度不断加大、政策法规不断完善的局面。河北省水务市场投资和运营主体多元化、水工程技术水平提升,供水管网分布日益科学合理、供水能力大幅增强,水务行业市场化、产业化程度加深。从图 8-11 和图 8-12 可以看出,近年来河北省水的生产和供应业固定资产投资力度在不断加大,相比 2007 年,2017 年河北省水的生产和供应业完成投资和新增固定资产分别增长 480.1%与 734.2%,2014 年相比 2013 年实现翻倍增长,说明河北省在水的生产和供应业开发与建设方面的力度在不断加大。2007~2017 年河北省水的生产和供应业建设项目投资率变化较为平稳,但在2016 年出现明显下降,表明在 2012 年后出现连续三年的稳定增长后,水的生产与供应业固定资产投资开始趋稳,在促进经济增长方面开始呈现出稳投资与稳增长的态势。

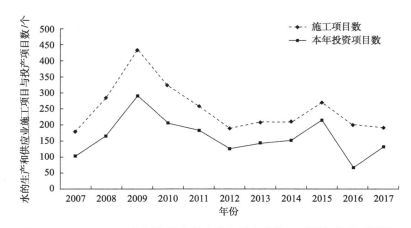

图 8-11　2007~2017 年河北省水的生产和供应业施工项目与投产项目数

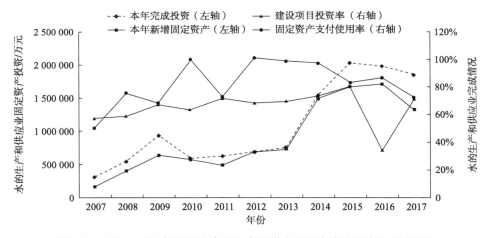

图 8-12　2007~2017 年河北省水的生产和供应业固定资产投资与完成情况

城市给排水设施在城市现代化进程的发展中发挥着举足轻重的作用，是保护生存环境，提高物质生活水平的重要前提，也是衡量城市现代化水平的重要标志之一。随着河北省城市人口的不断增加以及经济的快速发展，社会对水资源的需求也在逐步增大。给排水工程是解决城市水供需矛盾的重要手段，是市政工程不可忽视的关键环节，在防止城市水资源浪费、节水利用、水污染防止等方面具有不可替代的作用。排水管道在城市发展中扮演着自然"清洁工"的角色，不但为城市提供最为便利的雨水容器，而且是相对稳定的运输和储备系统。如图 8-13 所示，河北省排水管道长度呈稳定增长趋势，2007~2019 年排水管道长度增长了 64.4%，表明河北省近年来正在不断加快排水管网的建设发展。河北省综合供水能力较为稳定，均值维持在 780 万立方米/天的水平。近年来河北省不断加强供水设施改造，通过水厂处理工艺升级改造和管网更新改造，解决因水源污染和供水设施落后造成的供水水质不达标问题，降低管网漏损。

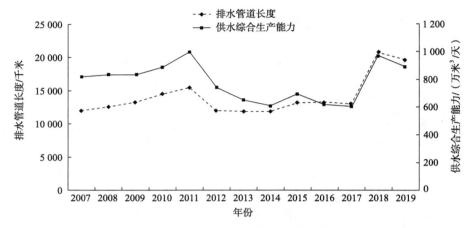

图 8-13　2007~2019 年河北省排水管道长度与供水综合生产能力变化

伴随河北省经济持续快速发展和人口规模的不断增长，如图 8-14 所示，2007~2019 年河北省用水人口总量呈现持续上升趋势，而供水总量呈现出了总量上升、波动变化的趋势。2019 年全省供水总量为 173 700 万立方米，13 年增长了48.7%，用水人口总量为 1 931.96 万人，13 年增长了 74.5%。

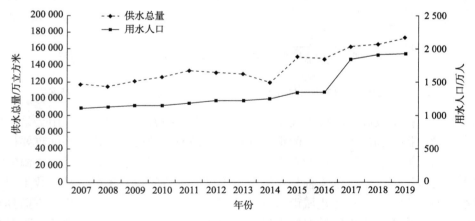

图 8-14　2007~2019 年河北省供水总量与用水人口变化

8.1.3　软件和信息技术服务业

软件和信息技术服务业是关系国民经济和社会发展全局的基础性、战略性、先导性产业，具有技术更新快、产品附加值高、应用领域广、渗透能力强、资源消耗低、人力资源利用充分等突出特点，对经济社会发展具有重要的支撑和引领作用。随着工业化进程的加快以及信息化投入的逐年增加，河北省软件和信息技术服务行业总体保持平稳较快的发展，开发建设了石家庄、廊坊、秦皇岛等一批软件与信息服务产业基地，石家庄软件园、廊坊京津冀电子信息走廊信息服务核心区、秦皇岛数据产业基地、唐山工业软件应用与产业化示范区、保定智能电网产业基地等建设步伐不断加快，产业发展布局基本形成，产业聚集能力不断增强，应用领域不断扩展，部分技术处于国内或世界领先水平。

如图 8-15 所示，2012~2019 年河北省软件和信息技术服务业呈现出稳中向好的运行态势，收入加快增长，2019 年河北省软件业务收入为 270.46 亿元，同比增长 24.8%，显著高于同期河北省地区生产总值增速。信息技术服务收入是软件业务收入的主要来源，以高性能计算、云计算、泛在网、物联网等为代表的新技术、新模式、新概念不断涌现，加速信息技术与其他领域技术的融合，为软件业的发展创造了新的机遇和空间，其占比发展与软件业务收入同步提升，表现出了突出的核心作用。近年来河北省软件和信息技术服务业吸纳约 28 万人就业，创新能力不断提升，产业结构持续调整优化，服务和支撑保障能力显著增强。

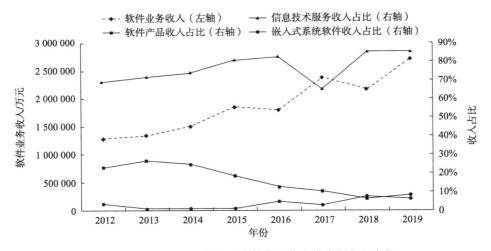

图 8-15　2012~2019 年河北省软件和信息技术服务业变化

8.1.4　电信、广播电视和卫星传输服务业

如图 8-16 所示，2007~2017 年河北省电信、广播电视和卫星传输服务业固定

资产投产项目与施工项目数同步变化，均出现了波动下降的趋势，2007~2017 年的下降幅度均接近 90%，这说明河北省电信、广播电视和卫星传输服务业固定资产投资的实际规模在不断下降，并逐步转向对该产业发展的质量提升控制上。

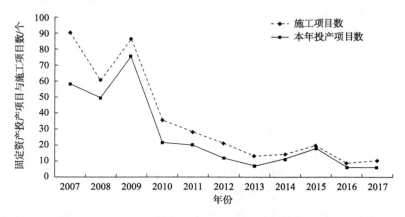

图 8-16　2007~2017 年河北省电信、广播电视和卫星传输服务业固定资产投产项目与施工项目数

　　如图 8-17 所示，从投资金额来看，年度完成投资和年度新增固定资产均呈现出周期性波动变化，且均在 2014 年达到峰值，其中年度完成投资在 2009 年后呈现出显著上升趋势，说明固定资产建设完成的工作量在不断加大，完成进度在不断推进。从建设项目投资率来看，其变化过程相对平稳，最低值出现在 2013 年，为 54%，最大值出现在 2015 年，为 90%。固定资产交付使用率波动幅度较大，2011~2013 年处于较低水平，2011 年仅为 9.3%，其他年份在 71.3%~115.5%波动。

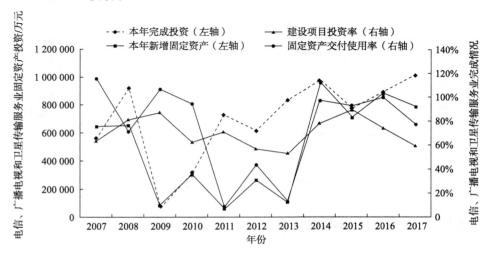

图 8-17　2007~2017 年河北省电信、广播电视和卫星传输服务业固定资产投资与完成情况

1. 电信行业

如图 8-18 所示, 2007~2018 年河北省电信行业快速发展, 固定电话用户数量不断下降, 其中农村固定电话用户下降幅度大于城市固定电话用户下降幅度。与此相反, 移动电话用户数量不断上升, 从 2007 年的 2 814.8 万户增长到 2018 年的 8 195.6 万户, 12 年增长了 191.2%。由于固定电话用户数量的不断下降, 固定长途电话交换机容量也出现了同步的下降趋势, 同样移动电话交换机容量伴随着移动电话用户数量的不断攀升而快速增长, 12 年增长了 270.3%。

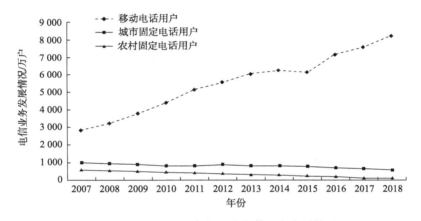

图 8-18 2007~2018 年河北省电信业务发展情况

2018 年河北省光缆线路长度达到 213.2 万千米, 同比增长了 24.4%。如图 8-19 和图 8-20 所示, 2018 年河北省固定长途电话交换机容量达到 112 800 路端, 相比于 2017 年减少了 55.66%。局用交换机容量 891.91 万门, 比 2017 年下降了 12.26%。移动电话交换机容量为 14 637 万户, 比 2017 年增长了 4.7%。移动电话基站数达到 29.2 万个, 比 2017 年增长了 1.04%。互联网宽带接入端口达到 4 242.4 万个, 比 2017 年增长了 2.8%。全省 11 个设区市基本实现光纤网络全覆盖, 达到工业和信息化部明确的 "光网城市" 的标准。截至 2016 年底, 河北省有移动、电信、联通、铁通公司 4 家基础电信企业和铁塔公司, 通信建设施工企业 181 家, 通信建设监理企业 7 家, 通信建设设计企业 2 家。增值电信企业达到 1 210 家, 其中, 增值电信业务收入 300 万元以上的规模增值电信企业 86 家。2018 年河北省光缆线路总长度达到 213.2 万千米、移动网络基站数达到 29.2 万个、互联网宽带接入端口达到 4 242.4 万个, 均居全国第 7 位。互联网省际出口宽带达到 2.9 万 G, 居全国第 6 位, 同比增长 70.6%。信息通信基础设施水平居全国前列。

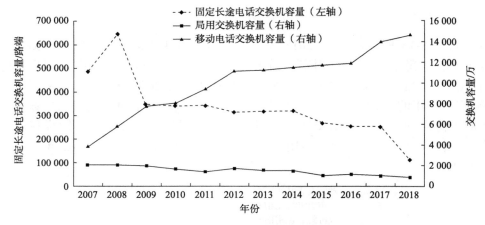

图 8-19　2007~2018 年河北省电信主要通信能力发展情况

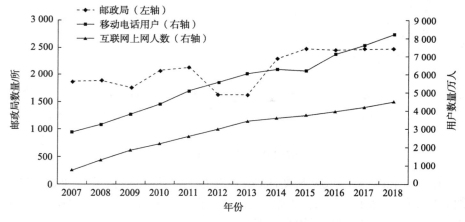

图 8-20　2007~2018 年河北省邮政电话互联网发展情况

2. 广电行业

2007~2018 年是河北省广播电视业快速发展阶段，如图 8-21 所示，广播节目和电视节目覆盖率快速提升，此后维持在 99.3%左右的较高水平。河北省广电业的发展在 2007 年基本实现县级网络整合，由此标志着河北省广电体制改革进入集团化时代。2013 年，在国务院机构改革的引领下，河北省新闻出版广电局正式挂牌成立，促进河北省现代广电市场体系的形成。2014 年，京津冀一体化国家战略的提出为河北省广电业的发展带来关键的发展机遇期，为建立科学有效的管理体制，促进融合发展，河北省广播电视资源不断整合，于 2016 年正式成立由河北人民广播电台、河北电视台等机构合并而成的河北广播电视台。2017 年河北广电传媒集团注册，于 8 月 16 日正式挂牌成立。

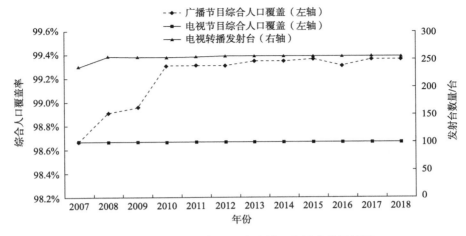

图 8-21　2007~2018 年河北省广播、电视业发展情况

　　河北省 IPTV（internet protocol television，交互式网络电视）的发展是该领域的先锋，从 2015 年的零用户发展到 2018 年的 1 400 万用户只用了四年时间。IPTV 由河北广电无线传媒公司携手河北联通、河北电信共同合作发展，在政策红利的引导下，成为国内首屈一指的 IPTV 发展大省，更是被业界冠以"河北现象""河北速度"之称。河北产业各界将视频定位为战略性的基础业务，践行"广电+运营商+华为+新媒体"的四位一体的生态模式，以强有力的端到端执行力，打造优质的视频体验和服务体验，为用户提供教育、音乐、体育、游戏、购物等多样化的服务，让家庭用户通过电视入口，获得更丰富的服务。

　　3. 互联网和相关服务业

　　如图 8-22 和图 8-23 所示，2007~2017 年河北省互联网和相关服务固定资产投产与施工项目数量除 2010 年出现较大幅度提高外，其他年份均平稳发展，这说明 2010 年是河北省互联网相关产业发展的关键年份，出现大规模的建设项目投资，因此也导致 2010 年出现了该产业固定资产投资率的显著下降。2007~2017 年，河北省互联网和相关服务固定资产年度完成投资和新增投资额度持续上升，这说明河北省互联网相关产业的投资规模在不断扩大，建设项目投资率和固定资产交付使用率均控制在合理区间范围内，宏观投资效果良好，能够顺利完成各年度计划安排。随着近年来河北省"互联网+"新业态的不断贯彻落实，产业公共服务水平及转型升级进程不断推进，张家口、廊坊、石家庄等地都与各大厂商合作，持续推动云计算中心和大数据平台的建设。

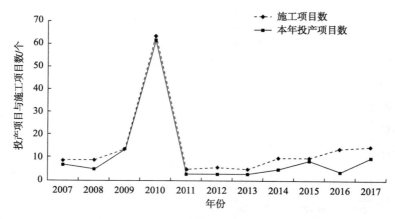

图 8-22　2007~2017 年河北省互联网和相关服务固定资产投产项目与施工项目数

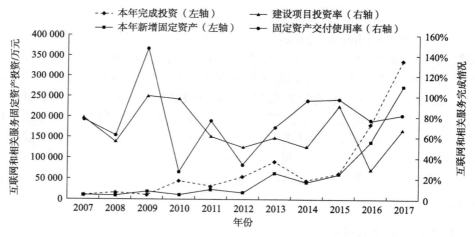

图 8-23　2007~2017 年河北省互联网和相关服务固定资产投资与完成情况

近年来，河北省互联网和相互服务业蓬勃发展，截至 2017 年，河北省全省域名 18.9 万个，网站总数 21.9 万个，信息资源开发利用逐步深入，以政府为引导、以市场化运营为主体的信息资源开发利用和服务体系初步建立，数字处理、生产和服务水平不断提高，电子政务、行业应用、农村信息服务、远程教育、远程医疗等领域信息资源开发利用成效明显。2016 年河北省互联网宽带接入端口 3 841.1 万个，移动互联网用户 5 518.3 万人，移动互联网接入流量 37 107.8 万 G，随着宽带普及率的不断提高和 4G 业务的不断拓展，基础电信运营商加速向综合信息服务提供商转型发展，应用平台不断完善，服务功能不断增强，已广泛应用于经济社会多个领域。

2017 年底，互联网宽带接入端口达到 4 126.9 万个，同比增长 14.1%；互联网省际出口带宽达到 1.7 万 G，同比增长 71.52%；光缆线路长度达到 171.4 万千米，同比增长 45.3%，其中长途光缆线路长度达 3.8 万千米，本地网中继光缆线路达 81.5 万千米，接入光缆线路达 86.1 万千米。移动网络建设与发展成果显著，网络覆盖能力持续增强，移动电话基站总数 28.9 万个，同比增长 12.9%，完成市区、县城良好覆盖和高铁、高速公路连续覆盖。

2017 年，河北省全力推进光纤网络的建设和改造，扎实推进电信普遍服务试点，加大 4G 网络建设和覆盖力度，加快城域网和骨干网扩容，优化网络架构，推进扩容互联网国际出入口宽带，提升服务器处理能力，推动河北省宽带网络速率的持续大幅提升。河北省网络基础设施体系进一步完善，信息通信能力显著提升。在中国网络空间研究院发布的 2017 年中国互联网发展指数评估排名中，河北省互联网发展指数综合排名第 19 位，其中互联网基础设施建设指数排名中国第 4 位，位居前列，超过上海、广东等沿海经济发达省份，为互联网产业发展打下坚实的基础。

8.1.5　软件和信息技术服务业

2007~2016 年河北省软件实现业务收入同比增长 226.9%，远高于全国 31.3%的平均增幅，全国排名从第 22 位上升至第 16 位，实现了飞速发展，其中增长最快的是系统集成和支持服务收入，实现了 634.2%的增长，在河北省软件收入中的比重从 2009 年的 34.6%迅速增长到 75%。2017 年河北省软件实现业务收入同比增长 14.2%，规模进一步扩大且维持在相对稳定的发展水平。其中信息技术服务收入是软件业务收入的最主要来源，同比增长 14.7%，约占全部收入的 65%。

如图 8-24 和图 8-25 所示，2007~2016 年河北省软件和信息技术服务业固定资产施工项目数量、年度完成投资和年度新增固定资产金额持续攀升，规模不断加大。近年来，河北省高度重视电子信息产业发展，建成一批特色鲜明的电子信息产业基地，吸引一批云计算、大数据企业入驻。中国联通廊坊云数据中心、阿里北方云基地等一大批项目陆续开工建设，为协助企业打开京津市场，开展更加深入和高水平的合作，河北省信息产业与信息化协会、软件与信息服务业协会等电子信息产业相关协会几乎全部行动起来，每年都联合京津两地电子信息相关协会组织企业对接、洽谈、考察等活动。

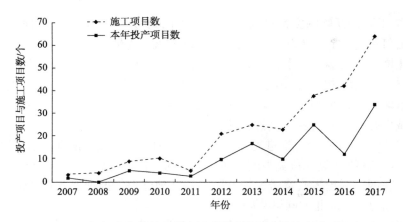

图 8-24　2007~2017 年河北省软件和信息技术服务业固定资产投产项目与施工项目数

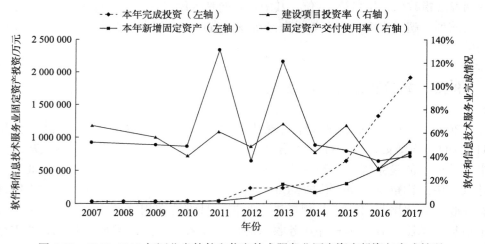

图 8-25　2007~2017 年河北省软件和信息技术服务业固定资产投资与完成情况

8.1.6　水利、环境和公共设施管理业

1. 水利管理业

水利是国民经济的基础产业，也是重要的基础设施，具有兴利和除害的功能，水利工程基础设施是水利经济的载体，作为开发控制和优化调整水资源的重要媒介，对人民的生产生活具有重要的影响。随着社会经济的快速发展，人们对水资源的需求不断增加，水利工程建设越来越重要。

如图 8-26 和图 8-27 所示，河北省水利管理业投产项目与施工项目数在 2009 年达到峰值，其他年份处于相对稳定水平，2007~2017 年均值分别为 225.6 个和 321.0

个，说明河北省的水利管理业固定资产投资长期处于较高强度的开发建设过程中。
2007~2017 年河北省水利管理业固定资产投资年度完成和新增额度呈现波动上升
趋势，分别增长 372.4% 和 536.1%，说明河北省对于水利管理业的发展投入规模在
不断扩大，投资力度在持续增长。2016 年河北省水利管理业固定资产投资计划
253.51 亿元，在全部计划投资中，防洪工程投资 58.96 亿元，地下水超采综合治理
投资 55.99 亿元，水土保持及生态环境综合治理投资 31.81 亿元，引调水工程投资
31.5 亿元，灌溉除涝投资 25.5 亿元，机构能力建设及其他水利工程投资 49.75 亿
元。建设项目投资率和固定资产交付使用率均处于波动变化过程中，11 年间均值
分别为 70% 和 57%，说明河北省水利管理业固定资产在开发建设过程中存在工期
延长、投资增加的现象。

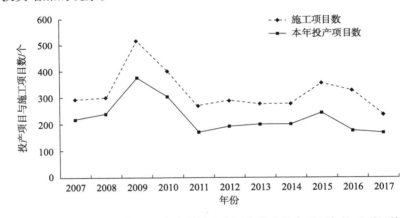

图 8-26　2007~2017 年河北省水利管理业固定资产投产项目与施工项目数

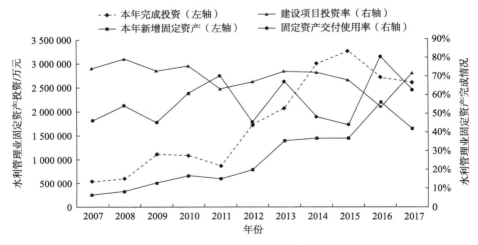

图 8-27　2007~2017 年河北省水利管理业固定资产投资与完成情况

近年来河北省加快重大水利工程建设，供水保障能力不断提升。2014 年底南水北调中线工程正式通水，配套输水工程基本完工，建成水厂以上输水线路 2 056 千米，新建水厂 109 座、改（扩）建水厂 3 座，利用原有地表水厂 16 座，年处理江水能力达到 20 亿立方米，已累计消纳长江水 10 亿立方米。

引黄入冀补淀工程截至 2017 年 11 月底累计完成工程投资 40.86 亿元，占总投资的 96.35%，已具备通水条件。按照国家批复的初步设计，工程建成后每年可调引黄河水 6.2 亿立方米，其中农业用水 3.65 亿立方米，白洋淀生态净补水 1.17 亿立方米，地下水补给量 1.38 亿立方米，可为沿线黑龙港流域 22 个县（市、区）提供农业灌溉用水支持，有效缓解农业用水矛盾。为支持雄安新区建设，水利部已明确表示，通过优化调度，延长引水时间，将入淀净水量增加至 2 亿立方米。引黄入冀工程将成为保障白洋淀用水安全的重要输水"动脉"。

在重大水利工程加快建设的同时，民生水利建设也加速推进。党的十八大以来，河北省始终把解决农村群众饮水安全问题摆在改善民生的重要位置，依托国家农村饮水安全和农村饮水安全巩固提升项目，累计投资 84 亿元，解决 1 710 万人饮水安全问题，河北省建成集中供水工程 2.86 万处，自来水普及率、集中供水率分别由 2012 年的 70%、73%提高到 2016 年的 82%、87%，饮水安全指标高于全国平均水平，基本解决农村饮水不安全问题。大力推进农村生活用水置换工程建设，黑龙港地区部分农村群众已彻底摆脱高氟水威胁。

围绕脱贫攻坚目标任务，对接贫困地区需求，扭住补齐水利设施短板，落实倾斜政策，共整合中央和省级投资 170 亿元，在 62 个贫困县实施一大批饮水安全、脱贫产业水利配套等工程，贫困地区水利公共服务能力持续提高。开展石津、漳滏河等 42 处大中型灌区节水改造、88 个小农水重点县和现代农业县建设，全省节水灌溉面积已达 4 971 万亩，占河北省灌溉面积 7 202 万亩的 69%，在保障粮食安全方面发挥积极作用。

防汛抗旱体系建设是用水安全保障体系的重要组成部分。2012~2016 年，共完成 566 座中小型病险水库除险加固，实施 190 条（段）中小河流和 29 条重点山洪沟治理，启动永定河泛区等蓄滞洪区安全建设，开展 783 项应急度汛工程建设，在 164 个县实施抗旱应急工程建设，防汛抗旱工程设施渐趋完善。完成 66 个山区县山洪灾害防治非工程措施建设，建成各类监测站点 2 万余个，初步建成覆盖全省的山洪灾害监测预警体系。落实人防、物防、技防措施，组建专业防汛抢险队伍 156 支、1.2 万人，群众性抢险队伍 2 002 支、88 万人，全省常备防汛物资储备总值达到 3.11 亿元，建立山洪灾害气象预警联合发布机制，开展大规模河道清障行动。

2016 年在省委、省政府领导下，河北省水利系统紧紧围绕"经济强省、美丽河北"的奋斗目标，抓项目惠民生、抓重点求突破、抓改革增活力、抓作风促落实，实现了"十三五"时期水利改革发展良好开局。全力抗击"7·19"暴雨洪灾，防汛抗旱取得重大胜利。加快实施南水北调中线配套、引黄入冀补淀等重点工程，圆满完成项目建设任务。统筹推进地下水超采综合治理、水土保持等生态建设，水环境水质量持续改善，强化三条红线管理，刚性约束作用日益凸显。推动机制体制创新，在全国率先开展了水资源税改试点，水权、水价改革取得突破性进展。坚持依法治水管水，水利立法、河道采砂管理，水行政审批"简政放权"等工作效果明显。落实管党治党责任，水利党建工作持续深化。

2. 生态保护与环境治理业

如图 8-28 和图 8-29 所示，河北省生态保护与环境治理业固定资产投产项目与施工项目数呈现出波动变化过程。2007~2009 年呈现上升趋势，2009 年施工与投产项目数量分别达到 342 个和 254 个，2009~2012 年呈现下降趋势，2012 年后呈现波动变化。年度完成投资和年度新增固定资产额度也均出现波动变化过程，其中年度完成投资在 2010 年达到峰值，年度新增固定资产额度在 2017 年达到峰值，说明生态保护与环境治理业开发建设存在显著的周期性特征，投资力度会视环境质量情况和实施效果进行相应的调整。2007~2014 年固定资产交付使用率呈现持续增长趋势，表明在这一阶段河北省生态保护与环境治理业固定资产交付使用进度逐渐加快，投资效果持续改善，2014 年后出现下降趋势，原因可能在于，河北省进入新一轮的生态保护与环境治理业开发建设过程，因此出现交付使用率连续下降的变化。2007~2017 年的建设项目投资率变化过程较为平稳，均值接近 70%。

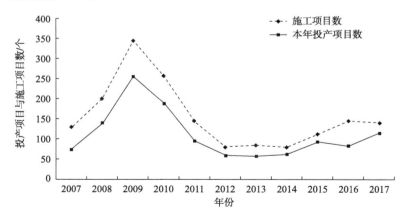

图 8-28　2007~2017 年河北省生态保护与环境治理业固定资产投产项目与施工项目数

河北省长期以来致力于生态保护与环境治理业建设，注重提高该产业开发建设质量。近年来，围绕雄安新区规划建设，河北省开展一系列生态环境保护建设

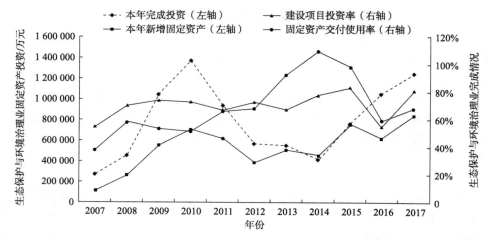

图 8-29 2007~2017 年河北省生态保护与环境治理业固定资产投资与完成情况

工程。例如，开展白洋淀及上游河道清洁、入河排污口整治专项行动，实行巡查制度，逐段安排村级保洁员巡查看护，已清理各类垃圾堆积物 3 883 处、406 万立方米，取缔关闭入河排污口（含排放口、雨水口）809 个，有效削减入白洋淀污染物负荷，白洋淀及上游河道水域环境得到极大改善。以张承水源涵养区为重点，持续实施水土流失综合治理，累计完成水土流失治理面积 1.1 万平方千米，工程区减沙效益达 70%以上。河北省与北京市合作，在密云水库上游丰宁等 5 县规划实施清洁小流域建设 600 平方千米，年底可完成 250 平方千米治理任务，保障密云水库水质安全。全面启动潘家口、大黑汀水库网箱养殖取缔工作，保障京津用水安全。截至 2017 年 5 月底，潘家口、大黑汀水库清网清鱼工作全部完成，共清理网箱 7.9 万个、库鱼 1.73 亿斤，水库总磷含量降低 35%，水质明显改善。根据省环保厅监测数据，全省河湖质量呈现总体好转态势，与 2017 年 6 月底相比，2017年 9 月底全省国、省控河流断面，Ⅰ~Ⅲ类水质断面占比由 40.1%提高到 45.3%。9 个湖库型集中式地表水水源地达标率由 88.9%提高到 100%。

地下水超采综合治理是恢复改善河北省地下水生态环境的重要举措。试点实施三年来，总投资 318 亿元，治理范围涉及 11 市 156 个县（市、区），覆盖全部 7 个地下水漏斗区。2014~2016 年通过"节、引、蓄、调、管"等综合措施，发展农业高效节水灌溉面积 1 000 余万亩，疏浚整治河渠 1.07 万千米，扩容整治坑塘 1 000 多座，地表水置换地下水 500 万多亩，推行季节性休耕（压减冬小麦种植）200.3 万亩、退耕还林还草 52.3 万亩、保护性耕作 125 万亩，推广节水小麦品种 1 700 万亩，关停农业灌溉机井 4 235 眼、城市自备井 3 900 眼。困扰河北省多年的地下水超采得到初步遏制，项目区地下水位下降趋势明显减弱，部分区域止跌回升。

3. 公共设施管理业

河北省公共设施管理业受其内容繁多，范围广泛的产业特点影响，如图 8-30 和图 8-31 所示，固定资产投产与施工项目数量相比于水利管理业和生态保护与环境治理业处于较高水平，2007~2017 年两项指标的均值分别为 1 650.3 个和 1 105.9 个。从变化过程来看，年度施工项目数量和投产项目数量均呈现出增长—下降—增长的变化过程。2007~2017 年河北省年度完成投资和新增固定资产均处于持续的增长过程，分别增长 1 379.4%和 1 869.4%，说明河北省长期以来不断加大公共设施管理业的建设规模和投入力度，依托于公共设施载体推进社会主义精神文明建设，加快和谐社会构建进程。从建设项目投资率和固定资产交付使用率相对稳定的变化过程来看，该产业具有建设快、竣工快、投产快、见效快的特点。

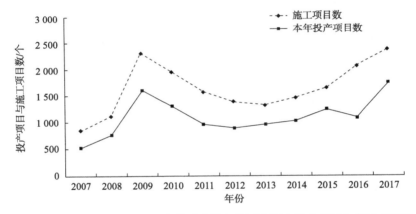

图 8-30　2007~2017 年河北省公共设施管理业固定资产投产项目与施工项目数

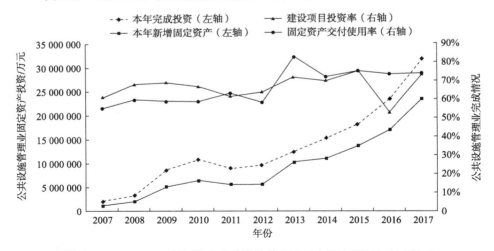

图 8-31　2007~2017 年河北省公共设施管理业固定资产投资与完成情况

　　城市公共设施是指城市景观中的公共"生活家具"，如信息、文化、交通、休息娱乐等设施。在京津冀一体化不断推进的今天，公共服务、交通一体化的建设推进，河北省的公共设施建设正在不断完善。它是城市经济实力和市民生活品质的体现，也是城市对外宣传的名片。城市公共设施建设对塑造城市的形象和精神面貌有着举足轻重的作用，也是城市先进程度不可或缺的参造物。随着京津冀一体化的不断推进，毗邻京津的河北省，经济发展获得空前的机遇，人民生活水平显著提高，都市化进程加快，城市公共设施建设也在不断进步。

8.1.7　教育

　　近年来河北省教育固定资产投资实现了快速增长，如图 8-32 和图 8-33 所示，2007~2017 年虽然固定资产施工项目个数与年度投产项目数量呈现出波动下降趋势，但年度完成投资和年度新增固定资产均呈现出持续的增长过程，2007~2017年分别增长 168.60%和 140.09%。2007~2017 年河北省建设项目投资率和固定资产交付使用率变化过程较为平稳，除固定资产交付使用率在 2008 年出现显著提高外，两项指标在 2007 年、2009~2017 年分别围绕 71.3%和 81.8%呈现小幅度波动变化。

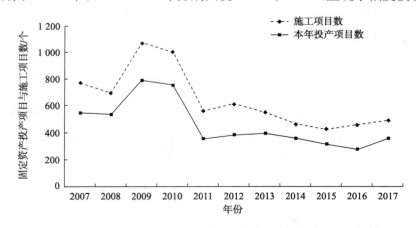

图 8-32　2007~2017 年河北省教育固定资产投产项目与施工项目数

　　从教育投入方面来看，2017 年河北省地方教育经费总投入为 1 593.85 亿元，同比增长 12.21%。其中，国家财政性教育经费 1 337.48 亿元，同比增长 12.50%，公共财政教育经费为 1 246.63 亿元，同比增长 11.75%。2017 年河北省普通小学、普通初中、普通高中、中等职业学校、普通高等学校学生人均一般公共财政预算教育事业费支出增幅分别为 8.41%、8.63%、11.42%、4.35%、6.09%，普通小学、普通初中、中等职业学校、普通高中等学校学生人均公共财政预算公用经费支出

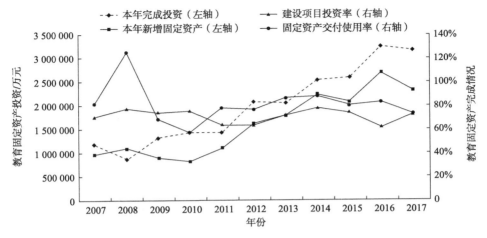

图 8-33　2007~2017 年河北省教育固定资产投资与完成情况

增幅分别为 3.23%、3.76%、1.54%、6.95%，普通高等学校学生人均公共财政预算公用经费支出有所下降。

如图 8-34 所示，从各类学校数量变化过程来看，2007~2018 年除普通高等学校数量呈上升趋势外，普通小学、普通中学、职业中学的数量均呈下降趋势，其中普通小学和职业中学数量的下降趋势较为显著，下降率分别为 33.4%、33%。如图 8-35 所示，从各级各类学校专任教师数量来看，普通小学教师数量最多，2018 年人数达到 35.37 万人，职业中学教师数量最少，2018 年人数为 2.5 万人。从教师数量变化过程来看，普通高等学校教师数量上升趋势最为显著，2007~2018 年增长了33.4%，普通小学和普通中学教师数量均呈现先下降再上升的变化过程，职业中学教师数量变化过程较为平稳。

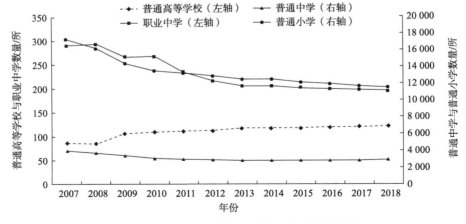

图 8-34　2007~2018 年河北省各级各类学校数量

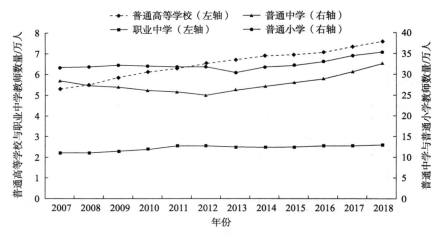

图 8-35　2007~2018 年河北省各级各类学校专任教师数量

从就学人数来看，2018 年小学学龄儿童净入学率 99.96%，小学毕业生升学率 98.4%，初中毕业生升学率 99.5%。全省普通高中在校学生数 133.49 万人，初中在校学生数 283.15 万人。普通高等学校在校学生数 134.26 万人。研究生在校学生数 5.0 万人。中、高等教育阶段男女比例相对均衡。

8.1.8　卫生、社会福利业、社会工作和社会保障

1. 卫生

如图 8-36 和图 8-37 所示，河北省卫生固定资产投产项目与施工项目数量均在 2009 年达到最大值，2009 年后呈下降趋势，近五年均值分别为 193.2 项和 120.8 项。投资规模不断扩大，年度完成投资和新增固定资产呈波动增长趋势，相比于 2007 年分别增长了 359.7% 和 320.3%。相比于 2015 年，新增固定资产在 2016 年出现小幅度下降，原因可能在于近年来河北省不断深入推进医疗改革，城市及县级公立医院全面实施零差率，不断降低城市公立医院药占比等。2007~2017 年建设项目投资率和固定资产交付使用率均呈现波动变化，且在 2016 年和 2010 年达到最低值，分别为 47.8% 和 58.5%，分别低于 2007~2017 年均值 16.5% 和 15.8%。2016 年河北省以国家供给侧结构性改革意见为指导，以"三医联动"促机制建设，不断推进县级公立医院投入、管理、运行、人事分配、评价等深层次改革，加快建立分级诊疗制度，以常见病、多发病、慢性病分级诊疗为突破口，通过基层服务签约、医保杠杆控制、服务价格引导、完善利益分配等手段构建分工明确、上下畅通的协作机制。同

时，再确定 3 个设区市，选择区域内医联体或县乡村一体化的管理方式开展试点。2016 年基本卫生服务经费的新增部分将全部用于购买全科医生和乡村医生签约服务，助力分级诊疗。

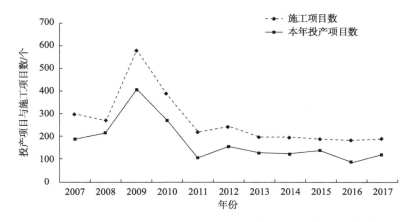

图 8-36　2007~2017 年河北省卫生固定资产投产项目与施工项目数

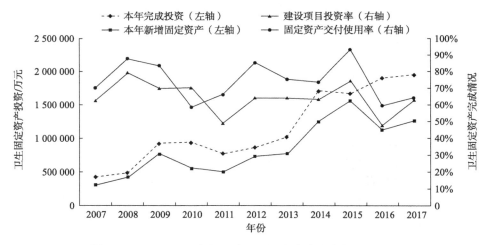

图 8-37　2007~2017 年河北省卫生固定资产投资与完成情况

党的十八大以来，河北省不断深化卫生体制改革，医疗卫生服务体系不断健全，医疗卫生服务能力全面提升，服务保障能力明显增强，河北省卫生事业发展取得显著成绩。如图 8-38 所示，河北省卫生资源总量不断扩大，2019 年河北省医疗卫生机构 84 655 个，其中医院 2 120 个，在 2011 年实现大幅度跨越，比 2007 年增加增长了 335.8%。2007~2019 年河北省医疗卫生机构床位数量呈线性增长趋势，2019 年河北省共设有床位 43 万张，比 2007 年增加 120.5%。

其中，医院床位数由 18.01 万张增加到 32.85 万张，增长了 82.40%。人才队伍不断壮大，2019 年全省卫生技术人员为 48.6 万人，比 2007 年增长加了 106.8%，其中执业（助理）医师 22.35 万人，比 2007 年增加了 123.5%。居民健康水平不断提升，全省人口平均预期寿命由 2010 年的 74.97 岁提高到 2016 年的 76.17 岁。城乡居民健康差异进一步缩小，医疗卫生服务可及性、服务质量、服务效率和群众满意度显著提高，为全面建成小康社会，实现人人享有基本医疗卫生服务目标打下了坚实的基础。

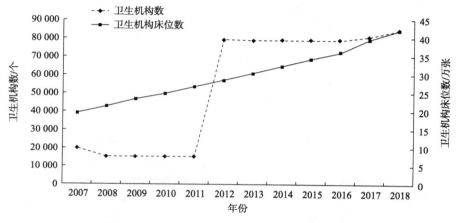

图 8-38　2007~2018 年河北省卫生事业发展情况

2. 社会福利业

在河北省统计年鉴中，2011 年前统计的是社会福利业，2012 年后将社会福利业划分为社会工作和社会保障两部分进行统计。如图 8-39 和图 8-40 所示，2007~2011 年河北省社会福利业固定资产投产项目数量与施工项目数量呈现相同的变化轨迹，均先上升再下降，在 2009 年达到峰值。同样年度完成投资额度与年度新增固定资产额度也在 2009 年达到峰值。建设项目投资率和固定资产交付使用率处于相对稳定的波动变化过程中，五年内的均值分别为 66.8% 和 74.1%，但受施工项目数量和年度投产项目数量变化的影响，两项指标均在 2011 年达到最低值。

从社会福利业基本情况来看，河北省烈士纪念建筑物管理单位数量、救助类单位数量和殡仪馆数量均在 2014 年达到最大值，分别为 106 个、84 个和 183 个，到 2016 年三类单位数量分别下降至 80 个、40 个和 155 个。城市养老服务机构数量变化过程相对平稳，2012~2016 年维持在 349 个的平均水平。从收养性社会福利单位基本情况来看，河北省农村养老服务机构数量呈现出先增长再

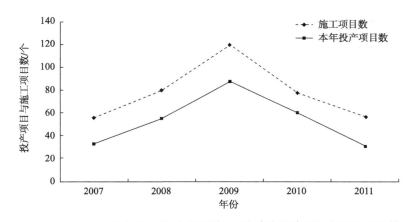

图 8-39　2007~2011 年河北省社会福利业固定资产投产项目与施工项目数

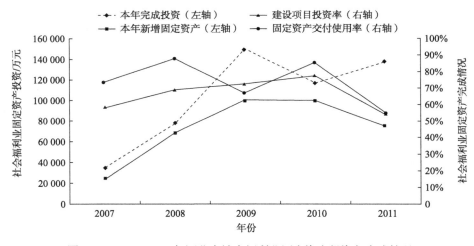

图 8-40　2007~2011 年河北省社会福利业固定资产投资与完成情况

下降的变化过程，最大值出现在 2012 年，为 1 442 个，2016 年其数量快速下降至 435 个，2007~2011 年下降了 69.8%（数据来源于《河北统计年鉴 2017》）。

3. 社会工作

社会工作方面，如图 8-41 和图 8-42 所示，2012~2017 年固定资产施工项目数量和年度完成投资均呈现持续上升趋势，两项指标 2012~2017 年分别增长 110.2% 和 445.2%。年度投产项目数量先上升再下降再上升的变化趋势，与建设项目投资率呈现类似的变化轨迹。此外，年度新增固定资产和固定资产交付使用率也呈现出相似的变化过程，但前者在 2017 年达到峰值，后者在 2013 年达到峰值。

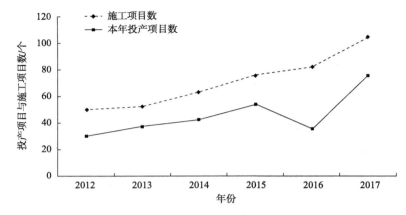

图 8-41　2012~2017 年河北省社会工作固定资产投产项目与施工项目数

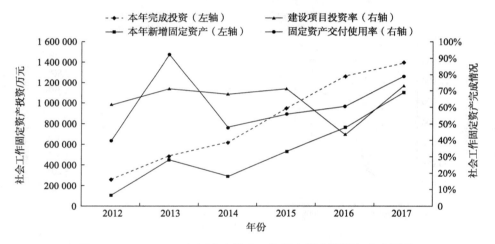

图 8-42　2012~2017 年河北省社会工作固定资产投资与完成情况

近年来，河北省积极探索，大胆实践，涌现出一批具有一定规模和影响的社工服务机构，大力推动社会工作专业服务的开展。如图 8-43 所示，2012~2019 年河北省社会组织数量持续上升，2019 年达到 30 026 家，比 2012 年增长了 81.6%。从构成来看，民办非企业单位数量所占比例不断上升，2019 年达到 65.1%，社会团体数量所占比例波动上升，2019 年为 34.4%，基金会数量所占比例变化幅度虽然不大，但其数量出现了显著提升，八年增长了 269.2%。另外，截至 2018 年，河北省社会工作行业组织共计 12 家，民办非企业单位 73 家，其中省级社会工作行业组织 1 家。在"7·19"特大洪涝灾害灾后社会工作服务中，河北省社会工作促进会积极组织全省社会工作服务机构和广大社会工作者深入受灾地区，为受灾群众开展心理疏导、心理干预和困难救助服务，为受灾地区群众开展灾后重建提供支持，取得了较好效果。

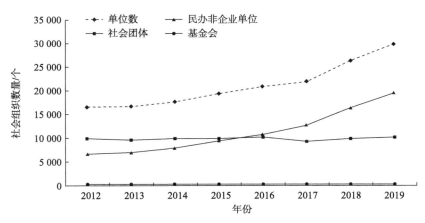

图 8-43　2012~2019 年河北省社会组织数量及其构成

4. 社会保障

社会保障方面，如图 8-44 和图 8-45 所示，固定资产施工项目数量、投产项目数量、年度完成投资、年度新增固定资产、建设项目投资率和固定资产交付使用率 6 项指标均呈现出先下降再上升的同步变化过程，且均在 2012 年达到最大值，2014 年达到最低值。在劳动就业方面，2017 年河北省各类人力资源服务机构共计 1 284 家，其中民营服务机构 864 家，占总量的 67.29%。县级以上公共服务机构及行业所属服务机构 344 家，占总量的 26.79%。国有性质的服务机构 48 家，占总量的 3.74%。外资及港澳台资服务企业和民办非企业等服务机构 28 家，占 2.18%。在社会保险方面，2017 年河北省参加企业基本养老保险人数为 1 489.2 万人，同比增长 6.14%。参加城镇职工基本医疗保险人数为 986.9 万人，同比增长 1.36%，参加城乡居民基本医疗保险人数为 5 896.2 万人。参加失业保险人数为 529.7 万人，参加工伤保险人数为 860.7 万人，参加生育保险人数为 737.8 万人。人才队伍建设方面，累计开展了 7 批"百人计划"评选，累计设立博士后科研流动站 50 所，工作站 85 所，32 个单位批准为博士后创新实践基地。

8.1.9　文化体育娱乐业

1. 新闻和出版业

如图 8-46 和图 8-47 所示，2007~2017 年河北省新闻和出版业固定资产投产项

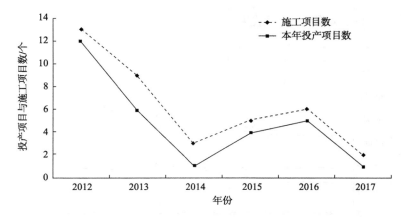

图 8-44   2012~2017 年河北省社会保障固定资产投产项目与施工项目数

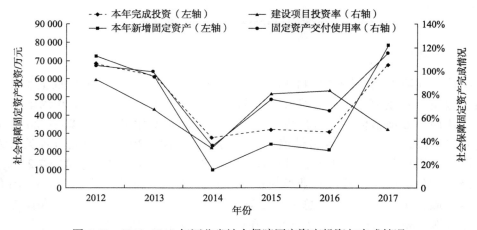

图 8-45   2012~2017 年河北省社会保障固定资产投资与完成情况

目与施工项目数波动变化，11 年均值分别为 1.7 项和 4.5 项。年度完成投资除在 2015 年出现大幅度提高外，其他年份呈现小幅度波动变化。固定资产交付使用率在 2012 年出现大幅度提高，其他年份也呈现小幅度波动变化。年度新增固定资产和建设项目投资率两项指标的变化过程较为平稳。

近年来，河北省新闻和出版业健康发展，2017 年河北省出版图书共计 9 857 种，29 436.3 万册；报纸 64 种，116 454.0 万册；期刊 217 种，4 226.5 万册。近年来，河北省不断推进全民阅读基本设施建设，构建完善的公共阅读网络。除加快城区文化设施建设步伐外，积极做好农家书屋的建设、管理和使用，建立省市县乡四级联动管理机制，为每个农家书屋基本配备图书不少于 1 200 种、1 500 册；充分利用现代网络技术，建成 5 010 个卫星数字农家书屋，并在河北省范围内推广使用。

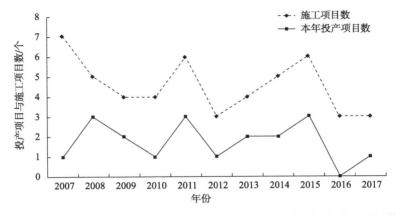

图 8-46　2007~2017 年河北省新闻和出版业固定资产投产项目与施工项目数

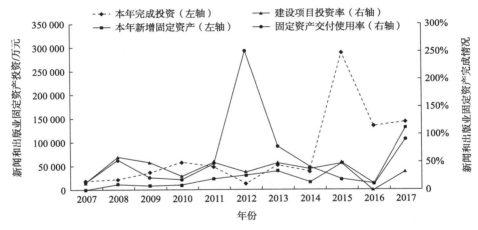

图 8-47　2007~2017 年河北省新闻和出版业固定资产投资与完成情况

2. 广播、电视、电影和影视录音制作业

如图 8-48 和图 8-49 所示，2007~2016 年河北省广播影视固定资产投产项目数量与施工项目数量呈波动下降趋势，分别下降了 63.2%和 78.3%。从投资过程来看，年度完成投资和新增固定资产均呈现波动上升趋势。受投产项目与施工数量变化的影响，建设项目投资率在 2017 年达到峰值，为 80%，在 2016 年达到最低值，为 35.7%。受年度完成投资和年度新增固定资产的影响，固定资产交付使用率在 2010 年达到峰值，为 133.45%，在 2011 年达到最低值，为 34.11%。截至 2016 年，河北省拥有中、短波转播发射台 31 座，调频转播台 159 座。广播电视台 151 座，电视转播台 253 座。有线电视用户 842.8 万户，有线数字电视用户 767.8 万户。年末广播节目综合人口覆盖率 99.35%，电视节目综合人口覆盖率 99.28%。全年生产各类影片 13 部，电视剧 11 部。

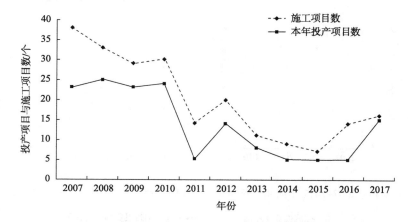

图 8-48   2007~2017 年河北省广播影视固定资产投产项目与施工项目数

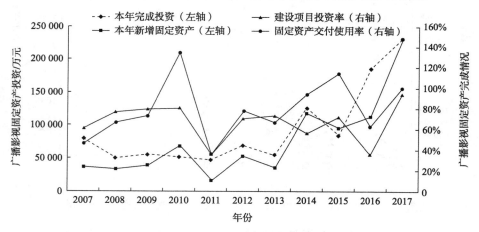

图 8-49   2007~2017 年河北省广播影视固定资产投资与完成情况

3. 文化艺术业

如图 8-50 和图 8-51 所示，2007~2017 年河北省文化艺术业固定资产投产项目数量和施工项目数量呈现波动变化，两项指标均在 2009 年达到峰值，分别为 175 个和 107 个，受其影响，建设项目投资率变化过程表现为在 2015 年达到峰值，为 73.4%，在 2016 年达到最低值，为 33.3%。年度完成投资和年度新增固定资产在 2007~2013 年持续上升，2013 年后波动变化，相应地，固定资产交付使用率在 2010 年达到最低值，为 31.4%。

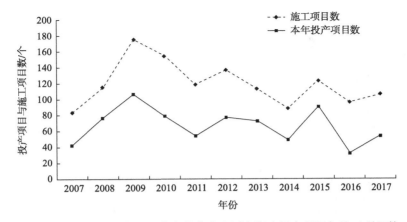

图 8-50　2007~2017 年河北省文化艺术业固定资产投产项目与施工项目数

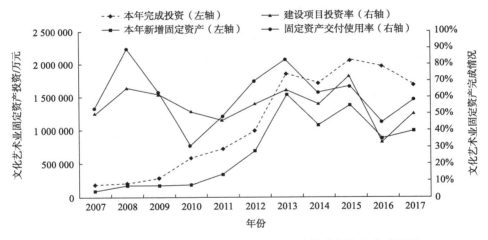

图 8-51　2007~2017 年河北省文化艺术业固定资产投资与完成情况

图 8-52 为 2007~2018 年河北省文化艺术事业机构发展情况,从图中可以看出,2007~2017 年河北省艺术业机构数量呈现出增长趋势,此过程主要受艺术表演团体数量变化的影响,而剧场、影剧院数量变化则相对稳定, 2007~2017 年下降了12.1%。另外, 河北省文物业机构数量 2007~2017 年增长了 83.6%, 2017 年末达到470 个, 博物馆数量增长了 139.3%, 2017 年末达到 134 个, 河北省图书馆数量为173 座, 其中省级图书馆 13 座。

4. 体育

如图 8-53 和图 8-54 所示, 2007~2017 年河北省体育固定资产投产项目与施工项目数量呈现波动变化, 年度投产项目与施工项目数量分别为 21.5 项和 39.4 项。

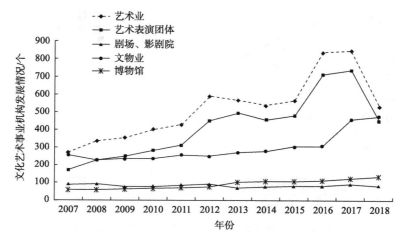

图 8-52　2007~2018 年河北省文化艺术事业机构发展情况

年度完成投资和年度新增固定资产两项指标呈持续上升趋势，2007~2017 年分别增长了 3 340.9%和 4 465.2%，这说明河北省体育在 11 年内出现了大规模的发展，投资力度大幅度提高，为河北省体育的发展和人民健康水平的提高提供了十分必要的保障。受上述四项指标变化的影响，河北省体育建设项目投资率和固定资产交付使用率均呈波动变化，前者最大值出现在 2008 年，为 70%，最小值出现在 2014 年，为 37.5%，后者最大值出现在 2016 年，为 82.2%，最小值出现在 2011 年，为 32.2%。

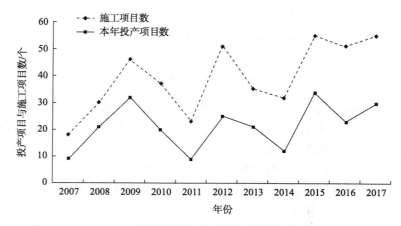

图 8-53　2007~2017 年河北省体育固定资产投产项目与施工项目数

河北省体育蓬勃发展，"十二五"期间，河北省体育设施建设强力推进，启动实施了以河北省奥体中心为龙头的四大基地建设，河北省 11 个设区市、86 个县

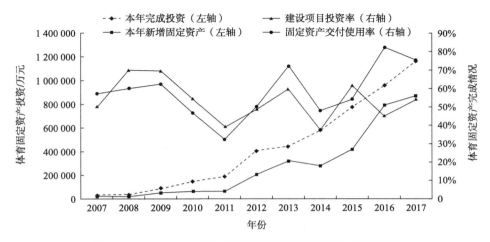

图 8-54   2007~2017 年河北省体育固定资产投资与完成情况

（市、区）均建有全民健身活动中心。群众体育活力显著增强，2015 年河北省经常参加体育锻炼人数达 2 000 多万人，超过 70%的社区、63%的行政村配建了体育健身设施。竞技体育基础不断牢固，2016 年河北省运动员在国际比赛中获金牌 5枚，银牌 2 枚，铜牌 1 枚。

近年来，河北省在抓好体育用品制造和服务全产业链方面，将推动体育用品制造业升级与创新，打造研发、生产、销售、服务的全产业链，特别是引导体育用品制造业企业拓展体育服务业务，在服务中开拓新市场和获取改进产品的意见，实现融合发展。打造国际知名的民族体育用品品牌，结合全民健身，结合服务升级开拓市场，打造世界一流的体育用品制造企业。同时，谋划在唐山、廊坊、保定举办国际体育博览会和高端论坛，搭建宣传推介河北省体育产业企业和产品的平台。

8.1.10   公共管理和社会组织

如图 8-55 和图 8-56 所示，河北省国家机构固定资产投产项目与施工项目数量呈波动下降趋势，2007~2017 年分别下降 46.9%和 50.5%。建设项目投资率变化相对稳定，均值为 67.9%，最低值出现在 2016 年。年度完成投资和年度新增固定资产投资呈同步变化，2007~2017 年均值分别为 751 022.8 万元和 564 310.1 万元。固定资产交付使用率变化较为平稳，最低值出现在 2011 年，2013~2017 年均值为81.3%。

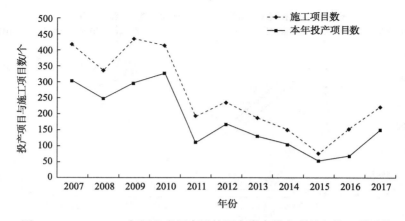

图 8-55　2007~2017 年河北省国家机构固定资产投产项目与施工项目数

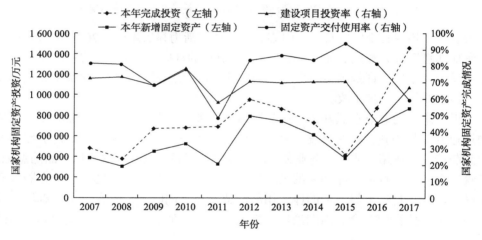

图 8-56　2007~2017 年河北省国家机构固定资产投资与完成情况

8.1.11　科学研究与技术服务业

1. 研究和试验发展

如图 8-57 和图 8-58 所示，2007~2017 年河北省研究和试验发展固定资产投产项目与施工项目平均数量分别为 17 项和 36.1 项，除施工项目数量在 2009 年出现较大幅度增长外，其他年份的变化均较为平稳。同样，建设项目投资率变化也较为平稳，2007~2017 年均值为 50%。研究和试验发展年度完成投资与年度新增固定资产 2007~2017 年呈波动增长趋势，两者最大值分别出现在 2017 年和 2014 年。近年来，河北省科技投入不断增加，2007 年河北省用于科技活动的经费支出为 158

亿元, 其中研究与发展 (R&D) 经费支出为 95 亿元, 占河北省地区生产总值的 0.69%。2016 年河北省全年研究与发展经费支出共计 452.0 亿元, 2007~2017 年增长了 375.8%, 比 2016 年增长 17.9%, 占河北省地区生产总值的 1.33%, 2007~2017 年提高了 92.8%, 比 2016 年提高了 0.13%。

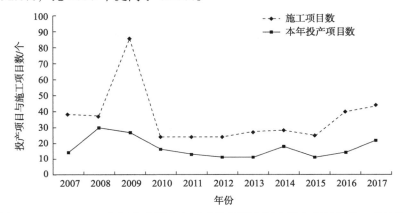

图 8-57　2007~2017 年河北省研究和试验发展固定资产投产项目与施工项目数

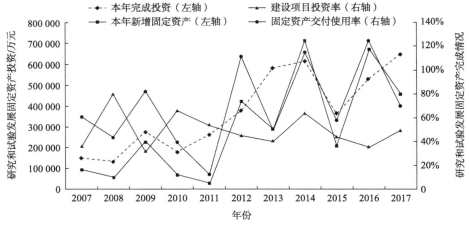

图 8-58　2007~2017 年河北省研究和试验发展固定资产投资与完成情况

2. 专业技术服务业

如图 8-59 和图 8-60 所示, 2007~2017 年河北省专业技术服务业固定资产投产项目与施工项目数量均在 2010 年出现峰值, 分别为 244 项和 228 项, 也致使建设项目投资率在 2010 年出现最大值。2016 年河北省投产项目数量出现最小值, 为 21 项, 因此也使得建设项目投资率在 2016 年出现最小值。2007~2014 年河北省专业技术服务业固定资产年度完成投资与年度新增固定资产呈指数增长趋势, 2014 年后两者出现小幅度下降。河北省近年来科技创新能力显著增强, 2007 年建立省级以上企业技术中心、工程技术研究中心、重点实验室、中心基地共 266 家。2017 年建设省级及以上企业技术中心 547 家、工程技术研究中心 300 家、重点实验室家。2007 年河北省组织实施重点技术创新项目 19 项，高新技术产业化项目 105 项，其中在建国家重大专项和示范工程项目 31 项，新增国家重大专项和示范工程项目 14 项。2017 年组织实施的国家和省高新技术产业化项目 693 项，其中在建国家重大专项和示范工程项目 54 项，新增国家重大专项和示范工程项目 7 项，各项指标均实现了大幅度跨越。

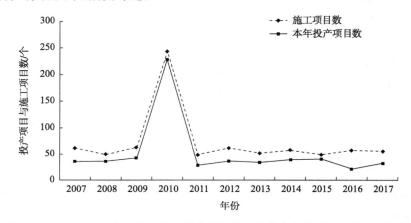

图 8-59　2007~2017 年河北省专业技术服务业固定资产投产项目与施工项目数

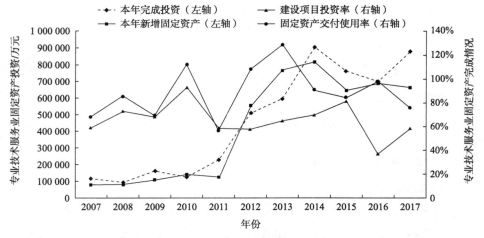

图 8-60　2007~2017 年河北省专业技术服务业固定资产投资与完成情况

3. 科技推广和应用服务业

如图 8-61 和图 8-62 所示，2007~2017 年河北省科技推广和应用服务业固定资产年度完成投资与年度新增固定资产持续增长，2017 年施工项目数量达到近年来的最大值，为 151 项，说明河北省科技推广和应用服务业投入力度持续增加，规模不断扩大，2007~2017 年分别增长了 8 149.4%和 7 503.0%。近年来河北省科技成果显著，2017 年专利申请受理量 61 303 件，授权量 35 348 件，分别比上年增长 11.8%和 11.1%。截至 2017 年底，有效发明专利 21 499 件，同比增长 36.5%。综合技术服务能力进一步提高，截至 2017 年底，河北省共有产品检测实验室 1 907 个，省级及以上检测中心 71 个。产品、体系和服务认证机构 3 个，全年完成强制性产品认证企业 3 195 个。法定计量技术机构 180 个，全年强制检定计量器具 408.7 万台（件）。制定、修订省级地方标准 247 项。全省共有天气雷达观测站点 6 个，卫星云图接收站点 7 个，地震台站 25 个，地震遥测台网 73 个，海洋观测站 8 个。测绘部门审核地图 43 件。全省省级地质环境监测站 1 个。

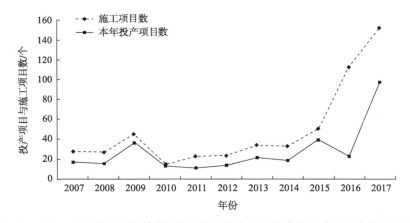

图 8-61　2007~2017 年河北省科技推广和应用服务业固定资产投产项目与施工项目数

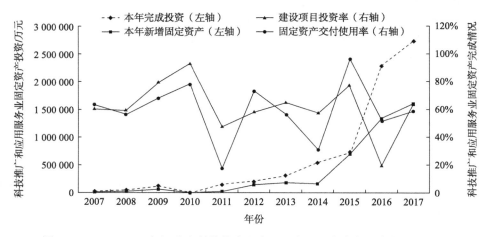

图 8-62　2007~2017 年河北省科技推广和应用服务业固定资产投资与完成情况

8.2 河北省市政基础设施投资与发展存在的问题

河北省市政基础设施投资建设虽然取得了巨大的发展，但在开发过程中仍存在着基础设施开发成本较高、建设周期和回收周期较长、财政压力较大、效率低下、资源配置不合理等问题。

河北省城镇供水系统存在公共供水覆盖率低、水厂和供水管网改造进程慢、供水管网漏损率高、安全管理和运行管理粗放、应对突发事件和重大灾害的应急保障能力脆弱等问题。

河北省软件与信息服务业产业规模较小，聚集度较低，缺乏能够形成规模经济、带动行业发展的大公司、大集团，产业基地（园区）建设速度和发展水平与京津相比差距较大，承接产业转移和聚集产业发展的能力较弱，尚未形成京津冀一体化协调发展的格局。投融资机制不够完善，多数软件与信息服务企业融资渠道不畅，风险投资和融资担保体系尚不健全，在技术研发、生产、服务、人才培养等方面资金匮乏。创新能力不强，转化能力不足，支撑产业发展的公共技术开发体系、企业技术创新体系、市场开拓体系不健全，自主创新成果缺乏应用带动，且技术转化率低，人才、创新和产业互动发展的环境尚未形成。产业外向型水平低，出口创汇、开展区域和国际合作、承接服务外包的能力不足，与山东、辽宁等相邻省份差距较大。人才结构不合理，高级复合型人才匮乏，人才引进、培养与市场需求没有形成良性互动的发展格局，人才供给不能适应产业发展的需要，特别是高端软件人才、国际化软件人才严重短缺，缺乏吸引人才和留住人才的良好机制，人才短缺与人才外流并存。

河北省公共管理设施建设与城市发展水平之间不平衡。河北省城市公共设施整体规划性和科学性不强，一些城市街道的导向和交通标识缺乏整体性，不成系统。从河北省城市规划来看，主要街道上虽布置有各种指示信号灯、分道线、路障灯，但缺乏规划，整体性较差，无法形成统一规划风格，次要道路设施不健全，缺乏必要的公共服务设施，包括很多车流量较大的路段缺乏人行天桥等与护栏相配套，增加行人横穿马路的不安全因素。新老城区衔接不够合理，没有注意城市功能的转移，存在老城区"闹、挤、乱"，新城区"冷、寂、空"的局面。卫生设施设计时缺乏整体性考虑，存在垃圾桶的耐用和清洁问题。

河北省各地市公共环境质量整体一般，部分地市只是一味地考虑建筑面积的扩大，而绿化面积的占有率在设计时取下限值。很多时候虽意识到问题的出现，但矫正过于盲目。例如，出现将本身就拥挤的道路扩建绿化带，让交通更加拥挤的情况。另外，河北省各地市存在的残缺道路绿化系统和广告牌，一方面影响城市形象；另一方面造成了居民生活的不便。城市公共设施设计中缺乏足够的人文关怀，缺少对居民生活情况的重视。例如，很少开发天桥电梯系统，老年人和残疾人使用不便。公共座椅没有设置遮风避雨的装置。道路指示牌设计趋于形式化，指示功能弱等。文化内涵薄弱，地方特色不突出，存在照搬照抄的问题。

河北省广播电视事业发展与广电产业经营发展的协调性较差，在广电产业改革过程中出现了过于注重经济效益，偏重经营产业，电视节目偏娱乐化，迎合低级趣味，忽视广电事业发展的问题。另外，事业与产业没有做到协调发展，反而出现竞争关系，此类现象在县级台尤为突出，在走集团化道路的过程中，个别地区的广电网络公司亏损严重。

河北省信息产业整体规模仍偏小、根植性弱。河北省电子信息产业以中小企业为主，缺乏能够形成规模经济、带动行业发展的大公司、大集团，大多数企业主要是将河北省作为制造加工基地，研发环节、市场营销环节的转移相对较少，业务总部设在河北省的较少，显示这些企业在河北省的根植性较弱。软件业业务结构过于集中，缺乏高端服务，特别是与网络相关的信息服务发展不足。2011 年信息技术咨询服务、信息技术增值服务及设计开发收入不增反减，占比由 2010 年的 6.4% 下降到 2.4%，同全国趋势严重背离，业务结构急需调整。河北省电信通信服务水平较低，居全国中等偏下水平。

河北省社会保障体系碎片化，项目体系不完善，存在不同人群以不同方式享受不同保障待遇的问题；社会福利保障事业的责任集中在政府层面，不能充分地调动全社会各阶层的积极性；吸引全社会各种另外社会保障体系为老年人提供的护理服务较少，倾向针对低收入人群开发新政策；部分社会保障项目发展程度低，存在职责交叉、多头管理等问题。

在河北省高等教育发展过程中，部分高校结合区域经济发展优势建立一批产业园区，但数量、规模和效应还处于起步阶段，同现代大学的社会功能不吻合，也与高等教育强省的战略目标不协调；城乡教育现代化教学设备差距大，农村软硬件数量不足，城市软硬件管理不善；投资结构不合理，重硬件轻软件，重技术轻应用的现象普遍存在；资源库存在科学性错误、适用性较差、交互性不强、制作欠精细、智能性欠佳等问题。

8.3　河北省市政基础设施投资效率分析

8.3.1　研究方法

DEA 方法是运用线性规划的方法通过建造一个非参数分段的面（即前沿），

通过对这个面的效率进行计算来评价具有多个投入和多个产出决策单元有效性的常用工具，是前沿估计的非参数数学规划方法。DEA 方法以相对效率为基础，根据多指标输入和多指标输出对同类型决策单元进行相对有效性或效益评价，这种方法通过评价对象的各项数据，利用线性规划找出效率前沿的投入产出关系的包络面，并通过比较被评价的对象与效率前沿面的投入产出水平的差异，来测度被评价对象的效率，同时还能判断各决策单元的投入规模是否恰当，从而给出调整投入规模的正确方向和程度。DEA 方法的根本特点是利用决策单元的输入、输出数据组成的生产可能集的有效前沿面来衡量每个决策单元的投入产出相对效率，该方法不涉及参数估计和权重分配问题，评价结果也不受指标量纲的影响，被广泛应用于区域发展、企业发展等有效性评价中。DEA 方法主要分为规模报酬不变（constant returns to scale，CRS）模型和规模报酬可变（variable returns to scale，VRS）模型，本节在对河北省市政基础设施投资效率进行评价时，分别使用这两种模型进行分析对比。

1. 规模报酬不变模型

假设有 N 个决策单元即 DMU，这 N 个决策单元构成被评价群体，每个决策单元都有 K 个投入和 M 个产出，对于第 i 个 DMU，分别由 x_i 和 y_i 来代表，$K \times N$ 的投入矩阵为 X，$M \times N$ 的产出矩阵为 Y，代表 N 个 DMU 的所有数据。DEA 方法的目的就是在数据点的基础上构造一个非参数的包络前沿，使所有观测的数据都在生产前沿的上面或者下面，对于每个DMU，都可以得到所有产出关于所有投入的比率的测量，即 $\mu'y_i / v'x_i$，其中 u 是 $M \times 1$ 的输出权重矩阵，v 是 $K \times 1$ 的投入权重矩阵，且假设 $v'x_i = 1$，这样便得到线性规划的乘数形式。

$$\max_{\mu,v}\left(\mu'y_i\right),$$
$$\text{s.t.} \ \ v'x_i = 1,$$
$$\mu'y_j - v'x_j \leqslant 0, \ \ j = 1,2,\cdots,N$$
$$\mu, \ v \leqslant 0$$

使用线性规划的二元形式，上述表达式可表示为

$$\min_{\theta,\lambda}\theta,$$
$$\text{s.t.} - y_i + Y\lambda \geqslant 0,$$
$$\theta x_i - X\lambda \geqslant 0,$$
$$\lambda \geqslant 0$$

其中，λ 是个 $N \times 1$ 的常数矢量；θ 是一个标量，为综合效率指数（$0 < \theta \leqslant 1$），即第 i 个 DMU 的效率分数，θ 越接近 1，说明综合效率越高，1 代表前沿效率上的点，也就是技术有效的 DMU，而选择最优的权重就是数学规划要解决的问题。

2. 规模报酬可变模型

规模报酬不变模型的假设仅仅在所有的 DMU 都在最优的规模上运作的时候才合适，当 DMU 没有在最优的规模上运作的时候，规模报酬不变模型的使用可能会导致技术效率的测度被规模效率所混淆，规模报酬可变模型则允许剔除规模效率影响的技术效率的计算。在规模报酬不变模型中通过增加凸性约束，即 $N1'\lambda=1$，便可得到规模报酬可变模型，也叫作规模收益变化模型。

$$\min_{\theta,\lambda} \theta ,$$
$$\text{s.t.} -y_i + Y\lambda \geqslant 0 ,$$
$$\theta x_i - X\lambda \geqslant 0 ,$$
$$N1'\lambda=1$$
$$\lambda \geqslant 0$$

其中，$N1$ 是所有 $N\times1$ 的矩阵，这种方法形成了一个凸面，能够比规模报酬不变模型的圆锥形的面更紧密地包络所有的数据，因此获得的技术效率比使用规模报酬不变模型获得的技术效率高或者是相等的。规模报酬可变模型可将综合技术效率分解为纯技术效率与规模效率的乘积，即综合技术效率=纯技术效率×规模效率，如果样本单元的纯技术效率为 1，而规模效率小于 1 时，这说明样本单元本身的技术效率而言没有投入需要减少、没有产出需要增加。样本单元的综合效率没有达到有效（即 1），是因为其规模和投入、产出不相匹配，需要增加规模或减少规模。

规模报酬不变模型获得的技术效率可分解成两部分，一部分是因为规模无效率，另一部分是因为纯技术无效。这可以在相同的数据上通过实施规模报酬不变模型和规模报酬可变模型两个 DEA 模型来做到。如果对于一个特定的 DMU，两个技术效率不同，这就证明这个 DMU 存在规模无效。规模无效可以通过规模报酬可变模型的技术效率和规模报酬不变模型的技术效率的不同来计算。一般意义上的"技术效率"即综合技术效率是在"可变规模报酬"下所提及的，因为在这种情况下厂商往往没有达到最优规模（即从原点出发与生产可能性曲线相切的斜率最大点，称此射线为 F），此时的"技术效率"既包括对实际生产点与生产可能性曲线差距的测度即纯技术效率，也包括了实际生产点与 F 射线差距的测度即规模效率，所以"纯技术效率"就已经假定生产已经对应最优生产规模，即在"不变规模报酬"假定下测度实际生产点与生产可能性曲线差距的测度。

综合技术效率是对决策单元的资源配置能力、资源使用效率等多方面能力的综合衡量与评价。纯技术效率是制度和管理水平带来的效率，是由于管理和技术等因素影响的生产效率。纯技术效率等于 1，表示在目前的技术水平上，其投入资源的使用是有效率的。规模效率是指在制度和管理水平一定的前提下，现有规模与最优规模之间的差异。规模效率是由于企业规模因素影响的生产效率，反映的是实际规模与最优生产规模的差距。

8.3.2　指标选取与数据处理

DEA 方法不受投入和产出变量量纲的影响，不会因为变量计量单位的不同而影响相对效率的计算结果，因此不需要对数据进行标准化处理，只要所有决策单元使用相同的计量单位，就可以进行效率评价。DEA 方法是一种非参数方法，不涉及多重共线性问题，计算过程中权重的分配不受人为主观因素的影响，而是由数学规划自动产生，并且致力于对每个决策单元进行优化，因此对决策单元的评价较为公平。

由于在数据获取方面存在的限制以及为了满足模型对于样本数据的要求，本节在数据选择方面选取 2000~2018 年河北省地区生产总值、人均地区生产总值、公路通车里程、普通高校数量、全年供水总量、卫生机构数量六个变量。地区生产总值和人均地区生产总值是反映市政基础设施投资效率的产出变量，其中地区生产总值主要反映地区总财富的增加，体现市政基础设施投资对河北省经济发展整体的综合作用情况，人均地区生产总值主要考察人均占有社会财富，体现基础设施对于就业和居民收入的影响，如一个地区的生产总值较高，人口基数大导致人均生产总值较低也是不可取的，因此选取人均生产总值对产出结果起到进一步修正作用。公路通车里程、全年供水总量、卫生机构数量和普通高校数量是投入变量，其中公路通车里程代表交通基础设施，普通高校数量代表科技与发展基础设施，全年供水总量代表供水基础设施，卫生机构数量代表社会福利基础设施。

8.3.3　基于规模报酬不变模型的投资效率分析

如表 8-1 所示，基于规模报酬不变模型得到的 2000~2018 年河北省市政基础设施投资效率分析结果表明综合技术效率均值小于 1，且存在地区生产总值产出松弛及投入松弛，地区生产总值产出松弛均值为 275.098 亿元，投入松弛均值分别为 2 733 838 千米、2.978 所、15 476.209 万立方米和 3 041.996 个，这说明河北省市政基础设施投资决策单元处于技术无效率状态，存在投入结构或产出结构不合理的问题。从具体年份上来看，2005 年、2006 年、2010 年、2014 年和 2017 年的综合技术效率值为 1，即综合技术效率达到 100%，为河北省有效的市政基础设施投资决策单元，处于生产前沿上，可以成为其他决策单元提高效率的参照点。

表 8-1　基于规模报酬不变模型的河北省市政基础设施投资效率

年份	综合技术效率
2000	0.681
2001	0.678
2002	0.720
2003	0.797
2004	0.918
2005	1.000
2006	1.000
2007	0.801
2008	0.984
2009	0.890
2010	1.000
2011	0.922
2012	0.965
2013	0.977
2014	1.000
2015	0.938
2016	0.988
2017	1.000
2018	0.948
均值	0.906

如表 8-2 所示，四项投入均存在投入冗余问题，其中公路通车里程的冗余问题出现在 2007~2009 年及 2016 年，普通高校数量的冗余问题较为离散，其中 2002~2004 年及 2011~2013 年是较为集中的时间段。全年供水总量的冗余问题贯穿于整个考察时间段内，虽然 2004 年以前的冗余问题较为突出，并于 2018 年出现反弹，但整体呈下降趋势。

表 8-2　基于规模报酬不变模型的投入松弛变量取值

年份	公路通车里程/千米	普通高校数量/所	全年供水总量/万立方米	卫生机构数量/个
2000	0.000	0.000	108 952.672	0.000
2001	0.000	0.000	58 406.459	0.000
2002	0.000	6.165	36 824.033	0.000
2003	0.000	11.204	35 708.364	0.000
2004	0.000	7.967	23 702.935	0.000
2005	0.000	0.000	0.000	0.000

续表

年份	公路通车里程/千米	普通高校数量/所	全年供水总量/万立方米	卫生机构数量/个
2006	0.000	0.000	0.000	0.000
2007	21 210.822	0.000	13 446.501	0.000
2008	26 345.294	0.000	12 602.492	0.000
2009	3 509.901	3.104	0.000	0.000
2010	0.000	0.000	0.000	0.000
2011	0.000	12.921	1 216.332	15 671.770
2012	0.000	9.233	0.000	11 650.098
2013	0.000	5.233	0.000	3 880.274
2014	0.000	0.000	0.000	0.000
2015	0.000	0.736	0.000	1 786.863
2016	876.904	0.000	0.000	0.000
2017	0.000	0.000	0.000	0.000
2018	0.000	0.016	3 188.180	5 808.924
均值	2 733.838	2.978	15 476.209	2 041.996

如图 8-63 和图 8-64 所示，从产出的有效目标值和实际值的对比结果上可以看出，有效地区生产总值目标值和有效人均地区生产总值目标值除在 2005 年、2006 年、2010 年、2014 年、2017 年和 2018 年相等外，其他年份的地区生产总值和人均地区生产总值产出均低于有效目标值，相差最大的年份出现在 2007 年，两项指标分别低于有效目标值 4 076.89 亿元和 4 899 元。

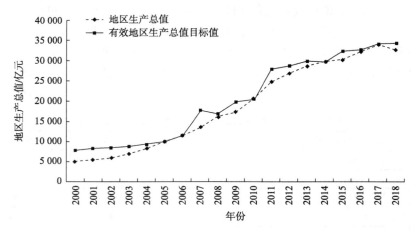

图 8-63 基于规模报酬不变模型的河北省地区生产总值与有效地区生产总值目标值对比

地区生产总值产出的平均不足量为 1 520.52 亿元，人均地区生产总值的平均不足量为 1 788.13 元

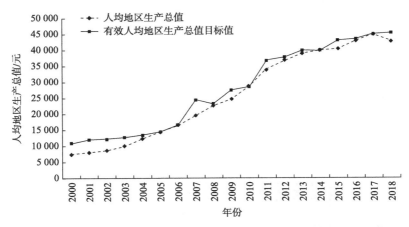

图 8-64　基于规模报酬不变模型的河北省人均地区生产总值与有效人均地区生产总值目标值对比

如图 8-65~图 8-68 所示，从投入的有效目标值和实际值的对比结果上可以看出，四个投入变量在个别年份均存在实际值大于有效目标值的情况，其中公路通车里程最大冗余量出现在 2008 年，比有效值高出 26 345.294 千米；普通高校数量最大冗余量出现在 2011 年，比有效值高出 12.921 所；全年供水总量最大冗余量出现在 2000 年，比有效值高出 108 953 万立方米；卫生机构数量最大冗余量出现在 2011 年，比有效值高出 15 672 个。

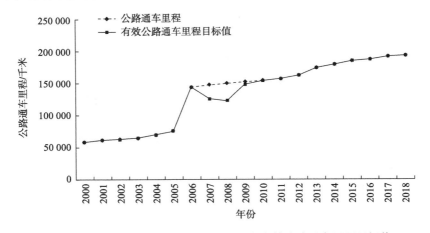

图 8-65　基于规模报酬不变模型的河北省有效公路通车里程目标值

DEA 方法能够实现对每一个决策单元的优化，本节选取近年来没有实现综合技术效率最优的年份进行考察，分析为了达到综合有效应进行的调整方向。表 8-3 为基于规模报酬不变模型的 2011 年河北省市政基础设施投资效率评价结果，从表 8-3 中可以看出，2011 年河北省地区生产总值出现产出不足的问题，

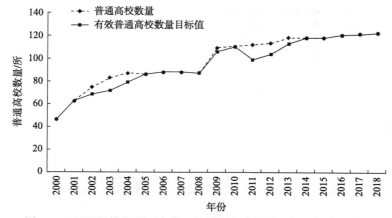

图 8-66 基于规模报酬不变模型的河北省有效普通高校数量目标值

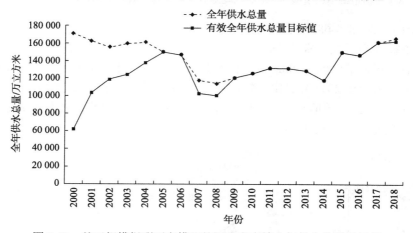

图 8-67 基于规模报酬不变模型的河北省有效全年供水总量目标值

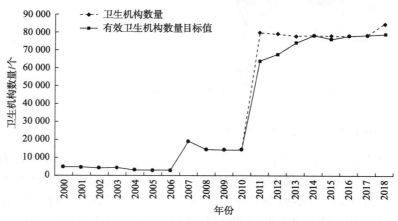

图 8-68 基于规模报酬不变模型的河北省有效卫生机构数量目标值

要达到目标值需要进行径向调整和松弛调整。人均地区生产总值同样也出现了
产出不足的问题，但只需要进行径向调整就可以达到目标值。普通高校数量存
在着投入冗余的问题，需要通过进行松弛调整来达到目标值。同样全年供水总
量和卫生机构数量也都存在投入冗余的问题，也都需要进行松弛调整来达到目
标值。调整可以将 2017 年作为参照，调整权重为 0.819，通过调整能够实现 DEA
方法的有效。

表 8-3　基于规模报酬不变模型的 2011 年河北省市政基础设施投资效率评价结果

样本结果	2011 年			
综合技术效率	0.922			
预测概要				
变量	原始值	径向调整	松弛调整	目标值
地区生产总值/亿元	24 717.280	2 091.560	1 044.663	27 853.502
人均地区生产总值/亿元	34 151.000	2 889.835	0.000	37 040.835
公路通车里程/千米	156 965.000	0.000	0.000	156 965.000
普通高校数量/所	112.000	0.000	−12.921	99.079
全年供水总量/万立方米	133 294.470	0.000	−1 216.332	132 078.138
卫生机构数量/个	80 318.000	0.000	−15 671.770	64 646.230
目标决策单元列表				
目标决策单元	调整权重			
2017 年	0.819			

表 8-4 为基于规模报酬不变模型的 2013 年河北省市政基础设施投资效率评价
结果，从表 8-4 中可以看出，2013 年地区生产总值出现了产出不足的问题，需要
进行径向调整和松弛调整才能达到目标值，且径向调整和松弛调整的程度较为接
近。人均地区生产总值同样也出现了产出不足的问题，需要进行径向调整来达到
目标值。从投入来看，公路通车里程和全年供水总量为有效投入，而普通高校数
量存在着投入冗余的问题，冗余量为 5.233 所，需要通过进行松弛调整来达到目标
值。卫生机构数量也存在投入冗余的问题，也需要进行松弛调整来达到目标值。
调整可以将 2014 年和 2017 年作为参照，调整权重分别为 0.537 和 0.408，通过调
整能够实现 DEA 方法的有效。

表 8-4　基于规模报酬不变模型的 2013 年河北省市政基础设施投资效率评价结果

样本结果	2013 年
综合技术效率	0.977
预测概要	

续表

变量	原始值	径向调整	松弛调整	目标值
地区生产总值/亿元	28 703.350	678.324	456.537	29 838.211
人均地区生产总值/亿元	39 162.000	925.485	0.000	40 087.485
公路通车里程/千米	174 492.000	0.000	0.000	174 492.000
普通高校数量/所	118.000	0.000	−5.233	112.767
全年供水总量/万立方米	129 258.000	0.000	0.000	129 258.000
卫生机构数量/个	78 486.000	0.000	−3 880.274	74 605.726
目标决策单元列表				
目标决策单元	调整权重			
2014 年	0.537			
2017 年	0.408			

表 8-5 为基于规模报酬不变模型的 2015 年河北省市政基础设施投资效率评价结果，从表 8-5 中可以看出，该年的分析结果与 2011 年的分析结果较为类似。从产出来看，地区生产总值出现了产出不足的问题，要达到目标值需要进行径向调整和松弛调整。人均地区生产总值同样也出现了产出不足的问题，但只需要进行径向调整就可以达到目标值。普通高校数量存在着投入冗余的问题，但冗余量较小，需要通过进行松弛调整来达到目标值。同样全年供水总量和卫生机构数量都存在投入冗余的问题，也都需要进行松弛调整来达到目标值。虽然与 2011 年的结果类似，但从调整程度上来看，径向调整程度与 2011 年较为接近，但松弛调整程度要大大低于 2011 年。调整可以将 2014 年和 2017 年作为参照，调整权重分别为 0.158 和 0.815，通过调整能够实现 DEA 方法的有效。

表 8-5　基于规模报酬不变模型的 2015 年河北省市政基础设施投资效率评价结果

样本结果	2015 年			
综合技术效率	0.938			
预测概要				
变量	原始值	径向调整	松弛调整	目标值
地区生产总值/亿元	30 112.320	1 990.293	315.954	32 418.566
人均地区生产总值/亿元	40 551.000	2 680.244	0.000	43 231.244
公路通车里程/千米	184 553.000	0.000	0.000	184 553.000
普通高校数量/所	118.000	0.000	−0.736	117.264

续表

变量	原始值	径向调整	松弛调整	目标值
全年供水总量/万立方米	150 134.000	0.000	0.000	150 134.000
卫生机构数量/个	78 600.000	0.000	−1 786.863	76 813.137
目标决策单元列表				
目标决策单元	调整权重			
2014 年	0.158			
2017 年	0.815			

8.3.4　基于规模报酬可变模型的投资效率分析

如表 8-6 所示，基于规模报酬可变模型得到的 2000~2018 年河北省市政基础设施投资效率分析结果表明，综合技术效率、纯技术效率和规模效率均值均小于 1，表明河北省市政基础设施投资基本上呈现出规模报酬递增态势，即在此状态下，产出变化比例大于投入要素的变化比例。

表 8-6　基于规模报酬可变模型的河北省市政基础设施投资效率分析结果

年份	综合技术效率	纯技术效率	规模效率
2000	0.681	1.000	0.681
2001	0.678	0.952	0.712
2002	0.720	1.000	0.720
2003	0.797	1.000	0.797
2004	0.918	1.000	0.918
2005	1.000	1.000	1.000
2006	1.000	1.000	1.000
2007	0.801	0.831	0.964
2008	0.984	1.000	0.984
2009	0.890	0.950	0.936
2010	1.000	1.000	1.000
2011	0.922	0.968	0.952
2012	0.965	1.000	0.965
2013	0.977	0.990	0.987

续表

年份	综合技术效率	纯技术效率	规模效率
2014	1.000	1.000	1.000
2015	0.938	0.948	0.990
2016	0.988	0.988	1.000
2017	1.000	1.000	1.000
2018	0.948	0.955	0.992
均值	0.906	0.978	0.926

综合技术效率等于 1，表示该决策单元的投入产出是综合有效的，即同时技术有效和规模有效。从该模型模拟结果来看，2005 年、2006 年、2010 年、2014 年和 2017 年均为综合技术有效，这与规模报酬不变模型模拟结果相同，同时这些年份业均技术有效和规模有效。纯技术效率等于 1，表示在目前的技术水平上，其投入资源的使用是有效率的，未能达到综合有效的根本原因在于其规模无效，因此改革的重点在于如何更好地发挥其规模效益。从结果来看，纯技术效率为 1 而综合技术效率不为 1 的年份有 2000 年、2002 年、2003 年、2004 年、2008 年和 2012年，说明这些个年份由于规模无效而综合技术效率无效。

如图 8-69 和图 8-70 所示，从产出指标的松弛变量结果来看，在研究时间段内，河北省地区生产总值和人均生产总值除 2005 年、2006 年、2010 年、2014 年和 2017 年外，均出现了产生不足的现象，地区生产总值的平均不足量为 1 017.95 亿元，人均地区生产总值的平均不足量为 1 143.83 元。

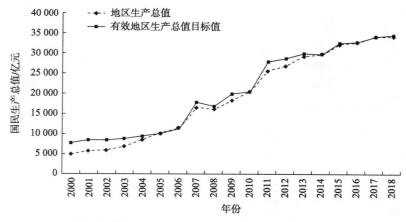

图 8-69 基于规模报酬可变模型的河北省地区生产总值与有效地区生产总值目标值对比

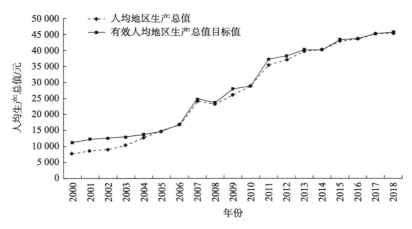

图 8-70　基于规模报酬可变模型的河北省人均地区生产总值与有效人均地区生产总值目标值对比

如图 8-71~图 8-74 所示，从投入指标的松弛变量结果来看，公路通车里程在 2009 年、2015 年、2016 年和 2018 年分别出现了 184.799 千米、119.209 千米、877.899 千米和 1 559 千米的投入冗余；普通高校数量 2009 年、2011 年、2013 年和 2018 年存在投入冗余现象，冗余量分别为 9.526 所、0.895 所、1.583 所和 1 所；全年供水总量在 2018 年出现投入冗余现象，冗余量为 4 500 万立方米；卫生机构数量在 2001 年、2011 年、2015 年和 2018 年出现投入冗余现象，冗余量分别为 395.414 个、6 294.186 个、1 857.088 个和 6 451 个。

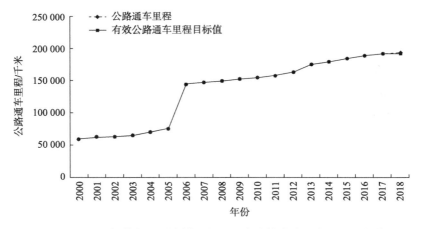

图 8-71　基于规模报酬可变模型的河北省有效公路通车里程目标值

表 8-7 为基于规模报酬可变模型的 2011 年河北省市政基础设施投资效率分析结果，从表 8-7 中可以看出，该年份的综合技术效率为 0.968，规模效率为 0.952，处于规模报酬递增状态，在保持投入要素不变的情况下，地区生产总值和人均地

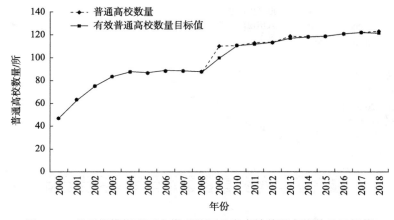

图 8-72 基于规模报酬可变模型的河北省有效普通高校数量目标值

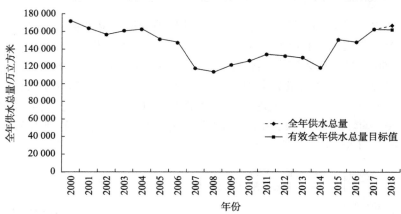

图 8-73 基于规模报酬可变模型的河北省有效全年供水总量目标值

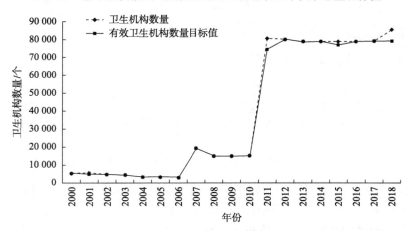

图 8-74 基于规模报酬可变模型的河北省有效卫生机构数量目标值

区生产总值存在产出不足的问题，其中地区生产总值要达到目标值需要进行径向调整和松弛调整，人均地区生产总值需要通过径向调整来达到目标值。从投入来看，造成产出不足的原因在于普通高校数量和卫生机构数量存在投入冗余的问题，两项投入要素均需要通过松弛调整来达到产生原始值。调整可以将 2012 年、2005 年和 2017 年作为参照，调整权重分别为 0.913、0.074 和 0.013，通过调整能够实现 DEA 方法的有效。

表 8-7　基于规模报酬可变模型的 2011 年河北省市政基础设施投资效率分析结果

样本结果	2011 年		
综合技术效率	0.968		
规模效率	0.952	规模报酬递增	
预测概要			
变量	原始值	径向调整	松弛调整	目标值
地区生产总值/亿元	24 717.280	815.547	128.979	25 661.806
人均地区生产总值/亿元	34 151.000	1 126.812	0.000	35 277.812
公路通车里程/千米	156 965.000	0.000	0.000	156 965.000
普通高校数量/所	112.000	0.000	−0.895	111.105
全年供水总量/万立方米	133 294.470	0.000	0.000	133 294.470
卫生机构数量/个	80 318.000	0.000	−6 294.186	74 023.814
目标决策单元列表			
目标决策单元	调整权重		
2012 年	0.913		
2005 年	0.074		
2017 年	0.013		

表 8-8 为基于规模报酬可变模型的 2013 年河北省市政基础设施投资效率分析结果，从表 8-8 中可以看出，该年份的综合技术效率和规模效率均为 0.990，与 2011 年同样处于规模报酬递增状态，在保持投入要素不变的情况下，地区生产总值和人均地区生产总值存在产出不足的问题，其中地区生产总值要达到目标值需要进行径向调整和松弛调整，调整幅度接近，人均地区生产总值需要通过径向调整来达到目标值。从投入来看，造成产出不足的原因在于普通高校数量存在投入冗余的问题，冗余量为 1.583 所，冗余程度可以通过松弛调整来达到产生原始值。调整可以将 2014 年、2012 年、2005 年和 2017 年作为参照，调整权重分别为 0.502、0.344、0.009 和 0.145，通过调整能够实现 DEA 方法的有效。

表 8-8 基于规模报酬可变模型的 2013 年河北省市政基础设施投资效率分析结果

样本结果	2013 年			
综合技术效率	0.990			
规模效率	0.987	规模报酬递增		
预测概要				
变量	原始值	径向调整	松弛调整	目标值
地区生产总值/亿元	28 703.350	287.563	158.379	29 149.291
人均地区生产总值/亿元	39 162.000	392.342	0.000	39 554.342
公路通车里程/千米	174 492.000	0.000	0.000	174 492.000
普通高校数量/所	118.000	0.000	−1.583	116.417
全年供水总量/万立方米	129 258.000	0.000	0.000	129 258.000
卫生机构数量/个	78 486.000	0.000	0.000	78 486.000
目标决策单元列表				
目标决策单元	调整权重			
2014 年	0.502			
2012 年	0.344			
2005 年	0.009			
2017 年	0.145			

表 8-9 为基于规模报酬可变模型的 2015 年河北省市政基础设施投资效率分析结果，从表 8-9 中可以看出，2015 年的综合技术效率为 0.948，规模效率为 0.990，处于规模报酬递增状态，说明在保持投入要素不变的情况下，地区生产总值和人均地区生产总值存在产出不足的问题。地区生产总值产出要达到目标值需要进行径向调整和松弛调整，径向调整程度大于松弛调整程度，人均地区生产总值产出则需要通过径向调整来达到目标值。从投入来看，造成产出不足的原因在于公路通车里程和卫生机构数量存在投入冗余的问题，冗余量分别为 119.209 千米和 1 857.088 个，冗余程度可以通过进行松弛调整来达到产出原始值。调整可以将 2014 年、2000 年和 2017 年作为参照，调整权重分别为 0.265、0.030 和 0.705，通过调整能够实现 DEA 方法的有效。

表 8-9 基于规模报酬可变模型的 2015 年河北省市政基础设施投资效率分析结果

样本结果	2015 年	
综合技术效率	0.948	
规模效率	0.990	规模报酬递增
预测概要		

续表

变量	原始值	径向调整	松弛调整	目标值
地区生产总值/亿元	30 112.320	1 667.133	231.513	32 010.966
人均地区生产总值/亿元	40 551.000	2 245.058	0.000	42 796.058
公路通车里程/千米	184 553.000	0.000	−119.209	184 433.791
普通高校数量/所	118.000	0.000	0.000	118.000
全年供水总量/万立方米	150 134.000	0.000	0.000	150 134.000
卫生机构数量/个	78 600.000	0.000	−1 857.088	76 742.912
目标决策单元列表				
目标决策单元	调整权重			
2014 年	0.265			
2000 年	0.030			
2017 年	0.705			

第9章 雄安新区市政基础设施建设现状与展望

9.1 雄安新区市政基础设施建设现状

2017 年 4 月 1 日中共中央决定在河北省设立雄安新区,地处北京、天津、保定腹地,规划范围主要包括雄县、安新及容城三县。雄安新区所包含的三县现阶段经济发展落后,缺乏支柱性地方产业、基础设施建设不完善,但新区的建立将会促进三县的经济发展,给基础设施建设带来翻天覆地的变化,并且伴随着雄安新区的逐渐成形、完善,市政基础设施建设的方案、理念、技术等一定会对河北省的基础设施建设起到示范引领作用。因此,本章将重点介绍近些年来雄县、安新及容城三县在固定资产投资、基础设施产业发展以及农村基础设施建设方面的现状,为今后研究经济发展欠发达地区的市政基础建设提供现实参考。

9.1.1 雄安三县固定资产投资现状

图 9-1 为雄安三县在 2007~2016 年固定资产投资额以及占全市固定资产投资的比例。三县在 2007~2015 年固定资产投资额在不断地增长,且到 2015 年达到投资额的最大值,容城、安新、雄县的投资额及其占全市的比例分别为 624 386 亿元、848 216 亿元、813 482 亿元及 2.4%、3.2%、3.0%,但到 2016 年三县的固定资产投资额都出现小幅度的下降。下降的主要原因是随着京津冀协同发展的深入推进,政府在 2016 年对污染环境大、效率低下的产业进行了整合和关闭,使得三县地区的经济收入减少。从整体上来看,在雄安三县中安新县的固定资产投资额最高,投资额占到全市投资额的 2.9%左右,而容城县的固定资产投资额最少,仅占到全市的 2.1%。这说明,三县的经济发展状况存在着一定的差距,而雄安新区的建设将推进三地的一体化融合发展。

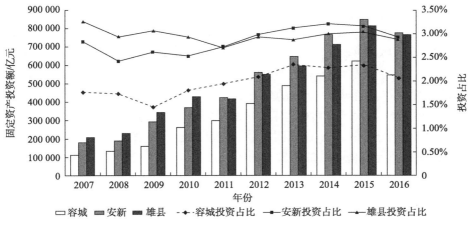

图 9-1　2007~2016 年雄安三县固定资产投资额与投资占比

9.1.2　雄安三县基础设施产业发展现状

如图 9-2 所示，随着社会经济的不断发展和交通基础设施建设的逐步完善，近些年来雄安三县的交通运输、仓储和邮政业的投资额在 2011~2017 年不断上升，且占全市生产总值的比例明显增长。2013 年容城、安新、雄县三县的生产总值占全市比都处于 3.00% 以下，经过几年的发展其占比皆提高到了 1.50% 以上。近些年来，容城交通运输、仓储和邮政业的投资额在 24 000 亿元左右，安新在 34 000 亿元左右，雄县在 24 000 亿元左右。从整体上来看，安新的交通运输、仓储和邮政业的投资额要高于容城，而容城则略高于雄县，但是 2016 年时雄县在投资额上超过容城。雄安新区的建立将会大大推动三县在该产业上的交流与合作，该行业的基础设施建设也会越来越完善。

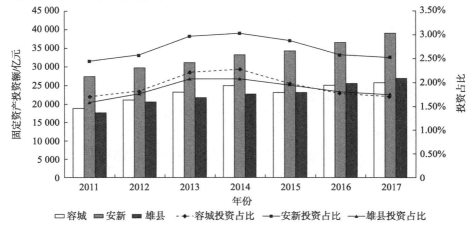

图 9-2　2011~2017 年雄安三县交通运输、仓储和邮政业投资额与投资占比

图 9-3 为 2011~2017 年雄安三县信息传输、软件和信息技术服务业投资额与投资占比。由柱状图可以看出，雄安三县在 2011~2017 年中的投资额整体上都在不断地加快，但是从折线图来看，三县投资占比在不断地下降，这说明保定市越来越重视信息技术传输、软件和信息技术服务业的发展，其发展速度也在不断地上涨，同时雄安三县在该产业上的发展速度要低于全市的发展速度。安新县在 2013 年、2014 年、2016 年和 2017 年四年的投资额位于三县中的第一位，在 2015 年雄县的投资额位于第一名，这说明雄县和安新两县在该省的产业发展差距较小，而容城在该行业与其他两县的发展差距较大。

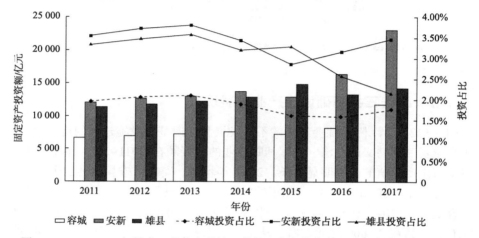

图 9-3 2011~2017 年雄安三县信息传输、软件和信息技术服务业投资额与投资占比

科学研究和技术服务业在现代经济社会中发挥着越来越重要的作用，是提高公共服务水平、推进社会进步的重要因素。如图 9-4 所示，雄安三县在科学研究和信息技术服务业整体水平较低，其投资占比为 0.04%以下。从整体上来看，雄县的发展要略好于其余两县，而容城和安新两县该产业的发展基本保持在同等水平。这说明雄安三县的高新技术产业欠发达，科学研究和技术服务业所投入的基础设施资金较少，其行业的发展水平远远低于全市的平均水平，需要加大对该行业基础设施建设的投资力度，以弥补其短板。培育创新发展新引擎就是雄安新区发展的定位之一，雄安新区的设立也必将会推动三县科学研究的发展，不断完善该行业的基础设施建设。

水利、环境和公共设施管理业在城市建设当中的重要性日益凸显，是涵养水源、保护生态环境的重要基础。如图 9-5 所示，容城和雄县两县在水利、环境和公共设施管理业的投资额较小，其投资额低于 500 亿元，投资占比低于 1.00%。安新县该行业的发展较好，其投资额从 2011 年的 3 302 亿元增加到 2017 年 6 369 亿元，

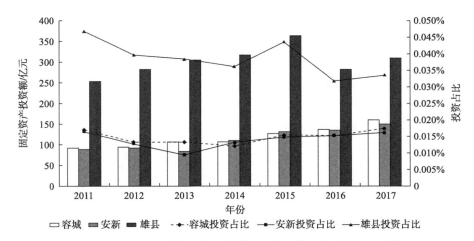

图 9-4　2011~2017 年雄安三县科学研究和技术服务业投资额与投资占比

其投资占比在 7.00%~9.00%。主要原因为安新县位于白洋淀的西部，该地区水位较深，湖泊岸线较长。2016 年安新县在水利、环境和公共设施管理业的投资额上升，但投资占比却出现大幅度的下降，这说明，这一年中保定市其他地区在该行业的投资额出现了大幅度增长，而安新县的增长速度低于全市的增长速度。雄安新区建立之后，水利、环境和公共设施管理业将会成为公共建设中的重要行业之一，其基础设施建设也必将不断取得发展和完善。

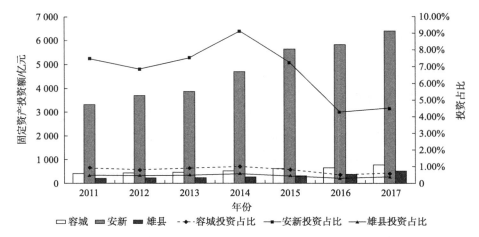

图 9-5　2011~2017 年雄安三县水利、环境和公共设施管理业投资额与投资占比

随着社会经济的不断发展和完善，以及人们对教育认识的不断提高，雄安三县的教育行业也在不断地取得发展。如图 9-6 所示，雄安三县在 2011~2017 年教育行业都取得了较大的发展，容城在三县的教育发展水平要低于其他两县，安新县

在 2011 年、2012 年、2013 年、2014 年、2015 年投资额始终处于第一位,但到 2016 年雄县的教育投资额超过安新县,位居第一名。从整体上来看,雄安三县在教育行业的发展水平差距较小,但根据折线图来看,三县的教育投资占比在 2.50% 以下,发展水平要低于全市的平均发展水平。雄安新区的建立将会引进北京地区的高水平院校,并将会设立"雄安大学",必定会推动三县教育水平达到一个新的高度,教育行业的基础设施建设也定会取得快速的发展。

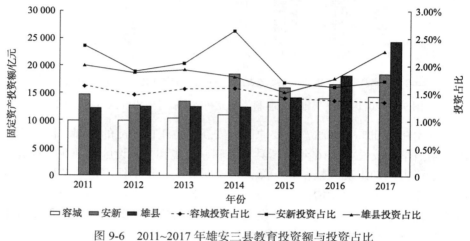

图 9-6 2011~2017 年雄安三县教育投资额与投资占比

9.1.3 雄安三县农村基础设施建设的现状

随着党中央对"三农"问题的不断重视以及一系列的惠农、利农政策的出台,农村经济取得了快速的发展。农村生产力不断地提高,生产规模不断地扩大,农村产业链不断延长,农村的面貌取得了巨大的改善。在农村经济取得发展的同时,基础设施也在不断地完善,村民的生活更加便利化。根据《保定经济统计年鉴 2016》得知,容城县共有行政村 127 个、安新县共有行政村 207 个、雄县共有行政村 223 个。下面主要从农村有线电视、自来水、宽带和公共交通四个方面对雄安三县基础设施建设的现状加以阐述。

近年来,随着保定市电信广播和卫星传输服务业的发展,下属各县通有线电视的村数在不断地增长。如图 9-7 所示,雄安三县在 2011~2017 年通有线电视的村数变化趋势,其中容城县从 2013 年的 46 个村庄增加到 2017 年的 105 个村庄,安新县从 2013 年的 73 个村庄增加到 2017 年的 158 个村庄,雄县从 2013 年的 38 个村庄增加到 2017 年的 72 个村庄。增长最多的县为安新县,安新县 7 年的时间通有线电视村数增加了 85 个,增长率为 116.44%。这说明,雄安三县的通信基础设施在逐步地完善，村民的文化生活在不断地丰富。

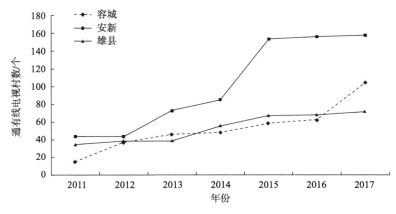

图 9-7　2011~2017 年雄安三县通有线电视村数

　　农村自来水基础设施建设是重大的民生工程，近些年来，保定市始终把解决好农村群众饮水安全问题摆在改善民生的重要位置，确保农村饮用水的充足及安全。如图 9-8 所示，容城县和安新县在 2014 年自来水受益村数分别为 127 个和 207 个，自来水受益村率达到 100%。雄县 2013 年的自来水受益村数为 218 个，2014 年数量达到 223，该年其自来水受益村率达到 100%。从整体上来看，在 2014 年雄安三县的所有村庄都成为自来水受益村，这说明雄安三县农村自来水基础设施建设非常完善，人民的基本生活得到了充分的保障。

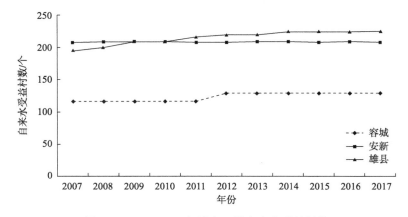

图 9-8　2007~2017 年雄安三县自来水受益村数

　　随着经济社会的不断发展和科学技术水平的不断进步，农村的通信设施建设在近些年来取得快速的发展。如图 9-9 所示，容城县的宽带建设发展得最完善，该县在 2014 年通宽带的村数达到 127 个，在农村实现宽带全覆盖。安新县 2014 年通宽带村数为 191 个, 2015 年达到 207 个, 该年实现农村宽带全覆盖。雄县 2014 年通宽带的村数为 218 个, 2017 年达到 223 个, 该年实现农村宽带全覆盖。整体来看, 截至 2017 年底, 雄安三县已经实现了接通宽带, 通信事业发展态势良好, 农村的生活质量进一步得到了改善和提高。

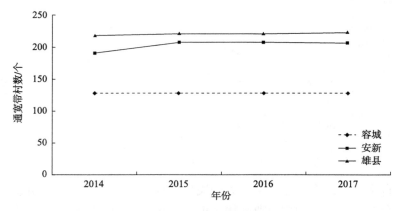

图 9-9　2014~2017 年雄安三县通宽带村数

农村公共交通的不断完善和发展是提高交通效率、改善民生的重大基础性工程, 将极大提高村民出行的便利。如图 9-10 所示, 容城县在 2014 年就已实现所有村庄通公共交通, 其公共交通建设的发展速度要高于安新县和雄县。安新县通公共交通村数从 2014 年的 163 个增加到 2017 年的 184 个, 增长数量为 21 个, 截至 2016 年底仍有 23 个村庄没有通公共交通。雄县从 2015 年开始增加通公共交通村庄的数量, 到 2017 年时增加了 16 个, 到达 201 个, 但仍有 22 个村庄没有通公共交通。整体上来看, 安新县和雄县的公共交通设施建设较不完善, 需加大力度对没有通公共交通的村庄进行扫尾工作, 实现全县范围内公共交通的全覆盖。

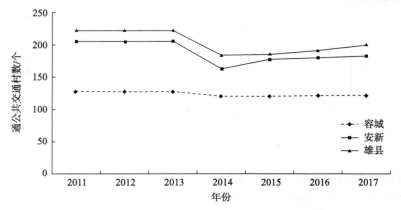

图 9-10　2011~2017 年雄安三县通公共交通村数

综上所述，本章从容城、安新、雄县的固定资产投资总量、基础设施产业发展现状以及农村地区基础设施建设现状对雄安新区基础设施建设的现状进行了阐述。总体来看，现阶段雄安新区的基础设施建设发展落后，基础设施产业水平较低，尤其是教育、科研等高新技术产业，需要进一步完善和发展。雄安新区的农村基础设施建设较为完善，在保障了村民基本生活的基础之上，使村民享有更加广泛的公共服务，大大增加了村民生活的便利化，提高了村民的生活水平。

9.2　雄安新区发展规划

9.2.1　《河北雄安新区规划纲要》

2018 年 4 月 14 日，中共中央、国务院做出关于对《河北雄安新区规划纲要》的批复。

《河北雄安新区规划纲要》指出，在党中央坚强领导下，河北省、京津冀协同发展领导小组办公室会同中央和国家机关有关部委、专家咨询委员会等方面，深入学习贯彻习近平新时代中国特色社会主义思想和党的十九大精神，坚持世界眼光、国际标准、中国特色、高点定位，紧紧围绕打造北京非首都功能疏解集中承载地，创造"雄安质量"、成为新时代推动高质量发展的全国样板，培育现代化经济体系新引擎，建设高水平社会主义现代化城市，借鉴国际成功经验，汇聚全球顶尖人才，集思广益、深入论证，编制雄安新区规划。

《河北雄安新区规划纲要》共分为十章：第一章为总体要求；第二章为构建科学合理空间布局；第三章为塑造新时代城市风貌；第四章为打造优美自然生态环境；第五章为发展高端高新产业；第六章为提供优质共享公共服务；第七章为构建快捷高效交通网；第八章为建设绿色智慧新城；第九章为构筑现代化城市安全体系；第十章为保障规划有序有效实施。

1. 总体要求

第一，设立背景。

设立河北雄安新区，是以习近平同志为核心的党中央深入推进京津冀协同发展做出的一项重大决策部署，是继深圳经济特区和上海浦东新区之后又一具有全国意义的新区，是重大的历史性战略选择，是千年大计、国家大事。

党的十八大以来，以习近平同志为核心的党中央着眼党和国家发展全局，运用大历史观，以高超的政治智慧、宏阔的战略格局、强烈的使命担当，提出以疏解北京非首都功能为"牛鼻子"推动京津冀协同发展这一重大国家战略。习近平总书记指出，考虑在河北比较适合的地方规划建设一个适当规模的新城，集中承接北京非首都功能，采用现代信息、环保技术，建成绿色低碳、智能高效、环保宜居且具备优质公共服务的新型城市。在京津冀协同发展领导小组的直接领导下，经过反复论证、多方比选，党中央、国务院决定设立河北雄安新区。

规划建设雄安新区意义重大、影响深远。中国特色社会主义进入新时代，我国经济由高速增长阶段转向高质量发展阶段，一个阶段要有一个阶段的标志，雄安新区要在推动高质量发展方面成为全国的一个样板。雄安新区作为北京非首都功能疏解集中承载地，与北京城市副中心形成北京发展新的两翼，共同承担起解决北京"大城市病"的历史重任，有利于探索人口经济密集地区优化开发新模式；培育建设现代化经济体系的新引擎，与以2022年北京冬奥会和冬残奥会为契机推进张北地区建设形成河北两翼，补齐区域发展短板，提升区域经济社会发展质量和水平，有利于形成新的区域增长极；建设高水平社会主义现代化城市，有利于调整优化京津冀城市布局和空间结构，加快构建京津冀世界级城市群；创造"雄安质量"，有利于推动雄安新区实现更高水平、更有效率、更加公平、更可持续发展，打造贯彻落实新发展理念的创新发展示范区，成为新时代高质量发展的全国样板。

第二，新区概况。

雄安新区地处北京、天津、保定腹地，距北京、天津均为105公里，距石家庄155公里，距保定30公里，距北京新机场55公里，区位优势明显，交通便捷通畅，地质条件稳定，生态环境优良，资源环境承载能力较强，现有开发程度较低，发展空间充裕，具备高起点高标准开发建设的基本条件。

本次新区规划范围包括雄县、容城、安新三县行政辖区（含白洋淀水域），任丘市鄚州镇、苟各庄镇、七间房乡和高阳县龙化乡，规划面积1 770平方公里。选择特定区域作为起步区先行开发，在起步区划出一定范围规划建设启动区，条件成熟后再有序稳步推进中期发展区建设，并划定远期控制区为未来发展预留空间。

第三，指导思想。

高举中国特色社会主义伟大旗帜，深入学习贯彻习近平新时代中国特色社会主义思想和党的十九大精神，坚决落实党中央、国务院决策部署，坚持稳中求进工作总基调，牢固树立和贯彻落实新发展理念，紧扣我国社会主要矛盾变化，按照高质量发展的要求，紧紧围绕统筹推进"五位一体"总体布局和协调推进"四个全面"战略布局，着眼建设北京非首都功能疏解集中承载地，创造"雄安质量"，打造推动高质量发展的全国样板，建设现代化经济体系的新引擎，坚持世界眼光、国际标准、中国特色、高点定位，坚持生态优先、绿色发展，坚持以人民为中心、注重保障和改善民生，坚持保护弘扬中华优秀传统文化、延续历史文脉，着力建设绿色智慧新城、打造优美生态环境、发展高端高新产业、提供优质公共服务、构建快捷高效交通网、推进体制机制改革、扩大全方位对外开放，建设绿色生态宜居新城区、创新驱动发展引领区、协调发展示范区、开放发展先行区，努力打造贯彻落实新发展理念的创新发展示范区，建设高水平社会主义现代化城市。

第四，发展定位。

雄安新区作为北京非首都功能疏解集中承载地，要建设成为高水平社会主义现代化城市、京津冀世界级城市群的重要一极、现代化经济体系的新引擎、推动高质量发展的全国样板。

绿色生态宜居新城区。坚持把绿色作为高质量发展的普遍形态，充分体现生态文明建设要求，坚持生态优先、绿色发展，贯彻绿水青山就是金山银山的理念，划定生态保护红线、永久基本农田和城镇开发边界，合理确定新区建设规模，完善生态功能，统筹绿色廊道和景观建设，构建蓝绿交织、清新明亮、水城共融、多组团集约紧凑发展的生态城市布局，创造优良人居环境，实现人与自然和谐共生，建设天蓝、地绿、水秀美丽家园。

创新驱动发展引领区。坚持把创新作为高质量发展的第一动力，实施创新驱动发展战略，推进以科技创新为核心的全面创新，积极吸纳和集聚京津及国内外创新要素资源，发展高端高新产业，推动产学研深度融合，建设创新发展引领区和综合改革试验区，布局一批国家级创新平台，打造体制机制新高地和京津冀协同创新重要平台，建设现代化经济体系。

协调发展示范区。坚持把协调作为高质量发展的内生特点，通过集中承接北京非首都功能疏解，有效缓解北京"大城市病"，发挥对河北省乃至京津冀地区的辐射带动作用，推动城乡、区域、经济社会和资源环境协调发展，提升区域公共服务整体水平，打造要素有序自由流动、主体功能约束有效、基本公共服务均等、资源环境可承载的区域协调发展示范区，为建设京津冀世界级城市群提供支撑。

开放发展先行区。坚持把开放作为高质量发展的必由之路，顺应经济全球化潮流，积极融入"一带一路"建设，加快政府职能转变，促进投资贸易便利化，形成与国际投资贸易通行规则相衔接的制度创新体系；主动服务北京国际交往中心功能，培育区域开放合作竞争新优势，加强与京津、境内其他区域及港澳台地区的合作交流，打造扩大开放新高地和对外合作新平台，为提升京津冀开放型经济水平做出重要贡献。

第五，建设目标。

到 2035 年，基本建成绿色低碳、信息智能、宜居宜业、具有较强竞争力和影响力、人与自然和谐共生的高水平社会主义现代化城市。城市功能趋于完善，新区交通网络便捷高效，现代化基础设施系统完备，高端高新产业引领发展，优质公共服务体系基本形成，白洋淀生态环境根本改善。有效承接北京非首都功能，对外开放水平和国际影响力不断提高，实现城市治理能力和社会管理现代化，"雄安质量"引领全国高质量发展作用明显，成为现代化经济体系的新引擎。

到 21 世纪中叶，全面建成高质量高水平的社会主义现代化城市，成为京津冀世界级城市群的重要一极。集中承接北京非首都功能成效显著，为解决"大城市病"问题提供中国方案。新区各项经济社会发展指标达到国际领先水平，治理体系和治理能力实现现代化，成为新时代高质量发展的全国样板。彰显中国特色社会主义制度优越性，努力建设人类发展史上的典范城市，为实现中华民族伟大复兴贡献力量。

2. 构建科学合理空间布局

坚持生态优先、绿色发展，统筹生产、生活、生态三大空间，构建蓝绿交织、和谐自然的国土空间格局，逐步形成城乡统筹、功能完善的组团式城乡空间结构，布局疏密有度、水城共融的城市空间。

第一，国土空间格局。

坚持以资源环境承载能力为刚性约束条件，以承接北京非首都功能疏解为重点，科学确定新区开发边界、人口规模、用地规模和开发强度，形成规模适度、空间有序、用地节约集约的城乡发展新格局。

坚持生态优先。将淀水林田草作为一个生命共同体进行统一保护、统一修复。通过植树造林、退耕还淀、水系疏浚等生态修复治理，强化对白洋淀湖泊湿地、林地以及其他生态空间的保护，确保新区生态系统完整，蓝绿空间占比稳定在70%。

严格控制建设用地规模。推进城乡一体规划建设，不断优化城乡用地结构，严格控制开发强度，新区远景开发强度控制在 30%，建设用地总规模约 530 平方公里。

划定规划控制线。科学划定生态保护红线、永久基本农田、城镇开发边界三条控制线，加强各类规划空间控制线的充分衔接，统筹土地利用、环境保护、文物保护、防洪抗震等专项规划，实现多规合一。

严守生态保护红线。先期划定以白洋淀核心区为主的生态保护红线，远期结合森林斑块和生态廊道建设逐步扩大。

严格保护永久基本农田。耕地占新区总面积 18%左右，其中永久基本农田占10%。落实永久基本农田保护目标任务，加快数据库建设和信息化管理，实行全面监测。结合土地整治措施，加大高标准农田建设力度，确保永久基本农田确定后总量不减少、用途不改变、质量有提高。

严控城镇开发边界和人口规模。划定起步区、外围组团、特色小城镇开发边界，实行战略留白，为国家重大发展战略和城市可持续发展预留空间。合理控制人口密度，新区规划建设区按 1 万人/平方公里控制。

第二，城乡空间布局。

综合考虑新区定位、发展目标和现状条件，坚持城乡统筹、均衡发展、宜居宜业，规划形成"一主、五辅、多节点"的新区城乡空间布局。

"一主"即起步区，选择容城、安新两县交界区域作为起步区，是新区的主城区，按组团式布局，先行启动建设。"五辅"即雄县、容城、安新县城及寨里、昝岗五个外围组团，全面提质扩容雄县、容城两个县城，优化调整安新县城，建设寨里、昝岗两个组团，与起步区之间建设生态隔离带。"多节点"即若干特色小城镇和美丽乡村，实行分类特色发展，划定特色小城镇开发边界，严禁大规模开发房地产。

美丽乡村为新区城乡体系的重要组成部分，实施乡村振兴战略，以产业兴旺、生态宜居、乡风文明、治理有效、生活富裕为目标，构建一体化、网络化的城乡体系。保持自然风光、田园风貌，突出历史记忆、地域特色，规划建设特色村落，充分利用清洁能源，建成基础设施完善、服务体系健全、基层治理有效、公共服务水平较高的宜居宜业宜游的美丽乡村。美丽乡村规划建设用地规模约 50 平方公里。

第三，起步区空间布局。

顺应自然、随形就势，综合考虑地形地貌、水文条件、生态环境等因素，科学布局城市建设组团，形成"北城、中苑、南淀"的总体空间格局。"北城"即充分利用地势较高的北部区域，集中布局五个城市组团，各组团功能相对完整，空间疏密有度，组团之间由绿廊、水系和湿地隔离；"中苑"即利用地势低洼的中部区域，恢复历史上的大溵古淀，结合海绵城市建设，营造湿地与城市和谐共融的特色景观；"南淀"即南部临淀区域，通过对安新县城和淀边村镇改造提升和减量发展，严控临淀建设，利用白洋淀生态资源和燕南长城遗址文化资源，塑造传承文化特色、展现生态景观、保障防洪安全的白洋淀滨水岸线。

先行规划建设启动区。在起步区适当区域规划建设启动区，面积 20~30 平方公里，重点承接北京非首都功能疏解，突出创新特色，提供优质公共服务，集聚一批互联网、大数据、人工智能、前沿信息技术、生物技术、现代金融、总部经济等创新型、示范性重点项目，发挥引领带动作用；加强生态环境建设，打造韧性安全的城市基础设施，精心塑造城市特色，形成宜居宜业现代化城市风貌。

3. 塑造新时代城市风貌

坚持中西合璧、以中为主、古今交融，弘扬中华优秀传统文化，保留中华文化基因，彰显地域文化特色；加强城市设计，塑造城市特色，保护历史文化，形成体现历史传承、文明包容、时代创新的新区风貌。

第一，总体城市设计。

统筹各类空间资源，整合生态人文要素，依托白洋淀清新优美的生态环境，利用城镇周边开阔自然的田野风光，随形就势，平原建城，形成疏密有度、水城共融的城镇空间，清新明亮的宜人环境，舒展起伏的天际线，展现新时代城市形象。

起步区城市设计。融合城水林田淀等特色要素，深化"北城、中苑、南淀"的空间结构设计，形成"一方城、两轴线、五组团、十景苑、百花田、千年林、万顷波"的空间意象。传承中华营城理念，构建布局规制对称、街坊尺度宜人的中心"方城"；按照传承历史、开创未来的设计理念，塑造体现中华文明、凝聚城市精神、承载中心功能的城市轴线；按照功能相对完整、空间疏密有度的理念，布局五个尺度适宜、功能混合、职住均衡的紧凑组团；利用水文地貌和历史文化，塑造以大溵古淀为核心的生态苑囿；保留农耕记忆，营造花海景观，形成三季有花、四季有绿的都市田园风光；大规模植树造林，形成起步区外围林带环绕、内部树木葱郁的良好生态；开展白洋淀生态环境修复，展现碧波万顷、荷塘苇海的水域生态景观，实现城淀共生共荣。

规划设计城市轴线。南北中轴线展示历史文化生态特色，突出中轴对称、疏密有致、灵动均衡；东西轴线利用交通廊道串联城市组团，集聚创新要素、事业单位、总部企业、金融机构等。

塑造城市天际线。传承中华文化基因，充分体现对称、天人合一、街坊等中华营城理念，广泛吸收借鉴全球优秀的城市设计成果，塑造轮廓舒展、韵律起伏的城市天际线，形成独具特色的城市空间形态。严格控制建筑高度，不能到处是水泥森林和玻璃幕墙；根据城市功能布局和产业特点，在新区特定范围规划建设高层建筑，集中承载中央商务、金融、企业总部等功能。精心设计建筑顶部，优化美化建筑第五立面，构建形态色彩整体和谐统一的城市空间界面和轮廓线。

启动区城市设计。充分利用区位条件，以淀泊景观为依托规划设计启动区空间布局，形成城淀相望的格局。通过轴带空间设计，实现启动区核心功能与景观环境的有机融合。组团外构建生态湿地网络，组团内串联景观水体，形成内外相连、城水相依的特色景观。注重园林绿化的文化内涵和景观效果，构建城市公园与游憩绿地，实现城中有园、园中有城。

第二，城市风貌特色。

塑造中华风范、淀泊风光、创新风尚的城市风貌。城市空间格局秩序规整、灵动自然，体现中华风范；环境景观城景应和、蓝绿交织，凸显淀泊风光；建筑设计古今融合、中西合璧、多元包容，展示创新风尚。

　　打造中西合璧、以中为主、古今交融的建筑风貌。传承中华建筑文化基因，吸收世界优秀建筑设计理念和手法，坚持开放、包容、创新、面向未来，形成独具特色的建筑风格。严谨细致做好建筑设计，塑造出既体现我国建筑特色又吸收国外建筑精华，既有古典神韵又具现代气息，融于自然、端正大气的优秀建筑，营造多样化、有活力的城市空间环境。

　　因地制宜设计丰富多样的环境景观。结合城市组团布局以及城市各级中心、重要公共空间和标志性建筑，打造城市空间景观廊道和景观节点体系；利用城市森林、组团隔离带，营造大尺度绿色空间；依托白洋淀、重要水系、湿地，塑造滨水活动空间，丰富亲水活动类型；保留有价值历史遗存，推广种植乡土植物，形成多层次、多季节、多色彩的植物群落配置，再现林淀环绕的华北水乡、城绿交融的中国画卷。

　　营造优美、安全、舒适、共享的城市公共空间。提高公共空间覆盖率、连续性，注重城市绿道、公园布局与开放空间的串联融合，实现 5 分钟步行可达；注重街区、邻里空间设计，形成尺度宜人、亲切自然、全龄友好的社区环境：注重人性化、艺术化设计，提升城市空间品质与文化品位，打造具有文化特色和历史记忆的公共空间。

　　第三，历史文化保护。

　　保护与合理利用文物古迹。严格保护省级以上文物保护单位、红色文化以及其他重要文物遗存，重点保护和利用南阳遗址、宋辽边关地道、燕南长城遗址等代表性历史遗存。结合历史遗存保护，建设考古遗址公园、遗址博物馆、陈列馆。

　　保护与发展历史古城、传统村镇。将标志性历史遗存的保护与城市公共空间的建设有机结合，保护传统村镇内历史空间格局清晰、传统风貌较为完整的核心地段，传承与展示水乡生产习俗和民俗文化活动。

　　传承与弘扬优秀传统文化。弘扬以雁翎队为代表的红色革命文化，加强圈头村音乐会、安新芦苇画等非物质文化遗产的保护与传承；发掘与保护老地名、老字号、历史名人、民间传说等其他优秀传统文化。开展口述史、民俗、文化典籍的整理、出版、阐释和普及，引导公众自觉保护与传承历史文化。

4. 打造优美自然生态环境

　　践行生态文明理念，尊重自然、顺应自然、保护自然，统筹城水林田淀系统治理，做好白洋淀生态环境保护，恢复"华北之肾"功能；大规模植树造林，开展国土绿化，构建宁静、和谐、美丽的自然环境；推动区域流域协同治理，全面提升生态环境质量，建成新时代的生态文明典范城市。

　　第一，实施白洋淀生态修复。

　　恢复淀泊水面。实施退耕还淀，淀区逐步恢复至 360 平方公里左右。建立多水源补水机制，统筹引黄入冀补淀、上游水库及本地非常规水资源，合理调控淀泊生态水文过程，使白洋淀正常水位保持在 6.5~7.0 米。建设水系连通工程，联合调度安格庄、西大洋、王快、龙门等上游水库水量，恢复淀泊水动力过程。

实现水质达标。优化流域产业结构，加强水环境治理，坚持流域"控源-截污-治河"系统治理，实施入淀河流水质目标管理，全面治理工业污染源，强化城镇、乡村污水收集处理，有效治理农业面源污染，打造良好河流生态环境，确保入淀河流水质达标。合理划定清淤范围，科学有序实施淀内生态清淤，消除内源污染，修复水体底部水生动物栖息生态环境，提升淀泊水环境质量，将白洋淀水质逐步恢复到Ⅲ-Ⅳ类。

开展生态修复。利用自然本底优势，结合生态清淤，优化淀区生态格局，对现有苇田荷塘进行微地貌改造和调控，修复多元生境，展现白洋淀荷塘苇海自然景观。实施生态过程调控，恢复退化区域的原生水生植被，促进水生动物土著种增殖和种类增加，恢复和保护鸟类栖息地，提高生物多样性，优化生态系统结构，增强白洋淀生态自我修复能力。

远景规划建设白洋淀国家公园。完善生物资源保护策略，保护淀区独特的自然生境和景观，保持淀区湿地生态系统完整性，努力建成人与自然和谐共生的试验区和科普教育基地。

创新生态环境管理。优化完善白洋淀及上游生态环境管理机制，加强生态空间管控体系建设，实施智能生态管控，全面建成与生态文明发展要求相适应的生态环境管理模式。

第二，加强生态环境建设。

构建新区生态安全格局。规划建设"一淀、三带、九片、多廊"，形成林城相融、林水相依的生态城市。"一淀"即开展白洋淀环境治理和生态修复，恢复"华北之肾"功能；"三带"即建设环淀绿化带、环起步区绿化带、环新区绿化带，优化城淀之间、组团之间和新区与周边区域之间的生态空间结构；"九片"即在城市组团间和重要生态涵养区建设九片大型森林斑块，增强碳汇能力和生物多样性保护功能；"多廊"即沿新区主要河流和交通干线两侧建设多条绿色生态廊道，发挥护蓝、增绿、通风、降尘等作用。

开展大规模植树造林。采用近自然绿化及多种混交方式，突出乡土树种和地方特色，在新区绿化带及生态廊道建设生态防护林和景观生态林，形成平原林网体系，实现生态空间的互联互通。开展大规模国土绿化行动，将新区森林覆盖率由现状的 11%提高到 40%。

塑造高品质城区生态环境。建设城市通风廊道，构造城淀局地气流微循环系统，将白洋淀凉爽空气输送到城市中心。构建由大型郊野生态公园、大型综合公园及社区公园组成的宜人便民公园体系，实现森林环城、湿地入城，3 公里进森林，

1 公里进林带，300 米进公园，街道 100%林荫化，绿化覆盖率达到 50%。

提升区域生态安全保障。构建衔接"太行山脉-渤海湾"和"京南生态绿楔-拒马河-白洋淀"生态廊道，形成连山通海、南北交融的区域生态安全格局。实施重要生态系统保护和修复工程，优化生态安全屏障体系，提升生态系统质量。

第三，开展环境综合治理。

推动区域环境协同治理。新区及周边和上游地区协同制定产业政策，实行负面清单制度，依法关停、严禁新建高污染、高耗能企业和项目。提升传统产业的清洁生产、节能减排和资源综合利用水平，加强生态保护和环境整治，强化综合监管。集中清理整治散乱污企业、农村生活垃圾和工业固体废弃物。开展地下水环境调查评估，全面开展渗坑、排污沟渠综合整治。

改善大气环境质量。优化能源消费结构，终端能源消费全部为清洁能源。严格控制移动源污染，实行国内最严格的机动车排放标准，严格监管非道路移动源；巩固农村清洁取暖工程效果，实现新区散煤"清零"；构建过程全覆盖、管理全方位、责任全链条的建筑施工扬尘治理体系。根据区域大气传输影响规律，在石家庄-保定-北京大气传输带上，系统治理区域大气环境。

严守土壤环境安全底线。落实土壤污染防治行动计划，推进固体废物堆存场所排查整治，加强污染源防控、检测、治理，确保土壤环境安全。

5. 发展高端高新产业

瞄准世界科技前沿，面向国家重大战略需求，通过承接符合新区定位的北京非首都功能疏解，积极吸纳和集聚创新要素资源，高起点布局高端高新产业，推进军民深度融合发展，加快改造传统产业，建设实体经济、科技创新、现代金融、人力资源协同发展的现代产业体系。

第一，承接北京非首都功能疏解。

明确承接重点。在高等学校和科研机构方面，重点承接著名高校在新区设立分校、分院、研究生院等，承接国家重点实验室、工程研究中心等国家级科研院所、创新平台、创新中心。在医疗健康机构方面，重点承接高端医疗机构在雄安新区设立分院和研究中心，加强与国内知名医学研究机构合作。在金融机构方面，承接银行、保险、证券等金融机构总部及分支机构，鼓励金融骨干企业、分支机构开展金融创新业务。在高端服务业方面，重点承接软件和信息服务、设计、创意、咨询等领域的优势企业，以及现代物流、电子商务等企业总部。在高技术产业方面，重点承接新一代信息技术、生物医药和生命健康、节能环保、高端新材料等领域的央企以及创新型民营企业、高成长性科技企业。支持中关村科技园在雄安新区设立分园区。

营造承接环境。打造一流硬件设施环境，有序推进基础设施建设，完善配套条件，推动疏解对象顺利落地。打造优质公共服务环境，率先建设一批高水平的幼儿园、中小学、医院等公共服务设施，提供租购并举的多元化住房保障，有效吸引北京人口转移。打造便民高效政务服务环境，建立新区政务服务平台，简化审批程序和环节，提供一站式服务。打造创新开放政策环境，在土地、财税、金融、人才、对外开放等方面，制定实施一揽子政策措施，确保疏解对象来得了、留得住、发展好。

第二，明确产业发展重点。

新一代信息技术产业。围绕建设数字城市，重点发展下一代通信网络、物联网、大数据、云计算、人工智能、工业互联网、网络安全等信息技术产业。近期依托 5G 率先大规模商用、IPV6（internet protocol version 6，互联网协议第 6 版）率先布局，培育带动相关产业快速发展。发展物联网产业，推进智能感知芯片、智能传感器和感知终端研发及产业化。搭建国家新一代人工智能开放创新平台，重点实现无人系统智能技术的突破，建设开放式智能网联车示范区，支撑无人系统应用和产业发展。打造国际领先的工业互联网网络基础设施和平台，形成国际先进的技术与产业体系。推动信息安全技术研发应用，发展规模化自主可控的网络空间安全产业。超前布局区块链、太赫兹、认知计算等技术研发及试验。

现代生命科学和生物技术产业。率先发展脑科学、细胞治疗、基因工程、分子育种、组织工程等前沿技术，培育生物医药和高性能医疗器械产业，加强重大疾病新药创制。实施生物技术药物产业化示范工程、医疗器械创新发展工程、健康大数据与健康服务推广工程，建设世界一流的生物技术与生命科学创新示范中心、高端医疗和健康服务中心、生物产业基地。

新材料产业。聚焦人工智能、宽带通信、新型显示、高端医疗、高效储能等产业发展对新材料的重大需求，在新型能源材料、高技术信息材料、生物医学材料、生物基材料等领域开展应用基础研究和产业化，突破产业化制备瓶颈，培育新区产业发展新增长点。

高端现代服务业。接轨国际，发展金融服务、科创服务、商务服务、智慧物流、现代供应链、数字规划、数字创意、智慧教育、智慧医疗等现代服务业，促进制造业和服务业深度融合。集聚银行、证券、信托、保险、租赁等金融业态，依法合规推进金融创新，推广应用先进金融科技。围绕创新链构建服务链，发展创业孵化、技术转移转化、科技咨询、知识产权、检验检测认证等科技服务业，建设国家质量基础设施研究基地。发展设计、咨询、会展、电子商务等商务服务业，建设具有国际水准的总部商务基地。发展创意设计、高端影视等文化产业，打造国际文化交流重要基地。发展国际仲裁、律师事务所等法律服务业。

绿色生态农业。建设国家农业科技创新中心，发展以生物育种为主体的现代生物科技农业，推动苗木、花卉的育种和栽培研发，建设现代农业设施园区。融入科技、人文等元素，发展创意农业、认养农业、观光农业、都市农业等新业态，建设一二三产业融合发展示范区。

对符合发展方向的传统产业实施现代化改造提升，推进产业向数字化、网络化、智能化、绿色化发展。

第三，打造全球创新高地。

搭建国际一流的科技创新平台。按照国家科技创新基地总体部署，积极布局建设国家实验室、国家重点实验室、工程研究中心等一批国家级创新平台，努力打造全球创新资源聚集地。围绕集聚高端创新要素，加强与国内外知名教育科研机构及企业合作，建立以企业为主体、市场为导向、产学研深度融合的技术创新体系。推动建设一批未来产业研究院。

建设国际一流的科技教育基础设施。加强重大科技基础设施建设，实施一批国家科教创新工程，集中资源建设若干"人无我有、人有我优"的开放型重大科研设施、科技创新平台，布局一批公共大数据、基础研发支撑、技术验证试验等开放式科技创新支撑平台，全面提高创新支撑能力。建设世界一流研究型大学，培育一批优势学科，建设一批特色学院和高精尖研究中心；发挥高校在科技创新体系中的作用，集聚人才、学科、资源和平台优势，与科研院所、企业等合作，面向国家重大战略需求，打造知识溢出效应明显的大学园区；按照产教深度融合、中高职有效衔接的要求，建设具有国际先进水平的现代职业教育体系；整合各类科教资源，集中力量打造国际人才培训基地，为创新发展提供源头支撑。

构建国际一流的创新服务体系。创新国际科技合作模式，打造国际科技创新合作试验区，率先开展相关政策和机制试点。举办多层次多领域学术交流活动，搭建国际科技合作交流平台。发挥创新型领军企业引领作用，面向产业链上下游中小企业，构建线上线下融合的创新支撑服务体系。加快培育科技型中小企业，构建全链条孵化服务体系。加强知识产权保护及综合运用，形成产权创造、保护、交易、运用及管理的良性循环。

第四，完善产业空间布局。

坚持产城融合、职住均衡和以水定产、以产兴城原则，采取集中与分散相结合的方式，推动形成起步区、外围组团和特色小城镇协同发展的产业格局。

起步区。构建一流的承接平台、基础设施、公共服务，重点承接北京疏解的事业单位、总部企业、金融机构、高等院校、科研院所等功能，重点发展人工智能、信息安全、量子技术、超级计算等尖端技术产业基地，建设国家医疗中心。

五个外围组团。与起步区分工协作，按功能定位承接北京非首都功能疏解，布局电子信息、生命科技、文化创意、军民融合、科技研发等高端高新产业，以及支撑科技创新和产业发展的基础设施。

周边特色小城镇。因镇制宜，有序承接北京非首都功能疏解，布局形成各具特色的产业发展格局。北部小城镇主要以高端服务、网络智能、军民融合等产业为特色。南部小城镇主要以现代农业、生态环保、生物科技、科技金融、文化创意等产业为特色。

6. 提供优质共享公共服务

坚持以人民为中心、注重保障和改善民生，引入京津优质教育、医疗卫生、文化体育等资源，建设优质共享的公共服务设施，提升公共服务水平，构建多元化的住房保障体系，增强新区承载力、集聚力和吸引力，打造宜居宜业、可持续发展的现代化新城。

第一，布局优质公共服务设施。

构建城市基本公共服务设施网络。建设"城市-组团-社区"三级公共服务设施体系，形成多层次、全覆盖、人性化的基本公共服务网络。城市级大型公共服务设施布局于城市中心地区，主要承担国际交往功能，承办国内大型活动，承接北京区域性公共服务功能疏解；组团级公共服务设施围绕绿地公园和公交枢纽布局，主要承担城市综合服务功能，提供全方位、全时段的综合服务；社区级公共服务设施布局于社区中心，主要承担日常生活服务功能，构建宜居宜业的高品质生活环境。

构建社区、邻里、街坊三级生活圈。社区中心配置中学、医疗服务机构、文化活动中心、社区服务中心、专项运动场地等设施，形成 15 分钟生活圈。邻里中心配置小学、社区活动中心、综合运动场地、综合商场、便民市场等设施，形成10 分钟生活圈。街坊中心配置幼儿园、24 小时便利店、街头绿地、社区服务站、文化活动站、社区卫生服务站、小型健身场所、快递货物集散站等设施，形成 5 分钟生活圈。

构建城乡一体化公共服务设施。城郊农村共享城市教育、医疗、文化等服务配套设施。特色小城镇参照城市社区标准，配置学校、卫生院、敬老院、文化站、运动健身场地等公共服务设施，提高优质公共服务覆盖率，构建乡镇基础生活圈。美丽乡村配置保障性基本公共服务设施、基础性生产服务设施和公共活动场所。大幅提高村镇公共交通服务水平，实现校车、公交等多种方式的绿色便捷出行。

第二，提升公共服务水平。

优先发展现代化教育。按照常住人口规模合理均衡配置教育资源，布局高质量的学前教育、义务教育、高中阶段教育，实现全覆盖。引进优质基础教育资源，创新办学模式，创建一批高水平的幼儿园、中小学校，培育建设一批国际学校、国际交流合作示范学校。支持"双一流"建设高校在新区办学，以新机制、新模式努力建设世界一流的雄安大学，统筹科研平台和设施、产学研用一体化创新中心资源，构建高水平、开放式、国际化高等教育聚集高地。统筹利用国内外教育资源，开展与国际高端职业教育机构的深度合作，规划建设新区职业院校，建设集继续教育、职业培训、老年教育等功能为一体的社区学院。

高标准配置医疗卫生资源。引进京津及国内外优质医疗资源，建设集临床服务、医疗教育、医学科研和成果转化为一体的医疗综合体；加快应急救援、全科、儿科、妇产科等领域建设，建设国际一流、国内领先的区域卫生应急体系和专科医院；全面打造 15 分钟基层医疗服务圈，基层医疗卫生机构标准化达标率 100%；加快新区全民健康信息平台建设，大力发展智能医疗，建设健康医疗大数据应用中心，构建体系完整、分工明确、功能互补、密切协作的医疗卫生服务体系。

建立完备的公共文化服务体系。围绕建设多层次公共文化服务设施，在数字网络环境下，高标准布局建设博物馆、图书馆、美术馆、剧院等，在街道、社区建设综合文化站和文化服务中心。统筹文化要素资源，合理布局文化产业，促进文化产业高质量发展，推动公共文化服务与文化产业融合发展。

构建完善的全民健身体系。建设体育健身设施网络，鼓励体育设施与其他公共服务设施共建共享。开展全民健身活动，促进群众体育、竞技体育、体育产业、体育文化等各领域协调发展；积极承接京津丰富的赛事资源，引进国内外高端体育赛事，形成高水平、品牌化、持续性的系列赛事；充分发挥新区优势，大力发展健身休闲产业；以信息网络为技术支撑，努力创建智能型公共体育服务体系。

提升社会保障基本服务水平。以普惠性、保基本、均等化、可持续为目标，创新社会保障服务体系，建立健全社会保障基本制度，完善服务项目，提高服务标准，加大投入力度。切实保障残障人员、老人、儿童的教育、文化、医疗等基本公共服务，统筹考虑养老服务设施配置，建立健全未成年人关爱保护体系和殡葬公共服务体系。建立劳动就业服务制度，提供层次公共就业服务，努力提升人民群众的获得感、幸福感、安全感。

第三，建立新型住房保障体系。

优化居住空间布局。统筹居住和就业，促进职住均衡。在轨道车站、大容量公共交通廊道节点周边，优先安排住宅用地；在城市核心区和就业岗位集聚、公共交通便捷、具有较高商业价值的地区，布局混合性居住空间，实现合理公交通勤圈内的职住均衡。

改革创新住房制度。坚持房子是用来住的、不是用来炒的定位，建立多主体供给、多渠道保障、租购并举的住房制度。坚持保障基本、兼顾差异、满足多层次个性化需求，建立多元化住房供应体系。坚持市场主导、政府引导，形成供需匹配、结构合理、流转有序、支出与消费能力基本适应的住房供应格局。完善多层次住房供给政策和市场调控体制，严控房地产开发，建立严禁投机的长效机制。探索房地产金融产品创新。

7. 构建快捷高效交通网

按照网络化布局、智能化管理、一体化服务要求，加快建立连接雄安新区与京津及周边其他城市、北京新机场之间的轨道交通网络；完善雄安新区与外部连通的高速公路、干线公路网；坚持公交优先，综合布局各类城市交通设施，实现多种交通方式的顺畅换乘和无缝衔接，打造便捷、安全、绿色、智能交通体系。

第一，完善区域综合交通网络。

优化高速铁路网。构建"四纵两横"区域高速铁路交通网络，重点加强雄安新区和北京、天津、石家庄等城市的联系。"四纵"为京广高铁、京港台高铁京雄-雄商段、京雄-石雄城际、新区至北京新机场快线，"两横"为津保铁路、津雄城际-京昆高铁忻雄段，实现新区高效融入"轨道上的京津冀"，20分钟到北京新机场，30分钟到北京、天津，60分钟到石家庄。

完善高速公路网。构建"四纵三横"区域高速公路网。"四纵"为京港澳高速、大广高速、京雄高速（含新机场北线高速支线）、新机场至德州高速，"三横"为荣乌高速新线、津雄高速、津石高速，实现新区60分钟到北京、天津，90分钟到石家庄。加强新区与天津港、黄骅港交通联系，畅通新区出海通道。

提升航空服务水平。依托高速铁路、高速公路网络，加强新区与北京新机场、首都国际机场、天津滨海机场、石家庄正定机场之间的快速高效联系。

合理布局综合交通枢纽。依托高铁、城际站，强化路网对接和多种交通方式衔接，构建综合交通枢纽，形成"两主两辅"枢纽格局。"两主"为雄安高铁站、城际站，高铁站枢纽布局在昝岗组团，依托国家高铁网，便捷联系全国；城际站枢纽布局在启动区，站城一体，实现与京津冀核心城市直连直通。"两辅"为白洋淀站、白沟站，依托既有线路，服务新区北部外围组团，兼顾货运物流。

第二，构建新区便捷交通体系。

规划建设运行高效的城市轨道交通。按照网络化、多模式、集约型的原则，以起步区和外围组团为主体布局轨道交通网络，实现起步区与外围组团、城镇的便捷联系。根据新区建设步骤和人口规模、交通出行需求，有序建设轨道交通，对地铁做规划空间预留。加强规划控制并预留市域、区域轨道交通通道走廊空间。规划中低运量轨道交通系统，衔接大运量轨道交通。

构建功能完备的新区骨干道路网。外迁荣乌高速新区段，改造原线位为城市快速路，形成起步区与雄县、昝岗组团及保定市区之间的快速通道。外迁G230、G336、G106等公路，形成新区公路外环，分流过境交通。构建以起步区和雄县、昝岗组团为主体，外围组团和特色小城镇全覆盖、网络化布局的骨干道路网络，建设舒适宜人的环淀景观道路。

构建快速公交专用通道。因地制宜构建网络化、全覆盖、快速高效的公共交通专用通道，兼顾物流配送；充分利用智能交通技术和装备，提高公交系统效率，增强安全、便捷和舒适度，实现高品质、智能化的公共交通和物流配送服务。

科学规划路网密度。起步区外围布局交通性干道，内部按城市街道理念设计，提高路网密度，起步区路网密度达到 10~15 公里/平方公里，合理设计道路宽度。

构建内外衔接的绿道网络。布局区域绿道、城市绿道、社区绿道三级网络，由城市绿道串联各综合公园、社区公园，形成城乡一体、区域联动的城市绿道体系。营造独立舒适的绿道环境，设置适宜骑行、步行的慢行系统，与机动车空间隔离，承载市民健身、休闲、娱乐功能。满足群众性文体活动和赛事需求，安排适宜慢行要求的各类设施。

打造集约智能共享的物流体系。构建由分拨中心、社区配送中心组成的两级城乡公共物流配送设施体系，分拨中心与对外交通枢纽一体布局，社区配送中心依托各城乡社区服务中心布局，服务新区生产生活物资及快件集散。

第三，打造绿色智能交通系统。

提高绿色交通和公共交通出行比例。建立服务优质、形式多样的新型公交系统。搭建智能交通体系框架。建设数字化智能交通基础设施。示范应用共享化智能运载工具。打造全局动态的交通管控系统。

建设绿色智慧新城。按照绿色、智能、创新要求，推广绿色低碳的生产生活方式和城市建设运营模式，使用先进环保节能材料和技术工艺标准进行城市建设，营造优质绿色市政环境，加强综合地下管廊建设，同步规划建设数字城市，筑牢绿色智慧城市基础。

9.2.2　《河北雄安新区总体规划（2018—2035 年）》

2018 年 12 月 28 日前，经党中央、国务院同意，国务院正式批复《河北雄安新区总体规划（2018—2035 年）》。《河北雄安新区总体规划（2018—2035 年）》完全符合此前公布的《河北雄安新区规划纲要》，是对该纲要的细化深化、补充和完善。

《河北雄安新区总体规划（2018—2035 年）》，由中国城市规划设计研究院作为技术总牵头单位，组织国内规划及相关科研机构协同推进，历时一年多时间形成。谋定而后动，这部最新出台的河北雄安新区建设蓝图对未来之城建设具有重要意义。《河北雄安新区总体规划（2018—2035 年）》共十四章 58 节，与 2018 年

4月公布的《河北雄安新区规划纲要》相比，增加了承接北京非首都功能疏解、推进城乡融合发展、塑造新区风貌和打造创新发展之城等四章、22节。

承接北京非首都功能疏解是雄安新区首要任务，雄安新区的发展首先要立足于疏解。根据《河北雄安新区总体规划（2018—2035年）》，按照政府主导、市场运作、分类分布、有序推进的原则，重点承接高等院校、事业单位、医疗机构、金融机构、企业总部和科研院所等。中国城市规划设计研究院总规划师朱子瑜说，这些机构也不是简单的空间转移，而是借助雄安新区这个平台，在转移中实现集聚创新。因此，雄安新区要营造优良的承接环境，确保疏解对象来得了、留得住、发展好，同时要避免交通拥堵、公共服务不足、房价高企、高楼林立等这些"大城市病"出现。

《河北雄安新区总体规划（2018—2035年）》中明确划定了雄安新区生态保护红线、永久基本农田、城镇开发边界三条控制线，让雄安新区的开发永远把握一个合理的、科学的"度"，即开发量要和资源环境承载能力相适应。

雄安新区的目标之一是建设国际一流的创新型城市，因此，以人为核心，吸引创新人才，集聚创新要素，提升创新能力，发展高新产业，是《河北雄安新区总体规划（2018—2035年）》的重点之一。雄安新区未来要搭建创新平台，集聚人才等创新要素，营造创新空间，培育创新生态。根据承接对象，分类组织创新型社区，如高等院校主导的科学发现型单元，科研机构主导的科技创新型单元，企业总部主导的产业创新型单元，科技服务主导的创新型单元，公共部门主导的社会创新型单元。

数字城市是雄安新区的另一项创新课题。新一代信息技术对城市的作用正在从数字呈现转向智能体验。借助大数据深度挖掘技术、人工智能、物联网技术和互联网平台，未来城市将会在规划内容、决策机制、建设标准、编制模式四个维度发生变革。通过天地空一体化的云网融合体系，汇聚海量数据并进行处理，在数据平台连接、融合，借助智能引擎联动、进化，智能化将应用于雄安新区生产、生活、社会治理各领域。

根据《河北雄安新区总体规划（2018—2035年）》，2020年，雄安新区对外骨干交通路网基本建成；到2022年，启动区基础设施基本建成、城区雏形初步显现；到2035年，基本建成绿色低碳、开放创新、信息智能、宜居宜业、具有较强竞争力和影响力、人与自然和谐共生的高水平社会主义现代化城市；到21世纪中叶，全面建成高质量高水平的社会主义现代化城市，成为京津冀世界级城市群的重要一极。为解决"大城市病"问题提供中国方案，成为新时代高质量发展的全国样板。

9.3　雄安保定协同发展初探

9.3.1　保定市城市发展规划的变迁

国务院办公厅 2012 年 8 月 17 日批准《保定市城市总体规划(2011—2020 年)》,保定市是国家历史文化名城,京津冀地区中心城市之一。该规划实施要以科学发展观为指导,坚持经济、社会、人口、环境和资源相协调的可持续发展战略,统筹做好保定市城市规划、建设和管理的各项工作。要按照合理布局、集约发展的原则,推进经济结构调整和发展方式转变,不断增强城市综合实力和可持续发展能力,完善公共服务设施和城市功能,加强城市生态环境治理和保护,逐步把保定市建设成为经济繁荣、社会和谐、生态良好、特色鲜明的现代化城市。

重视城乡统筹发展。在《保定市城市总体规划（2011—2020 年)》确定的 3 127 平方公里的城市规划区范围内,实行城乡统一规划管理。加强城中村和城乡接合部整治和改造,城镇基础设施、公共服务设施建设应统筹考虑为周边农村地区服务。根据市域内不同地区的条件,重点发展县城和基础条件好、发展潜力大的建制镇,优化村镇布局,促进农业产业化和农村经济快速发展。

合理控制城市规模。到 2020 年,中心城区城市人口控制在 205 万人以内,城市建设用地控制在 210 平方千米以内。根据《保定市城市总体规划（2011—2020 年)》确定的城市空间布局,引导人口合理分布。根据保定市资源环境的实际条件,坚持集中紧凑的发展模式,切实保护好耕地特别是基本农田。重视节约和集约利用土地,合理开发利用城市地下空间资源。要贯彻落实城乡规划法"先规划、后建设"的要求,严禁在城市总体规划确定的建设用地范围之外设立各类开发区和城市新区。

完善保定市市政基础设施体系。加快公路、铁路和机场等交通基础设施建设,改善城市与周边地区交通运输条件。建立以公共交通为主体,各种交通方式相结合的多层次、多类型的城市综合交通系统。统筹规划建设城市供水水源、给排水、污水和垃圾处理等基础设施,划定基础设施黄线保护范围。重视城市防灾减灾工作,加强重点防灾设施和灾害监测预警系统的建设,建立健全包括消防、人防、防洪、防震和防地质灾害等在内的城市综合防灾体系。

建设资源节约型和环境友好型城市。城市发展要走节约资源、保护环境的集约化道路,坚持经济建设、城乡建设与环境建设同步规划,大力发展循环经济,强化工业、交通和建筑节能,切实做好节能减排工作。要严格控制高耗能、高污染和产能过剩行业的发展，减少污染物排放，加强城市环境综合治理，提高污水处理率和垃圾无害化处理率，严格按照规划提出的各类环保标准限期达标。要加强水资源保护，划定城市水系蓝线保护范围，严格控制地下水的开采和利用，提高水资源利用效率和效益，建设节水型城市。要加强绿化工作，划定城市绿地系统的绿线保护范围。加强对白洋淀湿地保护区和风景名胜区、森林公园、水源地、自然保护区等特殊生态功能区的保护，制定保护措施并严格实施。

创造良好的人居环境。要坚持以人为本，创建宜居环境。统筹安排关系人民群众切身利益的教育、医疗、市政等公共服务设施的规划布局和建设。将廉租住房、经济适用住房、公共租赁住房和中低价位、中小户型普通商品住房的建设目标纳入近期建设规划，确保城市保障性住房用地的分期供给规模和区位布局合理。根据城市的实际需要，稳步推进城市和国有工矿棚户区改造，提高城市居住和生活质量。

重视历史文化和风貌特色保护。要统筹协调发展与保护的关系，按照整体保护的原则，切实保护好护城河与府河范围内历史城区传统风貌。要编制历史文化名城保护专项规划，落实历史文化遗产保护紫线管理要求，重点保护好直隶总督署——古莲花池、淮军公所等历史文化街区，直隶总督署等文物保护单位及其周围环境。

严格实施《保定市城市总体规划（2011—2020 年）》。城市建设要实现经济社会协调发展，物质文明和精神文明共同进步。城市管理要健全民主法制，坚持依法治市，构建和谐社会。该规划是保定市城市发展、建设和管理的基本依据，要明确实施该规划的重点和建设时序，城市规划区内的一切建设活动都必须符合该规划的要求。城乡规划行政主管部门要依法对城市规划区范围内（包括各类开发区）的一切建设用地与建设活动实行统一、严格的规划管理，切实保障规划的实施，市级城市规划管理权不得下放。要加强公众和社会监督，提高全社会遵守城市规划的意识。驻保定市各单位都要遵守有关法规及《保定市城市总体规划（2011—2020 年）》，支持保定市人民政府的工作，共同努力，把保定市规划好、建设好、管理好。

2015 年 5 月，国务院批准河北省保定市区划调整，将保定市新市区更名为竞秀区；撤销保定市北市区、南市区，设立保定市莲池区，以原北市区、南市区所辖行政区域为莲池区行政区域；撤销满城县，设立保定市满城区，以原满城县的行政区域为满城区的行政区域；撤销清苑县，设立保定市清苑区，以原清苑县的行政区域为清苑区的行政区域；撤销徐水县，设立保定市徐水区，以原徐水县的行政区域为徐水区的行政区域。

区划调整后，保定市行政区划由原来的 25 个县（市、区）变更为 24 个（含定州市、涿州市），全市总人口、辖区面积没有变化。保定市辖区由 3 个变成 5 个，市区面积由原来的 312 平方千米增加到 2 531 平方千米，扩大了 2 219 平方千米。市区人口由原来的 119.4 万人增加到 280.6 万人。中心城区的扩大，改变了保定市"小马拉大车"的现状，加快保定市做大做强中心城市，更好地承接北京非首都功能和产业转移，为保定市绿色崛起、跨越发展创造有利条件。

2018 年 3 月 26 日保定市城乡规划管理局公布了《保定市城市总体规划（2017—2035 年）》采购项目，意味着保定市将对城市进行总体规划。

9.3.2　京津冀协同发展中的保定市城市定位

河北省政府印发实施的《河北省建设新型城镇化与城乡统筹示范区规划》，确定河北省"两翼、四区、五带、多点"的新布局，保定市确定为环京津核心功能区，着力提升北京非首都功能承接能力，加强科技研发和成果转化基地、功能承接平台建设，推动基础设施和公共服务同城化发展，加快形成引领京津冀协同发展的核心区域，实现京津保地区率先联动发展。

按照《京津冀协同发展规划纲要》，未来京津冀三省市定位分别为，北京市："全国政治中心、文化中心、国际交往中心、科技创新中心"。天津市："全国先进制造研发基地、北方国际航运核心区、金融创新运营示范区、改革开放先行区"。河北省："全国现代商贸物流重要基地、产业转型升级试验区、新型城镇化与城乡统筹示范区、京津冀生态环境支撑区"。

京津冀确定了"功能互补、区域联动、轴向集聚、节点支撑"的布局思路，明确了以"一核、双城、三轴、四区、多节点"为骨架，推动有序疏解北京非首都功能，构建以重要城市为支点，以战略性功能区平台为载体，以交通干线、生态廊道为纽带的网络型空间格局。保定市为"三轴"（京保石）、"四区"（中部核心功能区）、"多节点"的区域性中心城市。

《北京城市总体规划（2016—2035 年）》明确一核（北京）、双城（北京、天津）、三轴（京津发展轴、京保石发展轴、京唐秦发展轴）、四区（中部核心功能区、东部滨海发展区、南部功能拓展区和西北部生态涵养区）、多节点（包括石家庄、唐山、保定市、邯郸等区域中心城市和张家口、承德、廊坊、秦皇岛、沧州、邢台、衡水等节点城市）、两翼（北京城市副中心、河北雄安新区）。北京携手天津、河北构建京津冀城市群体系，聚焦三轴，将京津、京保石、京唐秦等主要交通廊道作为北京加强区域协作的主导方向。依托四区共同推动定位清晰、分工合理、协同互补的功能区建设，打造我国经济发展新的支撑带。

雄安新区的设立是京津冀协同发展战略发展进程中的重要一步，以雄安新区+保定市为一极，京津冀协同发展步入快车道。雄安新区和保定市应该尽快在发展规划、交通网络建设、信息共享、主导产业选择、要素流动等方面进行协同，达成共识，共同演绎现代城市建设的双子星、双城记。

第10章 对策建议

10.1 释放社会资本活力，加强河北省城市市政融资环境建设

为进一步推进河北省市政基础设施建设步伐，拓展市政基础设施融资规模，减轻政府财政压力，河北省应当进一步发挥市政基础设施社会资本投资活力，转变城市市政建设市场以政府为投资主体地位，充分释放市政建设市场的积极性，活跃市政投资市场的氛围，将其他市场限制资金盘活，提升社会闲置资金的使用效率。降低城市市政建设市场准入标准，提高参与主体能动性，积极探索创新投融资模式和渠道，提升市政基础设施市场的投资效率。

由于河北省市政投资建设市场是一个投资巨大、投资期限较长、资金回收较慢的市场，故为进一步扩大城市市政建设市场投资范围，应当适当引导投资主体投资方向，并给予市政建设市场社会投资者必要的政策扶持，进一步加大公共财政对城市市政建设投资市场参与者的保障力度。河北省进一步推进市政设施市场化价格改革，建立良性的投入产出机制，逐步化解高投入低产出的成本倒挂现象，在保障市政产品需求的同时降低市政建设市场亏损的状况。降低市场进入门槛和隐形障碍，减少参与主体进入不必要的行政审批，简政放权，降低审批时间，保障投资主体资金顺利进入市政建设投资市场，减少入场资金等待时间，提升资金的使用效率。社会部门作为委托方进行城市市政建设投资，其利益出发点和政府不同，同时城市市政市场是一个全新的投资市场，社会资本可能由于其自身的趋利性和盲目性出现市政基础设施过度投资或是投资不足的问题，故政府需要对社会投资者进行进一步投资规范，正确引导社会资本进入城市市政投资建设这样一个兼顾社会福利和投资效益的全新领域，这样才能保证市政基础设施投资规模达到社会最优水平，正确引导社会资本与政府资本的配合，只有社会资本与政府资本相互协调，市政基础设施才能满足地区经济增长率和新型城镇化的需求。

10.2 拓展河北省市政基础设施投资主体范围

在新型城镇化发展的要求下，为了保障未来市政基础设施建设，尤其是满足市政基础设施的建设发展需求，除了国内直接融资和间接融资外，有条件的城市有必要加强国际资本引进，提高国际资本的利用效率。参考国外市政基础设施引进国际资本的成功经验，建设适合国际资本进驻城市市政建设市场的法律环境、投资环境及信息环境，保障国际资本能够顺利进入城市市政建设市场，使得国际资本同国内社会资本一样成为城市市政设施建设的主力军，保障国际资本在投资过程和退出过程等全过程，以及国际投资者的权益。除了引入国际资本之外，河北省市政基础设施建设还应当着重考虑引进国外市政建设的成功管理经验和成熟的技术。

保险资金由于资金量大、融资期限长、资金使用相对灵活、利率水平较低，故保险公司将成为城市市政建设投资的一大机构主体。为了进一步将保险资金引入市政基础设施建设中来，充分利用保险资金，增加市政基础设施主体的多样性，应当降低保险行业涉足投资市政建设市场的准入标准，减少审批流程，设计适合市政建设市场的投资产品，进一步探索保险业投资市政设施建设的模式，降低保险行业投资市政建设市场产品设计的资金标准，将保险资金与市政基础设施建设规模相匹配，让保险投资产品有更多的投资选择空间。除保险资金以外，各类基金、股权投资等投资性质的风险资金也可以成为市政基础设施建设的主体。同时，除了传统的银行贷款外，还可以通过与银行合作进一步提高贷款额度，利用银行与保险机构的合作、银行与理财机构的合作等，加强市政部门与各类金融机构的信息沟通，实现城市市政建设信息与各类投资者之间的信息无缝衔接，保障信息的流畅性，进一步保障城市市政建设市场信息流与资金流的同步提升，构建一个市场化的城市市政建设新市场。

10.3 探索适合河北省市政基础设施建设发展模式

为了转变河北省市政基础设施建设发展模式，将当前河北省市政基础设施建设中财政资金为主体转变为社会资本为主要的投资主体，积极探索适合市政基础设施融资模式。目前,国内外较为成熟的市政基础设施融资模式有 TOT(transfer-operate-transfer,移交—经营—移交）模式、ABS（asset-backed-securitization，资产支持证券化）模式、IIF（ infrastructure-investing-fund， 基础设施产业投资基金）模式、UEC （using-equipment-contract，使用设备协议）模式、PFI（private-finance-initiative，民间主动融资）模式、URM（user-reimbursement-model，使用者付费）模式、ST（shadow-tolling，影子收费）模式等。TOT 模式是指在市政基础设施建设和运作过程中采用"移交—经营—移交"模式。ABS 模式是指市政基础设施建设采用资产证券化来融资。IIF 模式是指市政基础设施融资来自产业投资基金。UEC 模式是指在市政基础设施建设的过程中，使用的设备是由第三方提供的。PFI 模式是指市政基础设施建设采用民间主动融资模式。URM 模式是指市政基础设施的使用者付费模式。ST 模式是指影子收费模式。PPP 模式是一种公私合作方式下的项目融资模式。

对于城市市政收费类项目可以采取 BOT、BOOT（build-own-operate-transfer，建设–拥有–运营–移交）等模式，政府主要发挥监督功能，根据市政建设投入和回收情况制定具体补贴和优惠政策，充分发挥市场融资功能。对于非收费类市政基础设施建设应当考虑 BOO（building-owning-operation，建设–拥有–运营）及委托运营等模式，政府购买市政服务，减少一次性巨额财政负担，合理分配财政支出。目前，市政基础设施建设较为成熟的模式是 PPP 模式，国家试点放开市政建设项目，形成 PPP 项目库，河北省市政基础设施建设的市场化过程中，各地市应当根据其城市市政发展的需要建立信息开放平台，建立对外融资项目库供市场投资者选择。

目前针对河北省全面参与京津冀协同发展、沿海经济带建设以及冀中南经济圈的发展，交通体系将区域联系得更为紧密，区域经济互动更为顺畅，交通体系构建是战略实施的先行步骤，交通体系的构建关系到河北省战略整体发展。城市市政交通基础设施建设投资一般数额较大，因此市政交通基础设施建设可以运用发行债券融资。我国对城市市政建设融资平台进行了整合，而且市级政府可以发行债券融资的并不多，因此在当前探索市级政府适度发行债券的基础上，应当以国际资本及国内社会资本为主，赋予国内外投资主体优惠投资环境，降低财政压力，为城市市政交通建设提供长期的资金支持。

当前，河北省环境问题是制约经济发展的主要因素，随着环保产业的发展以及居民对环境保护的重视，河北省政府财政以及社会投资者投入了大量资金用于改善环境，因此当前城市市政环保类建设（如污水处理、垃圾处理等）并不缺乏资金，但是河北省市政环保类市政建设仍然与京津地区有所差距。通过上述分析可知，技术效率是影响市政基础设施投入产出效率的关键要素，因此，针对河北省环保市政基础设施建设技术落后的现状，河北省应当注重环保市政基础设施技术和管理经验的引进，提升河北省技术水平，进一步提高技术进步对河北省市政基础设施的投入产出效率。供水、供气等能源市政设施建设应当借鉴国内外成功管理经验，扭转其投资亏损的局面，实施阶梯价格体系，完善管理职能，探索新的盈利模式，改善其投入和产出不合理的局面。

10.4 引导河北省城市市政建设资金投资方向，提升资金运作效率

由河北省 11 个地级市和 18 个非地级市市政基础设施建设投资效率分析可知，部分城市存在因为投入过多或者政府部门和私人部门投入组合不匹配而造成市政基础设施投资产出不足的现象。因此，河北省市政基础设施建设除了要逐步释放市政建设市场开放性信号及实施措施外，还要在河北省市政基础设施建设和投资过程之中关注其政府投入与社会部门投资比例，即在其市政基础设施建设过程中要正确定位政府与市场的关系，转变政府职能，即逐渐转变政府市政基础设施建设投资主体的地位，降低社会投资者进入城市市政建设市场的标准，鼓励社会部门进行市政基础设施的建设，释放社会投资者投资热情，在开放的市场环境中构建政府部门和社会投资者市政建设投资新环境，合理、有效地引导资金进驻市政市场，转变市政市场规模报酬较低，产出效率较低的建设和投资现状。

同时，河北省市政基础设施建设投入存在冗余现象，即城市市政市场存在投资过剩问题。因此，河北省市政基础设施投资市场在逐步放开的过程中，政府除转变自身投资主体职能外，还应当注重引导社会投资者进行合理投资，纠正市场缺陷，正确引导资金等要素实现其生产与再生产的职能，降低生产要素因投资者决策的盲目性而造成的浪费。另外，新型城镇化发展要求实现城乡一体化发展，实现城乡要素间良好的互动，因此，城市市政设施建设发展应当注重城乡之间的互动，统筹城乡间市政基础设施规划布局，合理引导冗余资金进入新农村等收费类基础设施建设中去，逐步打破政府占农村等基础设施的绝对投资主体的地位，逐步放开新农村基础设施建设市场。打破现有城乡基础设施规划相分割的局面，将市政基础设施系统延展到农村乡镇地区，注重城市与乡镇市政基础设施建设的衔接，为城乡一体化发展提供衔接的契机，实现城乡要素之间自由流动。

目前，在河北省 11 个地级市和 18 个非地级市城市中，部分城市的市政基础设施建设存在产出不足现象，部分城市甚至存在市政项目投入冗余但产出不足的现象。为了转变上述情况，河北省市政基础设施投资过程中应当注重市政建设的管理，转变传统的管理模式，主动引进有助提升市政建设效率和运行效率的新技术，将新技术和新方法与城市市政建设的薄弱环节相匹配，全面提升河北省市政基础设施建设产出效率。

10.5　推进河北省城市市政建设技术创新，加快管理与运作模式创新

通过模型分析可以发现，技术进步对市政基础设施效率提升的重要性。虽然城市可以利用规模报酬递增的阶段或者规模报酬效率增长的阶段来提升其市政基础设施建设效率，但是利用规模提升市政基础设施投资效率的空间非常狭窄。技术创新能够从根本上解决成本叠加增长的问题，提高资金的使用效率，同时技术创新还能够减少城市市政建设过程中的投入浪费与生产污染等问题。因此，只有利用技术创新推动技术进步效率才能最大限度地提高市政基础设施投资效率，突破城市市政建设发展的瓶颈，迈向城市市政建设发展的新阶段。

市政基础设施建设前应当对项目进行充分的科学论证，以区域发展需求和区域市政建设短板作为投资项目的突破口，以此寻求资金运作效率和市政基础设施均衡协调发展。市政基础设施建设发展决定着城市向智慧城市发展的步伐，市政基础设施建设必须经过系统规划，加强科学规划与信息化管理。创新市政基础设施的管理模式，制定适合市政基础设施管理的制度，充分调动从业人员能动性与创造性，提升市政基础设施管理的现代化水平，使之规范化运行，实现智能化、信息化，提升市政设施的服务水平。

同时，在河北省市政基础设施发展现状分析中可以发现，河北省市政基础设施发展水平区域间差距较大，一些经济较为发达的地区其市政基础设施建设效率出现了瓶颈期，但是一些经济较为落后的地区其市政基础设施建设效率却稳步提升，因此在市政市场发展中要加大区域间的合作，形成一个流动性强的市政要素市场，这能够带动经济落后地区进一步拓展其城市市政市场，接受经济强市的辐射，为其市政市场建设增加新动力。区域经济差距减小以及区域城市市政建设水平差距的缩小有利于经济强市的经济增长，带动城市市政市场发展，提升其市政市场的建设效率。区域市政基础设施的协同发展实现了区域间的无缝衔接，进一步扩大经济强市的辐射范围，满足大区域发展战略需求，为区域协同发展提供先行条件。

参 考 文 献

毕克新,吴勃英,冯英浚. 2000. 测算高校 R&D 综合实力的二次相对评价方法[J]. 管理科学学报,
　　3（3）：89-94.

蔡孝箴. 1998. 城市经济学[M]. 天津：南开大学出版社.

陈峥嵘. 2013. 市政债券匹配城镇基础设施建设资金需求的理论分析[J]. 上海金融，（11）：
　　114-118.

程大中. 2008. 中国生产性服务业的水平、结构及影响——基于投入-产出法的国际比较研究[J].
　　经济研究，（1）：76-88.

丛树海，周炜，于宁. 2005. 公共支出绩效评价指标体系的构建[J]. 财贸经济，（3）：37-41，97.

丁建勋. 2007. 基础设施投资与经济增长——我国基础设施投资最优规模估计[J]. 山西财经大学
　　学报，29（2）：28-31.

冯海发. 1993. 中国农业效率研究[J]. 统计研究，（1）：31-36.

高鹏. 2014. 河北省民间资本参与城市基础设施建设研究[D]. 河北大学硕士学位论文.

龚锋. 2008. 地方公共安全服务供给效率评估——基于四阶段 DEA 和 Bootstrapped DEA 的实证
　　研究[J]. 管理世界，（4）：80-90.

郭继秋. 2010. 市政基础设施项目融资结构优化问题研究[D]. 吉林大学博士学位论文.

郭兴平，王一鸣. 2011. 基础设施投融资的国际比较及对中国县域城镇化的启示[J]. 上海金融，
　　（5）：22-27.

赫希曼 A. 1911. 经济发展战略[M]. 潘照东，曹征海译. 北京：经济科学出版社.

洪源. 2009. 发行市政债券：支持"长株潭"城市基础设施建设的有效融资模式[J]. 地方财政研
　　究，（4）：13-17.

黄桂林. 2009. 我国城市基础设施产业化发展研究[D]. 哈尔滨工业大学博士学位论文.

冀福俊. 2015. 民间资本参与公共基础设施建设对城镇化的影响——基于中国省际面板数据的分
　　析[J]. 云南财经大学学报，（4）：120-126.

江敏，王小伟. 2013. BT 建设模式下风险的识别及评价研究——以胶州三大中心项目为例[J]. 项
　　目管理技术，11（12）：76-80.

康剑锋. 2015. 市政 BT 项目投资建设方风险分析与控制[J]. 铁路工程造价管理，30（2）：9-11，16.

李骏. 2010. 发行市政债券对促进城市基础设施建设的分析[J]. 财经科学，（7）：111-116.

李骊. 1959. 经济效果和产品质量[J]. 经济研究，（8）：13-19.

李晓园. 2015. 新型城镇化进程中城市基础设施投资效率分析与政策建议[J]. 宏观经济研究，（10）：35-43.

刘景林. 1983. 论基础结构[J]. 中国社会科学，（1）：73-87.

刘伦武. 2003. 基础设施投资对经济增长推动作用研究[D]. 江西财经大学博士学位论文.

刘晓. 2016. 河北省城市市政基础设施投资效率研究[D]. 河北大学硕士学位论文.

刘宇. 2014. 我国基本公共服务区域及城乡效率差异研究[D]. 中国农业大学博士学位论文.

卢洪友，袁光平，陈思霞，等. 2012. 中国环境基本公共服务绩效的数量测度[J]. 中国人口·资源与环境，22（10）：48-54.

马静. 2011. 河北省城市基础设施投融资平台研究[D]. 河北大学硕士学位论文.

屈哲. 2012. 基础设施领域公私合作制问题研究[D]. 东北财经大学博士学位论文.

任强，杨顺昊. 2010. 公共服务投入、产出和效果在区域之间的差异：基于中美两国的比较[J]. 财政研究，（4）：66-69.

任蓉，程连元，谢卓然，等. 2012. 交通基础设施投资与经济增长的动态效应分析——基于 VAR 模型的实证研究[J]. 科技管理研究，（4）：85-89.

萨缪尔森 P A，诺德豪斯 W D. 1994. 经济学[M]. 萧琛，等译. 北京：华夏出版社.

史钱森. 2012. 山东基础设施投资效率研究[D]. 山东大学硕士学位论文.

斯蒂格利茨 J E. 1997. 经济学[M]. 姚开建，刘凤良，吴汉洪，等译. 北京：中国人民大学出版社.

宋序彤. 2005. 关于我国市政公用基础设施投资建设发展的报告[J]. 城市发展研究，（5）：52-60.

孙大海. 2007. 基础设施可持续发展及成本效率研究[D]. 同济大学博士学位论文.

孙慧，王媛. 2008. 基于 DEA 的 Malmquist 指数在城市基础设施投资效率评价中的应用[J]. 科技进步与对策，25（10）：97-100.

孙洁. 2005. 城市基础设施的公私合作管理模式研究[D]. 同济大学博士学位论文.

孙钰，王坤岩，姚晓东. 2015. 基于 DEA 交叉效率模型的城市公共基础设施经济效益评价[J]. 中国软科学，（1）：172-183.

王爱学. 2008. 公共产品政府供给绩效评估理论与实证分析[D]. 中国科学技术大学博士学位论文.

王海滨. 2009. 基础设施投资的经济效应分析[D]. 西南财经大学硕士学位论文.

王宏伟，郑世林，吴文庆. 2011. 私人部门进入对中国城市供水行业的影响[J]. 世界经济，（6）：84-99.

王伟同. 2010. 公共服务投入决策与产出效果的互动影响——基于 VEC 模型的经验分析[J]. 财经科学，（10）：56-64.

王亚坤，王慧军，姜冰. 2014. 基于超效率 DEA 和 Malmquist 指数的河北省农业生产效率分析[J]. 东北农业大学学报（社会科学版），（3）：1-7.

伍文中. 2011. 基础设施投资效率及其经济效应分析——基于 DEA 分析[J]. 经济问题，（1）：41-45.

谢恒，张韧，李雅菲. 2009. 河北省城市基础设施建设市政债券融资问题研究[J]. 河北学刊,（6）：197-201.

闫丽莎. 2011. 基于 DEA 的基本公共服务财政支出绩效评价研究[J]. 河北经贸大学学报（综合版），（1）：79-82.

严成樑，龚六堂. 2014. 基础设施投资应向民间资本开放吗？[J]. 经济科学，（6）：41-52.

杨峰. 2008. 二次相对评价方法的局限及其改进[J]. 学术研讨，（8）：385，386.

杨干忠. 1985. 经济效益的概念和效益评价指标[J]. 教学与研究，（1）：54-57.

殷强. 2007. 我国公共投资产出效率的实证分析[J]. 南京财经大学学报，（3）：50-52，63.

苑德宇. 2013. 民间资本参与是否增进了中国城市基础设施绩效[J]. 统计研究，（2）：23-31.

岳意定，刘莉君. 2010. 基于网络层次分析法的农村土地流转经济绩效评价[J]. 中国农村经济，（8）：36-47.

张海星. 2014. 基于 DEA 方法的政府基础设施投资效率评价[J]. 宁夏社会科学，（4）：40-47.

张满飞. 2010. 基于超效率 DEA 法的省级政府投资效率评价研究[D]. 大连理工大学硕士学位论文.

张敏. 2005. 交易政治学的两个范式：方法形成及其模型评介——布坎南公共选择理论和新制度经济学派的政治学比较研究[J]. 南京社会科学，（3）：13-18.

张先治. 1996. 优化经济规模 提高规模经济效益[J]. 求是学刊，（3）：46-50.

张秀莲. 2012. 我国农村基础设施投入及其影响因素研究[D]. 南京农业大学博士学位论文.

赵瑾璐，赵倩倩. 2011. PPP—BASED BOT 模式在我国市政公用事业改革中的应用及实证分析——以兰州威立雅水务集团合作项目为例[J]. 甘肃理论学刊，（3）：99-103.

赵景春. 2011. BOT 融资模式在市政公用基础设施建设中的应用研究[J]. 中国高新技术企业，（1）：9-12.

赵晓男，王宇，申世军. 2010. 我国市政债券发展问题研究[J]. 当代经济，（19）：28-30.

周振华. 1962-06-28. 试议社会主义制度下经济效果的实质[N]. 四川日报.

朱玉春，唐娟莉，刘春梅. 2010. 基于 DEA 方法的中国农村公共服务效率评价[J]. 软科学，（3）：37-43.

Alvarez I C，Blázquez R. 2014. The influence of the road network on private productivity measures using data envelopment analysis：a case study from Spain [J]. Transportation Research Part A：Policy and Practice，65：33-43.

Barrera-Osorio F，Olivera M，Ospino C. 2009. Does society win or lose as a result of privatization？The case of water sector privatization in Colombia[J]. Economica，76（304）：649-674.

Bartosiewicz B. 2008. Źródła finansowania komunalnych inwestycji infrastrukturalnych-przykład gminy Szadek[J]. Biuletyn Szadkowski,（8）：179-188.

Brothaler J, Getzner M, Haber G. 2015. Sustainability of local government debt：a case study of Austrian municipalities [J]. Empirica, 42（3）：521-546.

Castells A, Solé-Ollé A. 2005. The regional allocation of infrastructure investment：the role of equity, efficiency and political factors[J]. European Economic Review, 49（5）：1165-1205.

Estache A, Fe B T D L, Trujillo L. 2004. Sources of efficiency gains in port reform：a DEA decomposition of a Malmquist TFP index for Mexico[J]. Utilities Policy, 12（4）：221-230.

Galinienė B, Dzemydaitė G. 2012. Spatial data envelopment analysis method for the evaluation of regional infrastructure disparities[J]. Social Technologies, 2（2）：390-403.

Gupta M R, Barman T R. 2010. Health, infrastructure, environment and endogenous growth[J]. Journal of Macroeconomics, 32（2）：657-673.

Güner S. 2015. Investigating infrastructure, superstructure, operating and financial efficiency in the management of Turkish seaports using data envelopment analysis[J]. Transport Policy, 40：36-48.

Malgorzata R. 2010. Inwestycje w gminna infrastrukture techniczna-zarys teoretyczny[J]. Biblioteka Regionalisty, 10：185-198.

Mirrlees J A. 1976. The optimal structure of incentives and authority within an organization[J]. The Bell Journal of Economics, 7（1）：105-131.

Mishra S, Khasnabis S, Swain S. 2013. Multi-entity perspective transportation infrastructure investment decision making[J]. Transport Policy, 30：1-12.

Nurkse R. 1953. Problems of Capital Formation in Underdeveloped Countries[M]. Oxford：Oxford University Press.

Owolabi-Merus O. 2015. Infrastructure development and economic growth nexus in Nigeria[J]. International Journal of Academic Research in Business and Social Sciences,（1）：376-382.

Palei T. 2015. Assessing the impact of infrastructure on economic growth and global competitiveness [J]. Procedia Economics and Finance, 23：168-175.

Pareto V. 1987. Marxisme et Économie Pure[M]. Geneva：Librairie Droz.

Rodan P R. 1943. Problems of industrialization of economically backward areas[Z].

Ross S. 1973. The economic theory of agency, the principal's problems[J]. American Economic Review, 63（2）：134-139.

Salinas-Jiménez M D M. 2004. Public infrastructure and private productivity in the Spanish regions[J]. Journal of Policy Modeling, 26：47-64.

Sarafoglou N, Andersson A M, Holmberg I, et al. 2006. Spatial infrastructure and productivity in Sweden[J]. Yugoslav Journal of Operations Research, 16（1）：67-83.

Whitesell R，Barreto H. 1994. Estimation of output loss from allocative inefficiency：comparisons of the Soviet Union and the U.S.[R]. Research Memorandum.

Wu Y F，Li X，Lin G C S. 2016. Reproducing the city of the spectacle：mega-events，local debts，and infrastructure-led urbanization in China[J]. Cities，53：51-60.

Yang J P, Gao L. 2014. DEA's CCR model for evaluation of urban infrastructure investment efficiency of Shanxi Province [J]. Applied Mechanics and Materials，10：424-428.